Francisco Prieto Montesdeoca

Mit Rückenwind zu mir

Scheibenelefant, Band Nr. 3

Francisco Prieto Montesdeoca

Mit Rückenwind zu mir

Autobiografische Erzählung

Eine Reise zu den Orten der Welt und den Wegen des Herzens

Bibliografische Information der Deutschen Nationalbibliothek: Die Deutsche Nationalbibliothek verzeichnet diese Publikation in der Deutschen Nationalbibliografie; detaillierte bibliografische Daten sind im Internet über http://dnb.dnb.de abrufbar.

www.sinnwende.de

Verlag: BoD · Books on Demand GmbH, Überseering 33, 22297 Hamburg, bod@bod.de

Druck: Libri Plureos GmbH, Friedensallee 273, 22763 Hamburg

ISBN: 978-3-7693-1360-4

Inhaltsverzeichnis

SPUREN IN UNS, SPUREN IN DER WELT

Der Beginn einer Reise fühlt sich an wie der Moment, bevor der Vorhang aufgeht – ein flüchtiger Augenblick, in dem Ordnung und Chaos umeinander tanzen. Die Karten sind frisch gefaltet, die Fahrradtaschen prall gefüllt – und meine Gedanken springen wie nervöse Kinder, die nicht abwarten können, bis die Show beginnt.

Bevor die Pedale zum ersten Mal drehen, halte ich inne und frage mich: Welche Spuren hinterlassen wir?

Manche davon sind sichtbar – ein Abdruck im Sand, ein zerknicktes Grasbüschel am Wegesrand. Andere hingegen tragen wir mit uns, wie geheime Tattoos auf der Seele. Aber welche davonbleiben bestehen, und welche verblassen mit der Zeit?

Ich stelle mir vor, wie die Welt über mich denkt – falls sie das überhaupt tut. Vielleicht erinnert sich noch ein alter Baum, in den ich bei starkem Gegenwind fast hineingefahren wäre, oder die Steine einer Küstenstraße, die mein Reifen mehrfach geküsst hat. Doch wahrscheinlich macht die Welt das, was sie immer macht: Sie existiert, unabhängig davon, wie sehr wir uns über sie den Kopf zerbrechen.

Antje könnte ein Geduldsdenkmal bekommen – vermutlich mit der Inschrift: 'Für außergewöhnliche Geduld und nächtliche Serenadenbewältigung'

Sie sagt immer: „Du kannst meinetwegen durch die Welt radeln, aber wenn du jemals ein Schnarchorchester gründest, lass mich aus der Gründungsversammlung raus."

Trotzdem ist sie es, die mir nach jeder Etappe ein Lächeln schenkt, das sagt: „Du bist verrückt, aber es ist schön, das mit dir zu teilen."

Und in mir? Da bleibt die Erkenntnis, dass ich zwar Fahrradschläuche meisterhaft flicken kann, aber meine eigenen Wunden eher mit Pflastern abdecke.

Doch bevor ich auf den ersten Kilometer meiner neuen Route trete, war da diese Knieverletzung – fünf Wochen vor der Abreise. Ein Drama. Zumindest fühlte es sich so an.

Das Knie knirschte wie ein altes Türscharnier, das bei jedem Schritt fragte: „Bist du sicher, dass du das durchziehst?"

Aber meine Antwort blieb unverändert: „Ich habe keine Wahl."

Es war nicht nur mein innerer Druck, der mich weitermachen ließ – die einmalige Chance dieser Reise, die nur in diesem Zeitrahmen für uns möglich war, lag wie ein unsichtbarer Schatten über jeder Entscheidung. Hinzu kamen die größeren finanziellen Ausgaben, die wir bereits geleistet hatten – die Flüge zum Startpunkt und zurück vom Ziel standen längst fest. Aufgeben war keine Option.

Die Vorbereitung auf die Reise war, wie immer, ein Abenteuer für sich.

Ich stand zwischen Packlisten, die endlos schienen, und meinem inneren Chaos, das alle paar Stunden fragte: „Bist du sicher, dass du das schaffst?"

Reisevorbereitungen sind wie das Packen für eine Mondmission – du willst nichts vergessen, aber am Ende hast du nur zu viele Socken dabei.

Ich erinnere mich, wie die Zweifel schwer in mir wogen, als ich mein Fahrrad überprüfte. Jeder Tritt fühlte sich an, als versuchte mein Bein, sich gegen die ganze Unternehmung zu verschwören.

Der erste Kilometer fühlte sich an wie ein Sieg – bis ich nachmittags in die Tasche griff, um den geliebten Campingkocher hervorzuholen, der mich über 24 Jahre auf all meinen Radreisen begleitet hatte. Doch als ich ihn anfachen wollte, schlug mir der scharfe Geruch von Benzin entgegen. Es war, als hätte ein treuer Gefährte, der mich seit einem Vierteljahrhundert nie im Stich gelassen hatte, plötzlich beschlossen, in den Ruhestand zu gehen. Benzin tropfte aus ihm wie Tränen eines Kriegers, der wusste, dass seine Zeit gekommen war. Abenteuer, so wurde mir klar, beginnt genau da, wo du das Vertraute loslassen musst.

Wenn ich auf mein bisheriges Leben zurückblicke, sehe ich nicht nur die Orte, die ich besucht habe, sondern auch die Herausforderungen, die sie mit sich brachten. Es gab Rückschläge – große und kleine. Der Moment, als die Realität der Baukatastrophe über uns hereinbrach, brannte sich tief in meine Erinnerung: leere Konten, schlaflose Nächte, in denen wir Zahlen hin und her schoben, und das lähmende Gefühl, in einen Abgrund zu starren.

Doch inmitten des Chaos blieb ein leises Flüstern, das sagte: „Du kannst nicht ändern, was war, aber du kannst entscheiden, wie du weitermachst."

Diese Tour bedeutet für mich mehr als nur einen neuen Abschnitt – sie ist ein Schritt, das Gleichgewicht wiederzufinden, und ein stiller Beweis dafür, dass wir immer wieder die Kraft haben, aufzustehen. Und so lernte ich auf meinen Reisen etwas, das jede Krise mir aufs Neue bewies: Der Schlüssel liegt darin, die Kontrolle über das zu behalten, was beeinflussbar ist, und das loszulassen, was sich nicht ändern lässt. Es klingt simpel, ist aber oft schwerer als ein steiler Anstieg bei Gegenwind.

Was mich dabei immer wieder begleitet hat, ist die Frage: „Wer bin ich, wenn ich keinen Komfort habe?"

Die Antwort ist meistens dieselbe: jemand, der verzweifelt den nächsten Supermarkt sucht. Selbstfindung klingt romantisch, fast poetisch. Doch oft fühlt sie sich eher an wie das Stochern in einem Nebel aus Zweifeln und Fragen. Manchmal finde ich Antworten, die mich überraschen, wie ein unerwarteter Sonnenstrahl. Und manchmal finde ich nur die nächste Frage.

Die Schönheit dieser Fahrten liegt für mich darin, dass sie nicht nur körperlich fordernd sind, sondern auch den Geist herausfordern. Ich habe gelernt, Optimismus zu finden, selbst wenn der Himmel grau ist oder der Reifen platt. Optimismus ist wie ein Sonnenaufgang – er kommt jeden Tag, auch wenn du ihn hinter einer Wolke suchen musst.

Ich dachte lange, Heimat sei ein Ort, ein fester Anker. Heute weiß ich: Heimat ist ein Gefühl, dass du in dir findest – manchmal neben einem Kühlschrank, manchmal mitten auf einem staubigen Feldweg. Es sind nicht die Orte, die dich glücklich machen, sondern die Art, wie du sie erlebst – sei es vor einem spektakulären Sonnenuntergang oder auf einem unscheinbaren Feldweg, den du nur durch Zufall entdeckt hast.

Am Beginn dieser Reise fühle ich die Ungewissheit wie eine frische Brise im Gesicht. Was auch kommen mag, ich weiß, dass jede Herausforderung eine neue Spur zeichnen wird – eine, die vielleicht nicht für immer bleibt, aber für immer Teil meiner Geschichte sein wird.

Am Ende zählt nicht, wohin sie führt, sondern wie wir sie erleben – mit jedem Tritt in die Pedale, jeder Begegnung und jedem Moment, der uns prägt. Die Strecke vor uns ist ein unbeschriebenes Blatt, und jeder Kilometer fügt neue Zeilen hinzu. Was sie bringen wird, bleibt ein Geheimnis. Doch eines weiß ich: Dieses Wagnis wird unsere Spuren tragen – auf den Straßen, in uns selbst und in der Geschichte, die wir gemeinsam schreiben.

Antje schenkt mir nach jeder Etappe dieses Lächeln, das sagt: „Du bist verrückt, aber ich bin froh, dass ich dich auf diesem Abenteuer begleiten darf.“
Ihre Geduld und ihr Glaube an uns beide sind der unsichtbare Rückenwind, der mich vorantreibt – auch wenn ich es manchmal erst merke, wenn wir das Ziel erreichen.

DER ERSTE TRITT INS ABENTEUER

Der gemietete Bulli stand vor unserer Haustür, ein metallisches Ungetüm, das sich so elegant einfügte wie ein Nashorn im Porzellanladen. Beladen bis zum Anschlag mit sperrigen Fahrradkartons und allem, was wir für die Reise brauchten, wirkte er wie eine überforderte Arche Noah – mit dem Unterschied, dass statt Tieren nur unser Chaos an Bord war. Und irgendwo dazwischen, inmitten von Spanngurten und Taschen, lagen auch meine Nerven, die sich vorsorglich zusammenrollten wie ein Igel in der Nacht. Es war später Nachmittag, die Zeit lief uns davon, und der Bulli ächzte leise unter seinem Gewicht – oder vielleicht bildete ich mir das auch nur ein.

Doch ich konnte schwören, dass er kurz vorwurfsvoll die Stoßdämpfer hob, als wollte er sagen: „Ihr hättet auch weniger einpacken können."

Ein Wochenende zuvor war ich über 300 Kilometer nach Ostwestfalen gefahren, um meine Eltern – die Großeltern unserer 14-jährigen Tochter Paula – abzuholen. Sie sollten, wie bei unseren früheren Reisen, während unserer Abwesenheit ihre Enkelin aufpassen. Da Schulzeit war, konnten wir sie schlecht zu den Großeltern bringen. Und weil meine Eltern schon seit Jahren kein Auto mehr fuhren, lag es an uns, sicherzustellen, dass es ihnen während unseres Trips an nichts fehlte. Einkäufe mussten geplant, Vorräte besorgt und öffentliche Verkehrsanbindungen auf Herz und

Nieren geprüft werden – ein logistisches Meisterwerk, das beinahe mehr Vorbereitung erforderte als die eigentliche Reise.

Zwischen Packlisten, Fahrradwartung und dem Versuch, die Welt in den nächsten drei Wochen nicht vollständig aus den Augen zu verlieren, war ich weniger ein Jongleur und mehr ein Clown im Zirkus des Lebens – einer, der mit brennenden Kegeln jonglierte. Aber tief in mir wusste ich: Irgendwann würde ich all diese Bälle loslassen müssen. Und vielleicht bliebe am Ende nur noch einer in der Luft: die Freude, endlich losgelassen zu haben. Es war ein Chaos, das mich gleichzeitig lähmte und vorantrieb, wie ein Sturm, der die Segel zerreißt, aber das Boot trotzdem schneller macht. Aber ich wusste: Irgendwann würden die Bälle weniger, und vielleicht – ganz vielleicht – würde ich am Ende nur noch einen einzigen in der Hand halten: die Freude, endlich losgelassen zu haben. Und einer dieser Bälle – oder vielmehr eine Tasche – tauchte jetzt über Antjes Schulter auf, als sie aus dem Haus trat. Ihr Blick traf mich, durchbohrte meine angespannte Fassade.

„Sag bitte, dass du die Spanngurte eingepackt hast?"

Antjes Stimme war ruhig, doch ihr Blick traf mich präzise wie ein Schraubenschlüssel, der genau die richtige Stelle findet.

„Natürlich!", log ich halbherzig, während ich hektisch versuchte, mich zu erinnern, wo ich sie zuletzt gesehen hatte. Mein Kopf war gefüllt mit Checklisten und Zweifeln, die sich unaufhörlich überschlugen.

Mit einem leisen Stöhnen, das die letzten Tage zusammenzufassen schien, sprang der Motor an. Der Bulli schien nicht minder widerwillig als ich, doch es gab keinen Platz für Zögern. Vorsichtig legte ich den ersten Gang ein, während mein Kopf noch voller To-do-Listen war, die sich wie Geister an meine Gedanken klammerten.

Es war, als ob der Wagen fragen wollte: „Seid ihr bereit?" – doch die einzige Antwort war ein fester Tritt aufs Gaspedal.

Mit einem tiefen Atemzug fuhr ich vom Hof. Die nagende Unruhe, etwas vergessen zu haben, klammerte sich an die Anhängerkupplung wie ein sturer Mitfahrer, der sich weigert, auszusteigen. Ich konnte förmlich hören, wie sie flüsterte: „Na warte, ich überrasche dich am Flughafen – vielleicht hast du ja den Reisepass liegen lassen."

Während wir durch die vertrauten Straßen unseres Ortes Richtung Hamburg rollten, spürte ich, wie die Anspannung langsam zu einer drückenden Begleitung wurde. Die letzten Tage hatten ihre Spuren hinterlassen – nicht nur in meinem Kopf, sondern auch in meiner Geduld. Hatten wir alles? Oder würde uns der Moment der Erkenntnis erst am Flughafen ins Gesicht schlagen, wenn es zu spät war?

„Antje", begann ich zögerlich, „falls wir die Spanngurte vergessen haben... na ja, improvisieren wir."

„Improvisieren?"

Sie sah mich an und hob eine Augenbraue.

„Das letzte Mal, als du improvisiert hast, hast du versucht, ein kaputtes Ventil mit Panzer-Tape zu reparieren."

Ich musste lachen, auch wenn es ein nervöses Lachen war.

„Hey, das hat funktioniert – für genau fünf Minuten."

Ihr Kopfschütteln war halb belustigt, halb genervt, aber ihr Blick wurde weicher. Trotz allem waren wir ein eingespieltes Team – zumindest meistens.

Der Transporter quälte sich träge durch den Feierabendverkehr, als würde er selbst die Anspannung der letzten Tage mit sich herumtragen.

Baustellen, rote Ampeln und die zähe Masse der Autos vor uns wirkten wie eine orchestrierte Sabotage – eine Oper des

Stillstands, in der jede rote Ampel die Arie sang: „Bleib stehen, du schaffst es eh nicht rechtzeitig."

Aber irgendwo wusste ich: Irgendwann würde das Konzert vorbei sein, und das leise Summen unserer Reifen würde den Takt angeben.

Das Brummen des Motors vermischte sich mit meinem aufkeimenden Frust, während Antje neben mir mit unbeirrter Ruhe ihre Notizen durchblätterte. Sie wirkte wie der Fels in der Brandung – zumindest äußerlich. Ich wusste, dass auch sie die Spannung spürte, doch sie verbarg es gekonnt hinter ihrem konzentrierten Blick.

„Wir müssen das Schaffen", murmelte ich, halb zu mir selbst, halb als Beschwörung an den schwerfälligen Sprinter.

Der Gedanke an den morgigen Flug um kurz nach acht und daran, dass wir den Bulli heute Abend noch zurückgeben mussten, lastete schwer auf mir. Es gab keinen Plan B, keine Möglichkeit, morgen früh alles zu improvisieren – ohne ihn würden wir schlicht feststecken.

Die Kupplung knirschte, als ich den Gang wechselte, und das Fahrzeug ruckte vorwärts, fast widerwillig.

„Mach mit, Alter", dachte ich, während ich das Lenkrad fester umklammerte. Antje schaute kurz auf, als wollte sie etwas sagen, entschied sich aber dagegen. Ihre Stille war fast so laut wie das Brummen des Motors. Irgendwo zwischen ihren trockenen Kommentaren der letzten Stunden und der zähen Realität des Verkehrs fühlte ich jedoch einen kleinen Funken Vorfreude aufblitzen – so flüchtig wie ein Sonnenstrahl, der sich durch den dichten Himmel kämpfte.

Hamburg schien in weiter Ferne, während der Feierabendverkehr sich bewegte wie ein angeschossener Wal – schwerfällig und ohne erkennbare Richtung. Doch irgendwo in diesem Stillstand spürte ich eine seltsame Ruhe. Es war, als würde das Chaos der letzten Tage langsam zurücktreten. Jede quälend lange Minute brachte uns dem Startpunkt unserer Reise näher, und der Horizont, durchzogen von grau-orangen Streifen, schien diese mühsame Annäherung fast feierlich zu kommentieren.

Es war ein seltsamer Kontrast: Der Lärm der hupenden Autos und das träge Vorankommen mischten sich mit einer leisen Vorfreude. Kein filmreifer Auftakt mit Fanfaren und wehenden Fahnen – vielmehr ein stiller, unspektakulärer Anfang, der mich daran erinnerte: Die schönsten Abenteuer entstehen nicht aus dem Perfekten, sondern aus dem Ungewissen.

Und so dachte ich, während ich die Kupplung wieder knirschend kommen ließ: „Na gut, Reise – dann zeig mal, was du kannst."

Das Abenteuer hatte begonnen, auch wenn es noch nicht danach aussah. Hamburg lag vor uns, verborgen hinter einem Labyrinth aus Bremsspuren. Ich biss die Zähne zusammen und versuchte, das mulmige Gefühl zu ignorieren, dass wir spät dran waren. Aber irgendwie war auch das Teil des Ganzen – ein chaotischer Auftakt, der uns daran erinnerte, dass nichts jemals genau nach Plan lief.

Die Minuten schmolzen dahin, während wir uns durch das Gewirr des Flughafens kämpften. Jeder Handgriff, jede Bewegung fühlte sich wie ein Wettlauf gegen die Zeit an, der unsere Nerven bis aufs Äußerste spannte.

„Wo ist die Sperrgepäckannahme?", fragte Antje, die Augen suchend.

Ich schob den Gepäckwagen wie einen störrischen Esel, während wir durch das Terminal hetzten. Mit den Kartons auf dem Wagen navigierten wir durch die Halle, während die Zeit unbarmherzig gegen uns tickte.

„Wo ist die Sperrgepäckannahme?“, fragte sie mich mit der Verzweiflung einer Quizshow-Teilnehmerin, die gerade ihre letzte Joker-Frage verbrennt.

Ich manövrierte die sperrigen Kartons, die sich benahmen wie widerspenstige Eselchen, und versuchte Orientierung zu finden.

„Da drüben, glaube ich“, sagte ich, mein Tonfall weniger überzeugt, als mir lieb war.

„Du glaubst?“

Antje warf mir einen kurzen, skeptischen Blick zu, bevor sie selbst das nächste Schild scannte.

„Wir können uns jetzt keine Irrwege leisten!“

„Ja, ich weiß!“, erwiderte ich, während ich einem Koffer auswich, der plötzlich vor uns aufgetaucht war, wie ein Hindernis in einem schlechten Videospiel.

„Halte einfach die Augen offen nach irgendetwas, das aussieht wie ein überdimensionaler Gepäckscanner oder ein Transportband für Riesen!“

Ein Mann mit übergroßem Handgepäck schnitt uns den Weg ab, und ich musste abrupt stoppen, was den Wagen kurz ins Wanken brachte.

„Entschuldigung!“, rief ich hinter ihm her, obwohl er keine Anstalten machte, sich umzudrehen.

„Da drüben!“, rief Antje schließlich und deutete auf einen kleinen Bereich am Ende der Halle, der fast übersehen werden konnte. „Ich glaube, das ist es!“

„Hoffen wir's“, murmelte ich, während ich den Wagen in die Richtung manövrierte, dabei versuchte, keine weiteren Passagiere anzufahren.

Mit einem erleichterten Seufzen erreichten wir die Sperrgepäckstation – unsere Nerven waren bereits dünner als das Klebeband, das wir später dringend benötigen würden.

Der Mitarbeiter hinter dem Tresen war ein hochgewachsener, schlanker Mann mit einem scharfen Blick, der sofort auf die Radkartons fiel. Er hob eine Augenbraue und musterte sie wie ein Detektiv einen Verdächtigen.

„Die müssen wir scannen", sagte er knapp, ohne uns anzusehen, während er mit einer Hand auf das Förderband deutete.

„Kein Problem", antwortete ich, wobei ich mich ein wenig über die Breite der Kartons beugte. „Die passen da durch, oder?"

Er drehte sich langsam zu uns um, als hätte ich ihm gerade erzählt, ich wolle einen Elefanten durch ein Schlüsselloch zwängen.

„Nein", sagte er trocken, „die sind zu groß."

Antje warf mir einen dieser Blicke zu – eine Mischung aus „Ich habe es geahnt" und „Du hast doch bestimmt eine Lösung, oder?"

Ich wich ihrem Blick aus und versuchte, die Situation zu retten.

„Okay, was machen wir jetzt?", fragte ich und bemühte mich um einen Tonfall, der kooperativ klang, aber nicht verzweifelt.

„Wir müssen die Fahrradkartons öffnen", erklärte der Sicherheitsbeamte sachlich und zeigte mit einer Geste an, dass er keine Ausnahmen machte. „Sichtung und Sprengstoffkontrolle."

Antje seufzte hörbar.

„Wir haben kein Ersatzklebeband dabei", sagte sie, ihre Stimme leicht angespannt, aber gefasst.

„Das wird schwierig", meinte er und zuckte mit den Schultern. „Ohne Verschluss können wir sie nicht weiterleiten."

Ich merkte, wie meine Schultern sanken. Die Vorstellung, die großen Boxen erneut zu packen oder sie gar wieder nach Hause transportieren zu müssen, ließ mein Herz ein paar Takte aussetzen.

„Irgendjemand hier muss doch Klebeband haben", fragte ich, während ich hektisch meinen Blick durch die Halle wandern ließ, als könnte irgendwo ein Klebeband-Verleih auftauchen.

„Ihr habt echt kein Packband?", fragte der Mitarbeiter mit einem Hauch von Belustigung, als hätte ich ihm gerade gesagt, wir wollten die Kartons mit Zahnpasta verschließen. Er warf mir einen schnellen Seitenblick zu, der deutlich machte: Das hier ist dein Problem, Freundchen.

In diesem Moment tauchte ein älterer Kollege vom benachbarten Schalter auf – mit grauem Haar, einer leicht gebeugten Haltung und der ruhigen Aura eines Menschen, der in der Hektik eines Flughafens nichts mehr erschüttern konnte.

„Was ist das Problem?", fragte er mit einem leicht slawischen Akzent.

„Die Fahrradkartons sind zu groß für den Scanner, und sie haben kein Klebeband, um sie wieder zu verschließen", erklärte der erste Angestellte nüchtern.

Der andere Mitarbeiter nickte nur knapp, verschwand wortlos in Richtung seines Schalters und ließ uns mit unseren chaotischen Gedanken und den halb geöffneten Transportboxen zurück. Gerade als ich überlegte, ob es hier irgendwo eine Klebeband-Boutique geben könnte, tauchte er wieder auf – wie ein Held in der Not, nur ohne wehenden Umhang. In seiner Hand hielt er triumphierend eine Rolle Tesa hoch, als hätte er soeben den Heiligen Gral geborgen.

„Das sollte helfen", sagte er gelassen und drückte sie mir in die Hand.

Ich war kurz sprachlos.

„Sie haben ...welches?", fragte ich, als hätte er gerade einen Goldbarren hervorgezaubert.

„Ja", sagte er und grinste leicht. „Hier passiert sowas öfter."

„Danke!", sagte Antje, ihre Stimme voller Erleichterung, während ich begann, die Kartons zu öffnen. „Sie sind unser Retter."

Er blieb stehen, während der erste Sicherheitsbeamter mit Handschuhen die Räder untersuchte.

„Ich habe schon Campingzelte gesehen, die leichter aufzubauen waren“, bemerkte er trocken, als ich versuchte, den ersten Karton wieder ordentlich zu verschließen.

„Das ist gar nichts“, entgegnete ich. „Warten Sie, bis Sie sehen, wie wir die Räder später zusammenbauen – das wird wie ein IKEA-Schrank ohne Werkzeug.“

Der Mann schmunzelte und reichte mir die Rolle.

„Sehen Sie“, sagte er, „am Flughafen gibt es für fast alles eine Lösung – man muss nur ein bisschen kreativ sein.“

Als wir schließlich das Terminal verließen, spürte ich eine Mischung aus Erleichterung und Erschöpfung. Die klamme Luft des Flughafens wich der kühlen Abendbrise, die uns auf dem Weg zum Parkplatz empfing. Der Bulli wartete geduldig, als wüsste er, dass sein Einsatz gleich zu Ende war. Antje schob die Tür zu, und das Geräusch schien wie ein Schlussakkord dieses anstrengenden Tages. Wir hatten es geschafft – zumindest für den Moment.

Die Rückfahrt durch die nächtliche Dunkelheit war still. Worte schienen überflüssig, während die Ereignisse des Tages wie kleine Stromstöße durch unseren Kopf zuckten. Zuhause angekommen, warf ich einen letzten Blick auf die Uhr: viel zu spät. Doch trotz der Müdigkeit hielt ich inne, als wir ins Haus traten. Der vertraute Geruch, das gedämpfte Licht der Flurlampe – alles wirkte so ruhig, so nah.

Die Nacht war kurz, und der Wecker zerriss sie wie eine unerbittliche Sirene. Schlafen? Eine höfliche Idee, die wir für diese Nacht nur flüchtig in die Realität umgesetzt hatten. Draußen herrschte diese eigentümliche Stille des frühen Morgens, in der die Welt noch schlief – oder zumindest so tat, als sei sie unschuldig an unserem frühen Aufbruch.

Im Haus regte sich Leben. Paula saß bereits am Frühstückstisch, die Haare noch zerzaust vom Schlaf, während meine Eltern mit einem gewissen Eifer den Tisch deckten. Es war kein aufwendiges Frühstück, aber ein herzliches: duftender Kaffee, Butter, Marmelade – und frische Brötchen, die unsere Tochter am Vorabend noch liebevoll gebacken hatte, während wir mit dem Vorabend-Check-in beschäftigt waren.

„Damit ihr morgen was Richtiges zum Abschied habt", hatte sie gesagt, mit einem entschlossenen Blick, der mich sowohl rührte als auch stolz machte.

Jetzt lagen sie golden und perfekt geformt auf dem Tisch, als kleines Kunstwerk ihrer Fürsorge, das dem Moment eine besondere Wärme verlieh. Ich hielt einen Augenblick inne, als ich die Brötchen ansah. Golden, perfekt geformt – sie waren mehr als nur ein Abschiedsgruß, sie waren Paulas Art, uns auf ihre Weise „Ich habe euch lieb" zu sagen. Diese kleine Geste traf mich mitten ins Herz. Doch anstatt der Freude ganz zuzulassen, nagte ein anderes Gefühl an mir: Wie oft in den letzten Wochen hatte ich es verpasst, ihr zu zeigen, wie viel sie mir bedeutet? Immer war da eine Liste, eine Aufgabe, ein Termin. Immer wieder hatte ich mich zwischen Arbeit und To-dos wie ein Getriebener gefühlt.

„Nächstes Mal mach ich es besser", versprach ich mir stumm, wohl wissend, dass ich dieses Mantra schon zu oft wiederholt hatte. Aber vielleicht zählte allein dieser Moment, hier und jetzt, wo ihre Brötchen mehr sagten, als ich es je könnte.

Meine Mutter bestand darauf, den Kakao für ihre Enkelin genauso zu rühren, wie sie es schon vor Jahren für mich getan hatte – mit einem kleinen Strudel in der Mitte. Es waren diese Details, die das Frühstück zu mehr als nur einer Mahlzeit machten.

Antje legte liebevoll eine Hand auf Paulas Schulter, während sie ihr ein Brötchen reichte.

„Pass gut auf dich auf, Schatz", sagte sie, und ihre Stimme klang fest, aber voller Wärme.

Paula nickte, ein Hauch von Stolz in ihrem Blick. Für eine 14-Jährige war sie bemerkenswert gelassen, doch ich konnte den kleinen Schatten der Wehmut in ihrem Lächeln erkennen. Sie würde uns vermissen, das wusste ich, und wir würden sie ebenso vermissen.

Meine Eltern waren das Kontrastprogramm. Sie waren gelassen, fast heiter, als ob sie schon tausend solcher Abschiede erlebt hätten.

„Macht euch keine Sorgen um uns", sagte mein Vater, während er mit einer fast zeremoniellen Geste Marmelade auf eine Brötchenhälfte strich. „Wir haben das hier im Griff."

„Und Paula passt auf uns auf", fügte meine Mutter hinzu und zwinkerte ihr zu. Sie grinste breit, und für einen Moment schien die Stimmung fast zu leicht für den Anlass.

Als die Zeit zum Aufbruch kam, spürte ich den vertrauten Kloß im Hals. Antje umarmte sie fest, während ich mich bei meinen Eltern bedankte – für ihre Unterstützung, für ihre Geduld, für alles. Ich wandte mich schließlich Paula zu, die mich mit ihren klaren, wissenden Augen ansah. Unser Blick traf sich, und in diesem Augenblick schien die Zeit stillzustehen. Ich wollte ihr so vieles sagen: wie stolz ich auf sie war, wie sehr ich sie lieben würde – doch die Worte blieben in meinem Kopf gefangen. Stattdessen nahm ich sie in die Arme, etwas länger und fester als sonst. Es fühlte sich an, als wolle sie all die Wochen der Trennung in diesem einen Moment überbrücken.

„Viel Spaß, Papa", sagte sie leise, und ihre Stimme hatte diese Mischung aus Ernsthaftigkeit und kindlicher Unbeschwertheit, die ich so an ihr liebte. Ich nickte, atmete tief durch und rang mir ein Lächeln ab.

„Danke. Pass gut auf Oma und Opa auf, ja?"

Sie nickte wieder, diesmal mit einem kleinen Schmunzeln.

Dann war es Zeit zu gehen. Der Moment war vorbei, aber ich nahm ihn mit – als leises Versprechen an mich selbst, beim nächsten Mal besser darin zu sein, meine Gefühle zu zeigen.

Unser Wagen wartete vor der Haustür. Die Entscheidung, das eigene Auto auf einem Park-&-Fly-Parkplatz abzustellen, war praktisch gewesen. Unser Rückflug aus Mailand würde spät abends sein, und ich wollte direkt nach unserer Ankunft ohne Umstände zurückfahren können – am nächsten morgen früh stand die Rückfahrt meiner Eltern an, die ich übernehmen würde. Flexibilität war hier keine Option, sondern Notwendigkeit.

Die Straßen waren leer, das Haus hinter uns still. Paula, meine Eltern, die Brötchen – alles schien zurückzubleiben, wie ein leises Echo, das in den nächsten Wochen nachhallen würde. Antje saß schweigend neben mir, ihre Hand auf meinem Knie, als wollte sie mich wortlos daran erinnern, dass wir es gemeinsam schaffen würden. Vor uns lag ein neues Kapitel – eines, das noch unscharf war, voller Herausforderungen und Momente, die uns prägen würden.

Der Flughafen war wie immer ein Mikrokosmos des Chaos: Menschen mit Koffern, die größer waren als sie selbst, eilten durch die Halle, während Kinder zwischen den Schlangen hindurchtanzten. Die Routine des Eincheckens hatte jedoch etwas Beruhigendes. Boardingpässe, Sicherheitskontrolle, Warten – alles verlief wie ein gut geprobtes Ritual.

Meine Gedanken schweiften zurück zu einer früheren Reise, die mir mit einem Anflug von Unbehagen in Erinnerung geblieben war: Damals lagen unsere Fahrräder in zerfetzten Kartons auf dem kalten Boden der Sperrgepäckhalle, als hätten sie förmlich „Rette sich, wer kann" geflüstert.

Das Flugzeug rollte gemächlich zur Startbahn, als würde es seine gewaltige Kraft noch zügeln, bereit, sie im richtigen Moment mit voller Wucht freizusetzen. Plötzlich ruckte es – die unsichtbare Startfreigabe war erteilt, und die Turbinen begannen mit einem tiefen Grollen, sich in Bewegung zu setzen. Ein lautes Vibrieren durchlief die Kabine, während die Maschine mit wachsender Geschwindigkeit über den Asphalt jagte. Die Welt draußen verschwamm zu einem Streifen aus Farben und Bewegung, und ich wurde sanft in den Sitz gedrückt, als die Fliehkräfte die Oberhand gewannen. Es fühlte sich an, als ob uns unsichtbare Hände von der Erde lösten und uns in das Abenteuer katapultierten, ohne uns Zeit zum Nachdenken zu lassen.

Der Flug nach Zagreb verlief ruhig, doch als die Alpen unter uns auftauchten, nahm meine innere Ruhe einen spürbaren Aufschwung. Die Berge ragten majestätisch aus einem Meer aus Wolken hervor, ihre schneebedeckten Spitzen wie schlafende Riesen. Antje lehnte sich zu mir herüber und deutete auf eine kleine Stadt in einem Tal.

„Schau mal", sagte sie, „alles sieht von hier oben so winzig aus."

Und sie hatte recht. Es war, als hätte jemand die Welt geschrumpft, und unsere Probleme gleich mit. Von hier oben waren die Sorgen der letzten Tage – die Baustellen, die Hektik, der Kampf mit den Kartons – nicht mehr als unscheinbare Punkte, die im weiten Panorama verschwanden.

Ich erinnerte mich an die Lehren von Sadhguru, dem indischen Mystiker und Yogalehrer, dessen Worte mich immer wieder inspiriert hatten.

Sadhguru, bekannt für seine einfachen, aber tiefgründigen Einsichten, sagt oft: „Alles, was geschieht, ist neutral – es sind unsere Wahrnehmungen, die es als gut oder schlecht bewerten."

Von oben schien die Welt so klein, ihre Dramen unwichtig. Kein Berg machte sich Gedanken über knirschende Kupplungen oder vergessene Spanngurte. Sie standen einfach da, zeitlos und still – eine Erinnerung daran, dass auch wir uns manchmal, wie diese Berge verhalten sollten: feststehen, ohne uns von jedem Sturm mitreißen zu lassen.

„Weißt du", sagte ich zu Antje, „vielleicht sind wir manchmal wie diese Berge. Wir denken, jeder Sturm um uns herum ist das Ende der Welt. Aber am Ende stehen wir einfach weiter da, ein bisschen zerkratzt vielleicht, aber immer noch da."

Sie grinste, eine Mischung aus Zustimmung und leichter Belustigung.

„Schöner Gedanke", erwiderte sie. „Aber ich glaube, ich bin eher wie einer der Wolkenfetzen da unten – ständig in Bewegung und immer ein bisschen unberechenbar."

Ich lachte.

„Dann bin ich wohl der Wind, der dich herumschubst."

Der Rest des Fluges verging mit einem angenehmen Gefühl von Gelassenheit, das ich selten so bewusst gespürt hatte. Die Welt schien von hier oben einfacher, klarer – ein riesiger Teppich aus Geschichten, die nur darauf warteten, entdeckt zu werden. Ich beschloss, diesen Moment zu genießen, bevor die Realität uns wieder einholen würde.

In Zagreb hüllte uns die klare Herbstluft ein wie eine längst überfällige Umarmung. Der Himmel war grau, die Brise kühl, aber belebend – ein willkommenes Kontrastprogramm zur stickigen Kabinenluft. Mit jedem Schritt fühlte sich der Boden fester unter meinen Füßen an, als hätte der Aufbruch endlich Gestalt angenommen. Am Sperrgepäckschalter standen wir gespannt wie bei einer Lotterie, bei der der Hauptgewinn aus unversehrten Kartons besteht. Und dann, fast feierlich, rollten sie auf uns zu –

unversehrt und so ordentlich aufgereiht, als hätten sie die Reise nicht im Gepäckraum, sondern in der First Class verbracht.

„Das ist ja fast zu gut, um wahr zu sein“, rief ich, während ich die ersten Boxen öffnete.

Antje sah mich an, ein Lächeln in den Augen.

„Vielleicht liegt es an deinem neuen Blickwinkel,“ sagte sie. „Oder daran, dass die Angestellten hier einfach kompetenter sind.“

Der Flughafen wirkte wie eine pulsierende Welt für sich, doch inmitten dieses Trubels fanden wir uns in einer stillen Oase wieder – ein paar Meter Platz, Schrauben und Lenker in der Hand. Jeder Handgriff war wie eine Beruhigung, ein Fokus auf das Wesentliche. Während die Welt um uns herum eilte, setzten wir ein Stück Normalität zusammen: unsere Fahrräder, unsere Freiheit. Jede Schraube wurde überprüft, jedes Bauteil mit konzentrierter Routine gesichert – eine Art mechanisches Ritual, das uns inmitten des Trubels eine beruhigende Insel der Fokussierung bot. Doch unsere kleine Welt aus Pedalen und Speichen blieb alles andere als unbemerkt.

Unser kleines Fahrradmontageprojekt schien inmitten des geschäftigen Trubels der Flughafenhalle unfreiwillig zur Attraktion zu werden. Während manche Reisende uns mit einem verstohlenen Seitenblick bedachten, hielten andere kurz inne, als könnten sie ihre Neugier nicht verbergen. Einige schienen achtlos vorbeizugehen, doch ihre leicht geneigten Köpfe verrieten, dass sie länger hinsahen, als sie es zugeben wollten. Wieder andere verlangsamten ihren Schritt, warfen einen prüfenden Blick und richteten ihn dann hastig wieder nach vorne, als hätten sie sich dabei ertappt, uns zu beobachten.

Ein Mann jedoch machte keinen Hehl aus seiner Neugier. Mit der nonchalanten Selbstverständlichkeit eines

Museumsbesuchers blieb er direkt neben mir stehen, verschränkte die Arme und betrachtete unser Tun, als wäre er vor einer lebenden Ausstellung gelandet und wir Künstler. Seine Augen wanderten über die Einzelteile der Räder, verweilten einen Moment bei meinen Händen und dann wieder bei Antje.

Sie schenkte mir einen kurzen Blick, eine Mischung aus Belustigung und leichter Genervtheit, während ich versuchte, meine Konzentration nicht zu verlieren. Unser Fan rührte sich keinen Zentimeter, als ob er darauf wartete, dass wir ihm gleich noch eine Vorführung zum Thema 'Wie man ein Rad auf Reisen zusammenbaut' anbieten würden.

Ungeachtet der neugierigen Blicke – mal verstohlen, mal ganz offen – brachten wir unser Werk zu Ende. Die Fahrräder standen bereit, glänzend und startklar, und für einen Moment zählte nichts anderes. Die halbe Vorhalle hätte uns dabei beobachten können, es war egal – wir hatten unser erstes Ziel erreicht.

Als ich die Hand auf meinen Lenker legte, durchzog mich ein leiser Stolz. Die Alpen lagen längst hinter uns, doch ihr Einfluss blieb spürbar. Manchmal braucht es eben Abstand, um zu begreifen, wie klein die scheinbar großen Probleme wirklich sind.

Ein älterer Flughafenmitarbeiter schritt mit stoischer Gelassenheit auf uns zu. Sein Blick fiel auf den ordentlich sortierten Berg aus Verpackungsmaterial, den wir zuvor mit militärischer Präzision in Kategorien wie Pappe, Schaumstofffolie und Klebeband getrennt hatten. Alles war fein säuberlich kleingeschnitten und auf einen Rollwagen gestapelt, der nun neben uns parkte – bereit für meine geplante Mission: das Material passend neben den einzelnen Müllcontainern draußen zu deponieren.

Mit einem prüfenden Blick wanderte sein Augenmerk über den Wagen, als stünde vor ihm ein besonders gewagtes Kunstprojekt.

„Toilette?", fragte er mit einem Gesichtsausdruck, der irgendwo zwischen ernsthafter Skepsis und beiläufigem Desinteresse lag, während sein Finger auf den Müllberg zeigte.

Für einen Moment war ich sprachlos. Meinte er das ernst? Oder wollte er testen, wie weit er uns treiben konnte?

„Nein, nein, Müll!", sagte ich schnell und hob den Daumen – dieser internationale Code für 'Ich bin harmlos"'. Sein Blick verriet mir jedoch, dass er entweder kein großer Fan von Daumen-Gesten war oder uns schlicht nicht glaubte.

Der Mann verschwand, ohne ein weiteres Wort, und ließ uns mit unserem Müllberg zurück – so zerknirscht wie unser Pappkarton, der halb von der Ladefläche hing. Ich war mir sicher, dass er uns nie wiedersehen wollte. Doch keine zwei Minuten später tauchte er wieder auf, einen Müllwagen hinter sich herziehend, als wäre er der Ritter der Müllentsorgung.

„Here", sagte er knapp und schob das Ding mit der Präzision eines Formel-1-Mechanikers direkt neben unseren Wagen. Er murmelte etwas auf Kroatisch, das sich für mich anhörte wie: „Schön, dass es vorbei ist – oder fängt es jetzt erst an?"

Ich konnte mir nicht verkneifen zu denken, dass er möglicherweise genau das Gegenteil vermutete – dass unser Haufen ein stilles Statement für die Vergänglichkeit moderner Logistik sein sollte. Vielleicht ein avantgardistisches Stück, das auf einem Flughafenterminal genau am richtigen Platz gewesen wäre. Doch er, pragmatisch wie er war, schien diese künstlerische Vision nicht zu teilen.

„Thank you!" bedankte ich mich – diesmal in der langsamsten und freundlichsten Version meines Englisch, die ich aufbieten konnte. Ich legte noch ein strahlendes Lächeln obendrauf und hob den Daumen ein zweites Mal, als ob ich ein neues Emoji erfunden hätte: Freundlicher-Müllkunde-mit-Panik-im-Blick. Der Mann blieb stoisch und brummte etwas, das ich als „Spar dir das Grinsen“ interpretierte, während er die Kartons mit der Gleichgültigkeit eines Menschen aufsammelte, der sicher war, in der Hölle nichts Schlimmeres zu erwarten.

Als er schließlich den letzten Rest unseres künstlerischen Beitrags auf den Müllwagen lud, machte er eine beiläufige Geste, die alles über seine Routine verriet. Es war der Ausdruck eines Mannes, der schon alles gesehen hatte: explodierte Gepäckstücke, herrenlose Koffer und Touristen wie uns, die Mülltrennung zur Performance-Kunst erhoben.

„No problem“, sagte er kurz, aber in seinem Ton schwang etwas mit, das entweder Erleichterung oder Resignation war. Antje, die das Schauspiel aus dem Augenwinkel beobachtet hatte, schüttelte leicht den Kopf, mit einem Hauch von Lächeln auf ihren Lippen, bevor sie sich wieder den Fahrrädern zuwandte.

Mit den Rädern fuhren wir schließlich die kurze Strecke zum Hotel. Die ersten Tritte in die Pedale fühlten sich schwerfällig an, als ob unser Körper noch in den engen Flugzeugsitzen feststeckte. Doch mit jedem Meter lockerte sich die Spannung – wie ein Motor, der langsam auf Betriebstemperatur kommt. Und genau hier schien das Abenteuer an Schwung zu gewinnen – nicht bei der Abreise oder der Landung, sondern in dem Moment, in dem das Vertraute endgültig hinter uns verblasste.

Mit jeder Pedalumdrehung schien das Bekannte weiter in den Hintergrund zu rücken, und das Unbekannte wurde zur Einladung. Die Straße vor uns war leer und einladend, die Landschaft begann, sich in weichen Hügeln zu öffnen. Der späte Nachmittag legte sich wie ein sanfter Schleier über die Szenerie, und die kühle Luft trug den ersten Hauch von Erholung mit sich. Als wir schließlich das Hotel erreichten, fühlte es sich wie das natürliche Ende dieses ersten Tages an – ein Ort, an dem die Bewegung endete und die Ruhe begann.

Es war schlicht, aber gemütlich – der Duft von Lavendel in der Bettwäsche mischte sich mit dem Hauch von Abnutzung, den die Matratzen nach zwei Jahrzehnten Dauereinsatz verströmten. Es war kein perfekter Ort, aber genau das machte ihn zu einem sicheren Hafen nach einem langen Tag. Die kleinen Makel verliehen ihm eine besondere Wärme, ähnlich wie das Knirschen der Reifen auf der Straße oder die langsam verblassende Hektik Zagrebs. Manchmal sind es gerade diese kleinen Unvollkommenheiten, die uns daran erinnern, den Moment in seiner ganzen Einfachheit zu schätzen.

Nach einer Dusche, die mehr wie eine Zeremonie der Wiedergeburt wirkte, und etwas Ruhe, die in Form eines starren Blicks in die Wand stattfand, machten wir uns auf ins Restaurant. Dort erwartete uns eine Grillplatte, die selbst einem königlichen Festmahl Konkurrenz machen konnte: saftige Cevapcici, zart schmelzende Rippchen, gegrilltes Gemüse und ein Brot, das nach Holzofen und purem Trost schmeckte.

Ich betrachtete die Platte mit der Ernsthaftigkeit eines Feldherrn, der seinen letzten Schlachtplan begutachtet, und konnte mir ein Lächeln nicht verkneifen.

„Unsere Henkersmahlzeit", erklärte ich feierlich, während Antje die Augen verdrehte. Sie wusste genau, was ich meinte: Diese Grillplatte war alles, nur keine optimale Sportlernahrung. Aber wie könnte man Cevapcici auch mit einem Proteinriegel vergleichen?

Jeder Bissen war ein Triumph der Würze, eine Explosion von Aromen, die sich weigerten, ignoriert zu werden. Das zarte Fleisch schmolz auf der Zunge, und das Gemüse – so dezent wie ein Nebenakteur in einem Actionfilm – tat sein Bestes, gesund zu wirken. Für einen Moment schien die Welt sich nur um diesen Tisch zu drehen, umgeben von dem Duft von Grillkohle und dem Wissen, dass die kommenden Höhenmeter uns ohnehin jede Kalorie davon abverlangen würden.

„Na dann", sagte ich schließlich und hob mein Glas, das von außen angenehm beschlagen war, mit einem kühlen Bier darin. „Auf die Reise, auf die Höhenmeter ... und auf die Cevapcici."

Antje grinste, hob ihr Glas mit Fanta und stieß an.

„Und darauf, dass du es vielleicht schaffst, diesmal nicht aus dem Sattel zu fluchen, wenn dein Knie muckt."

„Abgemacht", erwiderte ich lachend, obwohl wir beide wussten, dass das ein leeres Versprechen war.

Die Gläser klangen hell und klar zusammen, ein kleiner Moment der Freude und Vorfreude, bevor die Strapazen der Reise beginnen würden.

Am nächsten Morgen brachen wir früh auf, bevor die Stadt vollständig erwachte. Die Sonne kroch langsam über die Hügel und warf ein warmes, goldenes Licht auf die Straßen Zagrebs, die sich gerade aus ihrem nächtlichen Schlummer erhoben. Zagreb war uns nicht fremd – auf unserer letzten Tour hatten wir die Stadt bereits erkundet. Doch der Dolac-Markt, mit seinem lebendigen Treiben und den frischen, duftenden Waren, war uns im Gedächtnis geblieben. Diesmal wollten wir uns dort frisch eindecken, bevor wir den Großstadtverkehr endgültig hinter uns ließen.

Auf dem Markt empfing uns das bunte Treiben der Händler und Kunden, die zwischen den Ständen wimmelten. Die Farben der Früchte leuchteten wie ein impressionistisches Gemälde: tiefrote Äpfel, goldgelbe Birnen und Mandarinen, deren süßer Duft die Luft durchzog. Antje wählte mit geübtem Blick ein paar perfekte Exemplare aus, während ich den bitteren Geschmack eines frisch gebrühten Espressos genoss, den ich in einem kleinen Straßencafé erstanden hatte. Der Kontrast zwischen dem Kaffee und der süßen Säure der Mandarinen, die ich kaum abwarten konnte zu probieren, war unerwartet – und irgendwie genau richtig.

Doch die Magie des Marktes hielt nicht ewig. Mit den beladenen Rädern rollten wir in das wahre Zagreb hinein – ein chaotisches Orchester, bei dem jedes Instrument schief spielte. Hupende Autos kämpften um den Takt, Fahrer gestikulierten wie überambitionierte Solisten, und Fußgänger tanzten ihren eigenen Tanz zwischen all dem Wirrwarr.

„Links, pass auf den Bus!", rief Antje über ihre Schulter, während sie elegant einem Lieferwagen auswich, der halb auf dem Gehweg stand.

Ich folgte ihr, mein Herz klopfend wie ein hyperaktiver Schlagzeuger. Eine Vespa schoss an mir vorbei und schnitt mich so knapp, dass ich kurz überlegte, ob mein Helm als Wurfgeschoss taugen würde.

„Wenigstens trägt er einen", murmelte ich vor mich hin, während ich versuchte, in einer Lücke zwischen einem hupenden Kleinwagen und einer Baustellenabsperrung zu bleiben.

Erst als wir die Stadt hinter uns ließen und das Hupen in der Ferne verklang, spürte ich, wie sich meine Schultern langsam senkten – als würde jemand die Anspannung Stück für Stück von meinem Rücken ziehen.

Die umliegenden Hügel lagen ruhig da, in warmes Herbstlicht getaucht, und ich konnte förmlich hören, wie die Stille flüsterte: „Atme durch."

Es war ein Moment, in dem die Welt sich nicht nur beruhigte, sondern auch kurz stillstand. Und in dieser Ruhe erkannte ich, dass das Loslassen nicht mit einem großen Knall passiert, sondern leise – wie ein Blatt, das sich vom Baum löst und im Wind davonsegelt. Mit jedem Meter, den wir uns weiter entfernten, begriff ich, dass Heimat kein Ort ist, sondern ein Gefühl – ein Moment, in dem du dich sicher und verbunden fühlst. Und manchmal findet man sie inmitten von Lärm und Bewegung, manchmal in der stillen Weite einer Landschaft wie dieser. Hier, in der Ruhe nach dem Sturm, war dieses Gefühl plötzlich greifbar – und für einen Augenblick war es genug. Wir hatten es geschafft – gerade so.

Als wir die Stadt hinter uns ließen, fiel die Anspannung von uns ab wie eine schwere Last. Der dröhnende Verkehr verblasste, und stattdessen begleitete uns das sanfte Knirschen der Reifen auf dem Asphalt, gemischt mit dem leisen Rascheln der Blätter in den herbstlichen Hügeln vor uns. Die Farben der Jahreszeit – warme Gold- und Orangetöne, durchsetzt mit dem satten Grün der Wiesen – wirkten wie eine Einladung, innezuhalten und durchzuatmen.

Mit jedem Meter rückten der Flughafen und die turbulenten letzten Tage weiter in die Ferne. Das leise Summen der Reifen schien uns in die friedliche Stille der Hügel zu führen, während die Straßen unter uns zu einem vertrauten Begleiter wurden – ein sanfter Übergang von der urbanen Enge zur Weite der Natur. Doch die wahren Spuren, die zählten, hinterließ die Reise nicht auf der Straße, sondern in uns selbst – unscheinbare, aber prägende Eindrücke, die uns Schritt für Schritt veränderten.

Mein Knie meldete sich zurück, diesmal mit einem stumpfen Ziehen in der Kehle – ein leises, aber hartnäckiges Mahnmal dafür, dass der Weg vor uns nicht einfach werden würde. Der Erguss im Gelenk, den ich mir durch eine ungeschickte Drehung beim Arbeiten an Holzkisten für meine Kunstwerke zugezogen hatte, war laut Orthopäden längst verschwunden. Doch die Sehnenansätze und Muskeln waren noch nicht vollständig ausgeheilt und erinnerten mich daran, dass der Heilungsprozess seinen eigenen Rhythmus hatte – unabhängig von meinen Plänen.

Trotzdem, umgeben von der Stille und der herbstlichen Schönheit der Landschaft, schob ich das unangenehme Ziehen beiseite. Es war, als hätte die Ruhe um uns herum eine beruhigende Wirkung auf meine Gedanken – und auf mein Knie. Endlich fühlte es sich an, als hätte das Abenteuer wirklich begonnen.

Zagreb blieb hinter uns, doch in meinem Kopf hallten die Eindrücke nach. Diese Stadt, mit ihren alten Mauern und modernen Fassaden, war mehr als nur der Startpunkt unserer Reise. Selbst die chaotischen Straßen Zagrebs konnten meine Vorfreude nicht trüben. Zwischen Schlaglöchern und hupenden Autos entdeckte ich etwas Unerwartetes: diesen kleinen Moment von Leichtigkeit, der sich im gleichmäßigen Rhythmus der Pedale verbarg. Es war, als ob jede Umdrehung ein Stück Optimismus freisetzte, ein stiller Sonnenstrahl, der uns trotz allem vorantrieb. Sie war ein Symbol für Übergänge, für Wandel, für die Möglichkeit, das Alte hinter sich zu lassen und etwas Neues zu beginnen.

Während ich fuhr, verblasste die Hektik der letzten Tage allmählich. Die Straße fühlte sich nicht länger als ein Gegner an, sondern wie ein vertrauter Begleiter. Genau in diesem Moment spürte ich, dass die Reise endlich ihren wahren Anfang gefunden hatte.

MIT DER KUPA FLIEẞEN

Der Morgen in Karlovac empfing uns mit strahlendem Sonnenschein – wie eine Einladung, die Anstrengungen des Vortags einfach hinter sich zu lassen. Um Punkt acht, nach einem schnellen Frühstück, rollten wir aus der Stadt. Der Himmel war klar, die Luft kühl und frisch, als hätte die Natur uns einen aufmunternden Klaps auf die Schulter gegeben. Unser Ziel, die Bergregion um Ravna Gora, versprach nicht nur idyllische Aussichten, sondern auch Herausforderungen, die uns bereits auf der Karte zum Schnaufen gebracht hatten.

Kaum hatten wir die Stadt hinter uns gelassen, veränderte sich die Landschaft spürbar. Die Straßen zogen sich in sanften Schwüngen bergauf, Felder und Wiesen wichen nach und nach dichten Wäldern. Vor uns erstreckte sich das Gorski Kotar – die 'grüne Lunge Kroatiens' –, ein majestätisches Gebirge zwischen Adria und Binnenland. Es schien, als wollte uns diese Landschaft testen: eine Einladung, ja, aber mit dem Nachsatz „nur, wenn ihr bereit seid".

Das Gorski Kotar erschien wie eine grüne Kathedrale, deren gewaltige Säulen aus uralten Baumstämmen bestanden – ein ehrfurchtgebietender Ort, in dem die Steigungen die einzigen Sitzbänke ersetzten. Die Sonne spielte Lichtpunkte auf den Boden, als wollte sie uns bei jedem Tritt ins Pedal applaudieren. Der Wind strich sanft durch die Wipfel, brachte den Duft von feuchtem

Moos und harzigen Nadeln mit sich – eine kühle Frische, die die Anstrengung fast vergessen ließ.

Abseits der Straße öffneten sich Lichtungen, auf denen Wildblumen in allen Farben wie zufällig verstreut wirkten. Gelber Enzian und lilafarbene Lupinen setzten Akzente zu den satten Grüntönen der Wiesen, während silberne Bäche durch das dichte Grün glitzerten und Farne am Ufer sanft im Wind wogten. Hoch oben zog ein Habicht seine Kreise, sein scharfer Ruf hallte von den Felsen wider. Und dann, fast versteckt im Dickicht, entdeckten wir Rehe, die uns mit großen Augen musterten, bevor sie lautlos im Schatten verschwanden.

Die Stille des Gebirges hatte ihren eigenen Klang: das vielstimmige Zwitschern der Vögel, das melancholische Rauschen eines Wasserfalls in der Ferne und das leise Knacken trockener Zweige unter unseren Reifen – wie ein heimliches Konzert, das nur für uns gespielt wurde. Die Tierwelt des Gorski Kotar blieb größtenteils unsichtbar, doch die Vorstellung, dass Bären, Wölfe und Luchse sich hier in den Wäldern bewegten, ließ uns ehrfürchtig den Kopf heben. Es war ein stiller Reminder, dass wir hier nur Gäste waren.

Die Landschaft selbst wirkte, wie ein Gemälde aus rauer Eleganz: zerklüftete Felsformationen, mit Moos und Flechten bedeckt, ragten zwischen den Bäumen auf. Einige Gipfel waren schroff und wild, andere schienen sanft abgerundet – als hätte die Zeit sie mit Bedacht geformt. Je höher wir stiegen, desto deutlicher spürten wir die klare, kühle Bergluft, die uns erfrischte und zugleich an die stille Abgeschiedenheit erinnerte, die dieses Gebiet so unvergleichlich machte.

Kaum hatte ich mich den nächsten Hügel hinaufgekämpft, tauchte sie plötzlich auf – eine Burg, wie aus dem Nichts, direkt am Wegesrand. Es war, als hätte sie beschlossen, sich genau hierhin zu stellen, nur um uns ein ehrfürchtiges „Wow“ zu entlocken.

Mein Herz machte einen kleinen Sprung – Burgen und Ruinen haben mich schon immer fasziniert, und es war eine Freude, eine solch beeindruckende Anlage direkt auf unserer Route zu sehen.

Normalerweise lagen diese historischen Bauten hoch oben, gut versteckt auf Hügeln oder Berggipfeln, oft abseits unserer geplanten Strecken. Auch wenn ich mich nach diesen Orten sehnte, fehlte uns oft die Lust oder die Energie, für solche Abstecher größere Umwege in Kauf zu nehmen. Doch diesmal lag sie einfach da, direkt vor uns, ohne Umweg, wie ein unverhofftes Geschenk, das auf uns gewartet hatte. Welch unverhofftes Glück!

Wir stiegen von unseren Rädern ab und näherten uns der Burg Novigrad na Dobri, die sich mit ihren steinernen Türmen und Mauern vor uns erhob. Die massiven Außenmauern, von der Zeit gezeichnet, wirkten wie Zeugen vergangener Macht. Die grob behauenen Steine erzählten stumm von alten Schlachten und der Sicherheit, die sie einst boten. Zwei Rundtürme rahmten die Burg, die mit ihrer offenen Struktur eine perfekte Mischung aus Verfall und Stärke ausstrahlte. Einer der Türme hatte ein hölzernes Dach, das wie ein neu hinzugefügter Wächter wirkte, der über die Zeit und die alten Geschichten wachte.

Das große Tor, aus dunklem Schmiedeeisen gefertigt, lud uns ein, näherzukommen. Der Bogen über dem Tor war meisterhaft aus Natursteinen gearbeitet, und als wir hindurchgingen, eröffnete sich uns ein wunderschöner Ausblick auf die Umgebung. Saftige Felder, kleine Häuser und sanfte Hügel erstreckten sich in alle Richtungen. Das Panorama wirkte fast wie eine Kulisse, in der sich die Zeit entschleunigte.

Im Innenhof wurde der Kontrast noch deutlicher: Einst schützende Mauern boten nun Einblick in die offenen Himmel darüber, und die Fensterrahmen, einst zum Schutz gebaut, gaben den Blick auf die Weite des Landes frei. Überall um uns herum waren

Details zu entdecken – feine Mauerstrukturen, kleine, halb verfallene Tore und Bereiche, in denen die Natur begann, ihren Raum zurückzuerobern.

Wir erkundeten jeden Winkel, und ich konnte mich kaum sattsehen. Der Geruch von altem Stein, vermischt mit dem leichten Duft der umliegenden Wiesen, begleitete uns bei jedem Schritt. Während ich mich durch die Burg bewegte, versuchte ich mir vorzustellen, wie es hier vor Jahrhunderten gewesen sein musste – die Geräusche von Pferdehufen, Stimmen, die von den Mauern widerhallten, das Leben, das in diesen Mauern pulsierte.

Antje war genauso begeistert wie ich, und wir genossen die Gelegenheit, diese Ruine in Ruhe zu erkunden. Es war ein Moment, der sich einprägte: nicht nur wegen der beeindruckenden Architektur, sondern auch, weil er mich daran erinnerte, wie viel Schönheit oft unerwartet auf uns wartet, wenn wir uns die Zeit nehmen, hinzusehen.

Als wir schließlich wieder auf die Räder stiegen, hing die Magie der Burg noch wie ein Nachklang in der Luft. Doch kaum hatten wir die ersten Meter hinter uns gebracht, holte uns die Realität zurück: Die Serpentinen begannen, sich immer enger um den Berg zu winden, als wollten sie uns auf die Probe stellen. Mit jedem Tritt ins Pedal schien die Strecke steiler und unser Atem schwerer zu werden. Doch gerade, als ich mich fragen wollte, wie lange wir das noch durchhalten würden, erregte ein Denkmal am Straßenrand unsere Aufmerksamkeit.

Ein Soldat aus Stein, die Hand entschlossen in den Himmel gestreckt, schien uns wortlos zuzurufen: „Weiter, ihr könnt das!“

Sein Gewehr in der anderen Hand wirkte weniger wie eine Drohung und mehr wie ein stiller Gruß aus der Vergangenheit – ein leises Flüstern, das uns zum Nachdenken brachte, während wir uns weiter den Berg hinaufkämpften.

Die Namen auf dem Sockel erzählten Geschichten, die wir nicht kannten, und einige Buchstaben waren so verwittert, dass wir fast das Bedürfnis verspürten, sie mit einem Taschentuch abzuwischen – hätten wir eines dabeigehabt. Blumen in Töpfen davor: die einen frisch, die anderen eher 'Vintage'. Die Mischung aus Respekt und Vergessen lag schwer in der Luft.

Ein Stück weiter dann ein zweites Denkmal, halb hinter einem Baum verborgen, als wollte es sagen: „Ich bin noch da, aber macht euch nicht die Mühe."

Rostige Platten, eine Krähe obenauf, die uns musterte, als hätte sie die Geschichtsbücher selbst geschrieben. Wir tauschten einen Blick und mussten schmunzeln – selbst Denkmäler schienen hier Geduld zu fordern, während die Vergangenheit unaufdringlich, aber präsent blieb.

Die Straße vor uns zog sich gnadenlos bergauf, die Steigung ließ uns kaum durchatmen. Kilometer für Kilometer kämpften wir uns weiter, getragen von einer Mischung aus Trotz und stiller Entschlossenheit.

„Das geht schon", murmelte ich wie ein schlecht bezahlter Motivationstrainer, während mein Tacho das Tempo einer müden Schnecke anzeigte.

Antje radelte gleichmäßig vor mir her – eine Zen-Meisterin des Pedalierens – und ich beobachtete, wie sie zwischendurch aus dem Sattel ging, als wolle sie ihren Beinen zeigen, wer hier wirklich das Sagen hat.

Der Wind, der durch die Baumwipfel strich, trug zwar den beruhigenden Duft von Tannen und Moos, wurde aber regelmäßig durch das Röhren von Motoren zerrissen. Das erste Motorrad schoss an uns vorbei wie eine Hornisse auf Speed – ein Knall, dann Stille. Doch kaum hatte die Natur durchgeatmet, folgten weitere. Eine Parade von Lärm und Ego zog vorbei, einer lauter als der andere.

„Wie Kinder mit aufgemotzten Tretrollern", schrie ich, als ein besonders Knatternder mich fast vom Rad fegte. Eine Minute später kam er zurück – diesmal bergab, in einer Staubwolke, die ich noch Minuten später schmeckte.

„Die drehen hier bestimmt Dauerschleifen", rief ich Antje zu.

„Vielleicht trainieren sie auch nur für den nächsten Grand Prix – in der Disziplin 'Lärm pro Höhenmeter'."

Als der letzte Motorenlärm in der Ferne verklang und die Stille des Waldes sich wie eine Decke über uns legte, atmete ich tief durch.

„Weißt du", sagte ich, während ich mich aus dem Sattel schob und das Gleichgewicht suchte, „manchmal frage ich mich, ob wir uns das Leben nicht etwas einfacher machen könnten. Elektro-Bikes zum Beispiel."

Antje drehte sich leicht um, ein halb belustigtes, halb genervtes Lächeln auf den Lippen.

„Und was würdest du dann jammern? Das gehört doch zu deinem Programm."

Ich lachte leise und trat wieder in die Pedale, der Versuch, die geradezu absurde Mischung aus Lärm und Idylle zu ignorieren. Die Ruhe war jedoch ein scheues Tier und verschwand so schnell, wie sie gekommen war. Ein entferntes Dröhnen kündigte den nächsten Störenfried an, ein weiteres Motorrad, das entschlossen schien, die Natur mit seinem Ego zu übertönen.

Doch diesmal war es anders. Es war nicht nur der Lärm, der mich innehalten ließ – es war der nächste Berg, der vor uns wie eine Wand aufragte, steil und gnadenlos, als wollte er uns sagen: „Mal sehen, ob ihr wirklich hierhergehört."

Ich ließ den Blick auf die Steigung ruhen, die sich unbarmherzig vor uns auftat, während das rhythmische Surren der Reifen den Puls unserer Mühen markierte. Jeder Tritt schien schwerer, die Luft kühler und dünner.

„Der wahre Test beginnt jetzt“, murmelte ich mehr zu mir selbst, während sie vor mir in gleichmäßigem Rhythmus in die Pedale trat.

Das war der Moment, als er auftauchte. Der Motorradfahrer. Derjenige, der scheinbar die Aufgabe übernommen hatte, meine Geduld endgültig auf die Probe zu stellen. Schon aus der Ferne hörte ich das vertraute Grollen seines Motors, ein Klang, der mich mittlerweile mehr nervte als das laute Knirschen von Kies unter unseren Reifen. Er näherte sich, das Gesicht hinter seinem Helm verborgen, doch seine Körpersprache sprach Bände: Selbstgefälligkeit in Vollendung.

Und dann passierte es. Mit einem übertriebenen Schwung hob er beide Beine von den Fußrasten, streckte sie seitlich aus und begann in der Luft imaginär zu treten – wie ein Kind auf einem Spielplatz, das so tut, als würde es Rad fahren. Es war der Höhepunkt der Provokation, eine Inszenierung, die an Dreistigkeit kaum zu überbieten war.

Antje, die das Schauspiel ebenfalls mitbekommen hatte, brach in ein ungläubiges Lachen aus, das in den stillen Wald schallte. Ich hingegen starrte ihm hinterher, halb sprachlos, halb wütend.

„Das hat der jetzt nicht wirklich gemacht“, knurrte ich und trat fester in die Pedale, als könnte ich ihm allein dadurch meine Empörung demonstrieren.

„Vielleicht wollte er dir nur zeigen, wie man es richtig macht“, neckte Antje, ohne sich auch nur ein kleines Grinsen zu verkneifen. „Eine kostenlose Technikstunde, ganz exklusiv für dich.“

„Sehr witzig", brummte ich, meine Stimme von der Anstrengung und der unvermeidlichen Frustration gedämpft. „Ich wette, der hat noch nie in seinem Leben einen echten Berg erklommen. Aber klar, mit einem Motor sieht das alles so leicht aus."

Sie drehte sich leicht um und schenkte mir einen ihrer typischen Blicke – eine Mischung aus Amüsement und wohlwollender Geduld.

„Ach komm, lass ihn doch. Solche Typen machen uns nur stärker. Außerdem – du hast doch immer gesagt, die wahren Champions lassen sich nicht provozieren."

„Die wahren Champions haben auch keine Motorräder, die sie den Berg hochziehen", murrte ich, doch selbst ich konnte mir ein Lächeln nicht ganz verkneifen. Denn so sehr mich die Szene auch ärgerte, sie war zu absurd, um nicht wenigstens ein bisschen lustig zu sein.

Und während des Dröhnens des Motorrads in der Ferne verklang und die Stille langsam zurückkehrte, wusste ich, dass dieser Tag uns noch mehr Überraschungen bereithalten würde – und vermutlich noch mehr Gelegenheiten, mein ohnehin strapaziertes Nervenkostüm auf die Probe zu stellen.

Die Steigung forderte alles von uns, während die Sonne gnadenlos brannte. Schweiß tropfte mir in die Augen, und jeder Tritt fühlte sich schwerer an, als würde der Berg mit jedem Meter wachsen. Antje fuhr ein Stück vor mir, das Summen unserer Reifen war unser einziges Mantra, das uns weitertrieb.

Die Motorradfahrer, diese 'Staubsauger auf Koffein', rissen immer wieder die Stille mit ihrem röhrenden Auftreten in Fetzen. Eine besonders laute Truppe ließ mich fast ins Gebüsch ausweichen, nur um Sekunden später wieder zu verschwinden.

„Immerhin hupen sie nicht", murmelte ich trocken, aber Antje war zu weit weg, um meinen Frust zu teilen.

Dann war es plötzlich still. Keine Motoren, keine Lärmwolke – nur wir, der Wald und die gnadenlose Steigung. Die Luft roch nach feuchtem Moos, und das leise Knistern von Zweigen unter unseren Reifen wurde zum einzigen Geräusch. Es hätte fast meditativ sein können, wäre da nicht die zunehmend drängende Trockenheit in meinem Mund gewesen. Unsere Wasserflaschen – fast leer. Mit jeder Umdrehung schien der Durst lauter zu werden, ein stummer Protest, der langsam meinen gesamten Fokus einnahm.

Antje warf einen Blick zurück, als ich aufschloss, und versuchte, mit einem halbherzigen Scherz die angespannte Lage zu überspielen.

„Vielleicht sollte ich den nächsten Motorradfahrer fragen, ob er mich mitnimmt. Einfach so, zum Spaß."

Antje schüttelte nur den Kopf, ein unübersehbares Lächeln auf ihren Lippen, als ob sie sagen wollte: „Du und deine absurden Ideen."

Ich atmete tief durch und richtete meinen Blick wieder auf die vor uns liegende Strecke.

„Eine Sache habe ich jedenfalls gelernt", sagte ich schließlich, während das entfernte Dröhnen eines Motorrads in der Stille verhallte. „Geduld. Und dass es manchmal besser ist, die Energie fürs Weiterfahren zu nutzen, anstatt für Flüche, die keiner hört."

Die letzten Kilometer des Anstiegs zogen sich wie ein schlecht geschriebener Roman: langatmig, vorhersehbar und voller Wiederholungen. Doch irgendwann war ein Ende in Sicht. Der Verkehr ließ nach, und mit jedem Höhenmeter wurde die Luft kühler, frischer – ein kleiner Trost, der mich trotz brennender Beine weitermachen ließ.

Doch kaum hatte sich der erste Durst in den Hintergrund gedrängt, meldete sich das nächste Problem: Hunger. Es begann schleichend, mit einem harmlosen Magenknurren, das sich schnell zu einem ausgewachsenen Notstand steigerte. Antjes 'Das reicht schon'-Mentalität wurde an diesem Tag auf eine harte Probe gestellt – und eine unschuldig wirkende Packung Käse rückte in den Mittelpunkt eines Survival-Dramas, das niemand hatte kommen sehen.

Ich warf einen Blick auf die Packung Käse in ihrer Tasche, die kaum groß genug war, um ein Butterbrot zu belegen.

„80 Gramm", begann ich und schüttelte den Kopf, während ich weiter in die Pedale trat. „Wie konntest du denken, dass das reicht? Sind wir auf einem Kindergeburtstag oder auf einer Radtour?"

Sie seufzte leise, aber ich konnte das leichte Zucken an ihren Mundwinkeln sehen – eine Mischung aus Geduld und unterschwelligem Amüsement.

„Es schien mir eine praktische Lösung", sagte sie ruhig, ohne sich von meinem Ton aus der Ruhe bringen zu lassen. „Du weißt schon, leicht, kompakt, und wir hatten es eilig."

„Eilig?", fuhr ich fort, mein Ärger über die magere Käseportion wuchs mit jeder Umdrehung der Pedale. „Das nächste Mal packst du gleich eine Handvoll Cracker ein und nennst es ein Festmahl."

Sie drehte sich lachend halb zu mir um.

„Vielleicht solltest du beim nächsten Einkauf mitkommen. Ich bin sicher, mit deinem Wissen über Käseportionen wärst du eine Bereicherung."

Ich blinzelte sie an, unsicher, ob sie mich gerade provozierte oder tatsächlich ein Angebot machte.

„Das nächste Mal kaufe ich genug Käse, um ein italienisches Dorf zu ernähren", unterstrich ich, während ich mit gesenktem Kopf weitertreten musste, um den nächsten Hügel zu bezwingen.

„Tu das", antwortete sie ruhig. „Und vergiss den Wein nicht. Wir könnten ein kleines Gourmet-Dinner auf dem nächsten Gipfel veranstalten."

Trotz meiner schlechten Laune musste ich ein Lachen unterdrücken. Es war typisch für sie, meine Kritik mit so viel Gelassenheit zu nehmen und dabei einen Vorschlag zu machen, der mich gleichzeitig provozierte und entwaffnete.

Je höher wir stiegen, desto deutlicher fühlte ich die Energie aus meinen Beinen weichen – zusammen mit der Geduld. Antje radelte ein Stück hinter mir, gleichmäßig, still. Ihr Schweigen war nicht nur der Erschöpfung geschuldet, sondern auch ein unausgesprochener Pakt: Wir wissen beide, dass das hätte besser laufen können. Sie wusste, dass ich immer noch innerlich über den Käse fluchte, und ich wusste, dass sie meine Meckerei mit ihrer typischen Gelassenheit wegsteckte. Es war kein Streit, nicht einmal eine Diskussion – nur der Austausch von erschöpften Blicken, die mehr sagten, als Worte es je könnten.

Dabei war das Problem nicht nur die Menge des eingekauften Proviants, sondern auch ein grundlegendes Missverständnis unserer Reiseplanung. Daheim, wo sie in der Regel für uns einkauft, ist es normal, alle zwei Tage in den Supermarkt zu gehen. Warum auch nicht? Die nächste Einkaufsmöglichkeit liegt meist nur ein paar Minuten entfernt. Hier aber, auf unseren abgelegenen Strecken, war das eine andere Geschichte. Es gab keine kurzen Umwege – es gab überhaupt keine Umwege, die wir mal eben radeln wollten.

Und das war keine Überraschung. Ich hatte die Route geplant, ich wusste, wie entlegen und anstrengend die nächsten Etappen werden würden. Aber sie hatte diese Details nie wirklich mit mir besprechen wollen. Vielleicht, weil sie wusste, dass ich die Planung ohnehin übernahm. Es wirkte oft so, als würde sie sich innerlich verschließen, sobald ich anfing, über Streckenprofile und Versorgungspunkte zu sprechen. Obwohl sie auf Nachfrage Interesse bekundete, verriet ihre Körpersprache etwas anderes. Es war, als wolle sie ihren Kopf bewusst freihalten, um sich ganz aufs Fahren zu konzentrieren.

Ich seufzte und warf einen Blick auf Antje, die weiterhin stumm und gleichmäßig trat. Es war eine stille Übereinkunft: Sie würde das nächste Mal mehr Käse mitbringen, und ich würde das Thema irgendwann ruhen lassen. Irgendwann.

„Das nächste Mal gehe ich einkaufen", sagte ich mehr zu mir selbst als zu ihr. Es war keine wütende Drohung, sondern eine nüchterne Feststellung. Wenn ich den Überblick über die Route hatte, war es nur logisch, dass ich auch die Verpflegung übernahm. Und ich würde dafür sorgen, dass sie ihre eigens für diese Reise erstmals mitgebrachten Vorderradtaschen auch tatsächlich nutzte. Schließlich waren diese nicht als bloße Mitfahrer an ihrem Rad gedacht, sondern sollten ihren Zweck erfüllen und sinnvoll bepackt werden.

Während wir weiter die Berge erklommen, spürte ich, wie die leichte Gereiztheit sich langsam legte. Es war ein Konflikt, ja, aber keiner, der uns langfristig trennen würde.

„Vielleicht", dachte ich, „ist das einfach Teil des Lernens. Für uns beide."

Der Wind trug den Duft von Tannen heran, und für einen Moment ließ ich den Gedanken an den leeren Magen los. Vor uns lag noch ein weiter Weg – und irgendwann auch wieder eine geöffnete Tür mit einem gut gefüllten Regal.

Der Wind trug den Duft von Tannen heran, und für einen Moment ließ ich den Gedanken an den leeren Magen los. Vor uns lag noch ein weiter Weg – und irgendwann auch wieder eine geöffnete Tür mit einem gut gefüllten Regal.

Hinter Vrbovsko lagen nach Plan 300 Höhenmeter Anstieg vor uns, und die Situation wurde zunehmend kritischer. Unsere Wasservorräte waren auf eine Viertel-Trinkflasche geschrumpft – ein Zustand, der bei den anstehenden Steigungen nichts Gutes verhieß. Mir war es entgangen, in den geöffneten Bars oder Kneipen des Ortes Wasser nachzufüllen. Erst, als wir fast aus dem Dorf heraus waren, fiel mir mein Versäumnis auf.

„Hätten wir vielleicht doch noch anhalten sollen?", fragte ich Antje, die nur mit einem Schulterzucken antwortete. Ihre Flasche war fast leer – ein Symbol der Verzweiflung, das an die Wüste Gobi erinnerte.

Der Hunger nagte, die Flaschen waren praktisch leer, und ich fasste einen Entschluss: Hier musste eine Lösung her, auch wenn das bedeutete, bei Fremden zu klingeln. Antje hielt nichts davon, was ich nur schwer nachvollziehen konnte. Gerade, als ich sie noch einmal überzeugen wollte, kamen wir an einem Haus vorbei, vor dem ein etwa 30-jähriger Mann seinen Wagen wusch und den Lack polierte.

„Perfekt", sagte ich und stieg ab, während sie skeptisch stehen blieb. „Ich frag ihn."

Ich schnappte mir mein Handy und tippte in den Google-Übersetzer: „Haben Sie Wasser für uns?" – „Imate li vode za mene?" Mit einem entschlossenen Lächeln und meinem Handy als Sprachrohr sprach ich den Mann an, den vorbereiteten Kroatisch-Satz vom Display ablesend. Einen Moment lang musterte er mich verblüfft, bevor sein Gesicht aufhellte.

„No problem, only these?" fragte er auf Englisch und deutete auf die Flaschen in meinen Händen.

„Yes, thank you!", antwortete ich erleichtert und reichte sie ihm. Er verschwand ins Haus und kam kurz darauf mit allen Behältern zurück – randvoll mit frischem Wasser.

„Thank you so much!“, wiederholte ich, vielleicht ein paar Mal zu oft, aber ich konnte meine Erleichterung nicht verbergen. Der Mann winkte ab, als wäre es das Selbstverständlichste der Welt, und widmete sich wieder seinem Auto.

Ich machte mich auf den Rückweg zu Antje, die mich mit einer Mischung aus Skepsis und einem Anflug von Belustigung ansah.

„Und so macht man das, Schatz! Team Survival: Wasser holen leicht gemacht“, sagte ich mit übertriebener Siegerpose, während ich ihr eine der Flaschen reichte.

„Wenn du meinst“, murmelte sie und nahm einen großen Schluck. „Aber ich fahre trotzdem lieber weiter, als irgendwo zu klingeln.“

„Jeder hat seine Stärken“, erwiderte ich grinsend und setzte mich wieder aufs Rad. Die frischen Wasservorräte fühlten sich wie ein kleiner Sieg an – ein Moment, der uns für kurze Zeit aus unserer Erschöpfung holte. Doch kaum hatten wir uns wieder in Bewegung gesetzt, machte sich die gnadenlose Steigung erneut bemerkbar.

Damit war die Diskussion beendet – oder besser gesagt, vertagt. Denn wenn diese Reise eines bewies, dann, dass kein Thema je endgültig abgeschlossen war. Alles kehrte irgendwann wieder, wie die Hügel, die sich vor uns in endloser Schleife auftürmten.

Die letzten Kilometer vor Ravna Gora fühlten sich wie ein zäher Kaugummi an – klebrig, langgezogen und ohne Geschmack. Mein Tacho zeigte 1520 überwundene Höhenmeter, doch diese letzten Meter schienen alles in den Schatten zu stellen, was wir bisher hinter uns gelassen hatten. Jeder Tritt in die Pedale war ein kleiner Sieg, jeder Atemzug eine Erinnerung daran, wie hart wir uns das erarbeiteten.

„Du siehst aus, als würdest du gleich freiwillig den nächsten Baum umarmen," rief ich ihr zu und versuchte, die drückende Stimmung mit einem Scherz aufzulockern. Doch keine Reaktion. Nur das gleichmäßige Rattern ihres Hinterrads und das Schweigen zwischen uns, das schwerer wog als unsere Fahrradtaschen.

Manchmal, dachte ich, spricht das Schweigen für sich. Es war nicht die Art von Stille, die unangenehm war, sondern die, die Raum ließ – Raum für den Berg, die Anstrengung und die Gedanken, die man sonst im Alltag nie zu Ende denkt. Und so fuhren wir weiter, jeder in seinem eigenen Rhythmus, jeder mit seinem eigenen kleinen Kampf.

Doch als wir schließlich in Jablan ankamen, fühlte sich die Stille plötzlich anders an. Sie war nicht mehr wohltuend oder nachdenklich, sondern drückend, fast feindselig. Das Dorf tauchte wie aus dem Nichts vor uns auf, seine leerstehenden Häuser mit blinden Fenstern wirkten wie stumme Wächter einer längst vergessenen Zeit. Der Übergang vom einsamen Schweigen zum bedrückenden Schweigen des Ortes war so nahtlos, dass es mir erst auffiel, als ich Antje ansah und ihre zusammengezogenen Schultern bemerkte.

„Ist das hier ein Geisterdorf?", fragte ich halb im Scherz, halb im Ernst, als wir durch die stillen Straßen von Jablan fuhren.

Antje warf mir einen Seitenblick zu, der eindeutig „Halt die Klappe" sagte, aber ihre Körpersprache verriet, dass auch sie sich nicht wohlfühlte. Die Sonne verschwand langsam hinter den Bergen, und die Dunkelheit kroch wie ein ungebetener Gast auf uns zu.

„Meinst du, Ravna Gora ist das kroatische Las Vegas?", fragte ich, während ich mein Rad den Hügel weiter hinaufschob. Doch die einzige Antwort war ein leises Knurren – ich war mir nicht sicher, ob es aus Antjes Magen oder ihrer Seele kam. Die Spannung stieg mit jedem Tritt, und schließlich setzte ich nach:

„Stell dir vor, wir kommen da an, und es ist genauso tot wie hier." Ich wartete auf eine Reaktion, doch sie kam erst, als ich es wagte, noch einen Schritt weiterzugehen: „Oder schlimmer – das Restaurant hat zu."

Sie hielt an, sah mich an, als hätte ich gerade gesagt, dass ich unsere Wasserflaschen weggeworfen habe, und zischte: „Wenn du noch einen Satz sagst, gehe ich zu Fuß zurück nach Zagreb."

Der Fahrtwind, der uns zuvor Schweißperlen auf die Stirn getrieben hatte, fühlte sich nun wie kleine, eiskalte Nadeln auf der Haut an. Meine Finger waren taub, und das Kältegefühl kroch langsam den Rücken hoch. Ich sah sie an – selbst in der Dunkelheit war ihr Gesicht eine Mischung aus Erschöpfung und 'sag-noch-ein-Wort-und-du-schläfst-heute-draußen'.

Die Dunkelheit verschlang alles, nur links von uns leuchteten hin und wieder kleine Fenster wie Orientierungspunkte in der Nacht.

„Die Lichter da – das muss der richtige Weg sein", sagte ich und deutete mit der Hand. Antje knurrte erneut, diesmal definitiv aus ihrem Magen.

Das gleichmäßige Rattern unserer Reifen begleitete uns wie ein beruhigender Rhythmus, der die Stille der Nacht füllte.

„Noch ein bisschen", murmelte ich. Mein Fahrrad-Navi zeigte noch 1,5 Kilometer an. „Gute Nachricht", begann ich, doch Antje unterbrach mich mit einem gereizten: „Keine Nachrichten. Fahr einfach."

Endlich – endlich – begann die Straße leicht abzufallen. Ich löste die Bremsen und ließ mich rollen. Der kalte Wind biss immer noch, aber das Gefühl, dass wir zumindest nicht mehr strampeln mussten, war wie ein kleiner Sieg.

„Nur noch ein Kilometer", rief ich. „Schaffst du es, oder soll ich dich schieben?"

Antje warf mir einen Blick zu, der Bände sprach.

Dann tauchten die ersten Lichter von Ravna Gora auf, flackernd wie ein trügerisches Versprechen am Horizont. Mit jedem Meter, den wir näherkamen, wagte ich mehr zu hoffen, dass wir endlich am Ziel waren. Ein unscheinbarer Ort, doch durch die beschlagenen Fensterscheiben der Pension schimmerte warmes Licht. Stimmen, Lachen, das Klappern von Geschirr – Leben. Echtes Leben.

Die Fensterscheiben funkelten wie ein Leuchtturm in der Dunkelheit, und der Duft nach gegrilltem Fleisch und frisch gebackenem Brot schien direkt bis zu uns hinauszuwehen. Antje stieß ein kleines Lachen aus, das fast wie ein erleichtertes Schluchzen klang.

„Endlich", murmelte sie, während sie ihr Fahrrad mit letzter Kraft weiterschob.

„Halleluja", fügte ich leise hinzu und ließ meinen Blick dankbar über die beleuchtete Szene gleiten.

Wir lehnten unsere Räder an die Wand der Gastwirtschaft, und ich stapfte hinein, während sie draußen stehen blieb. Der Empfangsbereich war eine Oase aus Wärme und Gemütlichkeit. Der Duft von deftiger Hausmannskost – Eintöpfe, frisch gebackenes Brot, gegrilltes Fleisch – war wie eine Umarmung, die all unsere Strapazen wegwischte.

„Wir haben ein Zimmer", sagte ich zu ihr, als inzwischen langsam hereingekommen war. Sie nickte nur und ließ sich auf eine der gepolsterten Stühle fallen.

Nach einem kurzen Gespräch an der Rezeption – der junge Mann hinter dem Tresen strahlte eine Mischung aus entspannter Gelassenheit und professioneller Höflichkeit aus – hielt ich die Schlüssel für unser Zimmer in der einen Hand. Die Einweisung, wo wir unsere Räder sicher abstellen konnten, hatte ich mir besonders gut eingeprägt. Schließlich ging es um unsere Fahrräder, und in solchen Dingen überlasse ich nichts dem Zufall.

Mit zittrigen Fingern – die feuchte Kälte hatte uns immer noch fest im Griff – schlossen wir die Räder an und schleppten unser Gepäck in mehreren Touren ins erste Obergeschoss. Jede Treppenstufe fühlte sich wie eine weitere Etappe unserer Reise an. Das Zimmer empfing uns schließlich mit einer wohligen Wärme, die uns beinahe die Knie weich werden ließ. Die Dusche lockte, und keine zwei Minuten später hörte man aus dem Badezimmer abwechselnd Antjes genüssliches „Aaahhh". Das warme Wasser war wie ein flüssiger Neustart, der nicht nur den Dreck, sondern auch die Erschöpfung des Tages abspülte.

Kurz darauf schlüpfte sie, in eine flauschige Decke gehüllt, ins Zimmer zurück, ihre Haare wie eine chaotische Wolke umrahmt.

Sie ließ sich aufs Bett fallen und sage zufrieden: „Das wird gefeiert. Mit Essen."

Ich nutzte die Gelegenheit, um ebenfalls unter das warme Wasser zu springen. Das Prasseln der Dusche verwandelte sich schnell in eine Symphonie der Erleichterung, während die Wärme jede Verspannung von meinen Schultern wusch. Der Schmutz des Tages verschwand mit jedem Tropfen, und ein entspanntes Lächeln breitete sich auf meinem Gesicht aus.

„Ich habe meine Finger wieder!", rief ich mit übertriebenem Triumph aus der Dusche. Als ich ins Zimmer zurückkehrte, hielt ich meine Hände theatralisch in die Luft, als wollte ich sie der Welt präsentieren.

Erfrischt und nun zumindest halbwegs menschlich, fanden wir uns wenig später im Restaurant ein. Der Raum war noch still, nur ein paar verstreute Tische waren besetzt. Das leise Knistern eines Kamins und der Duft von gegrilltem Fleisch füllten die Luft.

„Fast zu schön, um wahr zu sein“, bemerkte ich, während ich mich in den gemütlichen Stuhl sinken ließ.

Die Kellnerin – mit der Energie einer Marathonläuferin – brachte uns die Speisekarten, und kaum hatten wir bestellt, füllte sich der Raum wie durch ein unsichtbares Signal. Wanderer und Mountainbiker, die wohl ebenfalls den Tag in der eisigen Natur verbracht hatten, strömten herein, ihre Gesichter gerötet, ihre Hände suchten sofort nach warmen Getränken.

Unser Essen kam gerade rechtzeitig, bevor das Restaurant vollständig zum Leben erwachte. Antje entschied sich für Zagreber Schnitzel (Zagrebački odrezak) mit Pommes, während ich Rind mit hausgemachten Gnocchi wählte. Als die Teller vor uns abgestellt wurden, nahm der Duft augenblicklich Besitz von meinen Sinnen, und ich hätte schwören können, dass er direkt in mein Herz ging.

„Glaubst du, die geben uns Nachschlag?“, fragte ich und riss ein Stück Brot ab, bevor ich den ersten Bissen probierte.

Antje, die schon mitten im Genuss ihres Schnitzels war, hob eine Augenbraue und hielt mit der Gabel in der Luft inne.

„Nachschlag oder nicht – ich werde nie wieder ohne Snacks losfahren“, sagte sie mit einer Mischung aus Entschlossenheit und Restfrust.

Ich musste schmunzeln, während ich meinen Teller zur Seite schob. Der Hunger war gestillt, die Mühen des Tages rückten langsam in den Hintergrund. Der Nachtisch – fluffige Pfannkuchen mit Blaubeeren – setzte allem die Krone auf. Es war, als würde jede Gabel voll süßer Leichtigkeit die Beschwerligkeiten des Tages ein wenig mehr verblassen lassen. Während ich noch an meinem doppelten Espresso nippte, füllte sich das Restaurant bis auf den letzten Platz. Die Luft war erfüllt von lachenden Stimmen, klirrendem Besteck und dem leisen Knistern des Kamins, das alles in eine fast magische Wärme hüllte.

Antje lehnte sich zurück, den Teller leer, ihre Wangen leicht gerötet von der wohligen Wärme des Kamins.

Sie sah zufrieden aus, wenn auch ein wenig müde, und während sie ihren Blick durch den Raum schweifen ließ, sagte sie leise: „Man könnte fast vergessen, dass wir heute halb verhungert sind."

Ich nickte, legte eine Hand auf meinen vollen Bauch und sah mich um. Das Leben, das diesen Raum erfüllte, hatte etwas Tröstliches. Es war ein Moment, der alle Strapazen des Tages für einen Augenblick vergessen ließ.

In der Dunkelheit der Berge, nach all den Steigungen und kleinen Dramen, lernte ich, dass Zufriedenheit kein großes Ziel ist. Sie ist das kleine Lächeln, das dich nach einem langen Tag empfängt, das Gefühl, nach all den Qualen anzukommen – bei sich selbst und einem warmen Teller.

ZWISCHEN WIND UND WELLEN

Ein Pass ist mehr als nur eine geographische Markierung. Er trennt Welten, verbindet sie aber zugleich. Für uns war Ravno Podolje genau das – ein stiller Wendepunkt, der sich wie ein unsichtbares Tor von den Bergen zur Küste öffnete. Für uns sollte Ravno Podolje genau das sein – ein Wendepunkt. Der höchste Abschnitt unserer gesamten Reise lag heute vor uns, eine stille und entlegene Markierung, die nur von wenigen bewusst wahrgenommen wird. Und doch war es für uns weit mehr: ein Übergang von der rauen, windigen Einsamkeit des Gorski Kotar hinunter zur verheißungsvollen Wärme der Adriaküste. Dort unten, so hatten wir gelesen, warteten spätsommerliche Temperaturen, obwohl der Spätherbst längst über das Land gezogen war. Aber bevor wir uns in die Tiefe stürzen konnten, lag noch dieser eine Gipfel vor uns – unser persönlicher Scheitelpunkt zwischen Zagreb und dem Meer.

Als wir uns ihm näherten, wirkte der Pass fast gespenstisch ruhig. Keine Dörfer säumten die letzten Kilometer, keine Tankstellen, kein Lärm. Nur die schmale Straße, die sich in unzähligen Bögen durch die karge Berglandschaft zog. Es war, als hätten wir uns in eine Welt zurückgezogen, die abseits der Zeit existierte. Der Weg war übersät mit herabgefallenem Laub, das von den kahlen Bäumen des späten Oktobers herabgestürzt war. In der Ferne kündigte ein verblasstes Schild an, dass wir Ravno Podolje erreicht hatten. Kein triumphales Denkmal, kein prunkvolles Tor – nur ein verwitterter Stein, halb überwuchert von Gras, und ein kleines Gebäude, das längst von Graffiti und Verfall gezeichnet war.

Doch für uns bedeutete dieser unscheinbare Ort etwas anderes. Hier, auf 928 Metern, hielten wir inne. Es war nicht nur der höchste Punkt dieser Reise, sondern auch ein Moment des Innehaltens. Wir packten unsere Brotzeit aus und setzten uns an den Rand der Straße. Brot, Wurst, Käse – so schlicht die Mahlzeit auch war, sie schmeckte nach Ankunft. Der Wind trug die Kühle der Berge mit sich, aber in der Ferne, Richtung Westen, schien sich der Himmel zu öffnen.

Ich ließ meinen Blick über die Landschaft schweifen, während wir uns auf eine alte, niedrige Mauer am Rande eines verlassen wirkenden Grundstücks setzten, um unsere Pause zu genießen. Es war, als säßen wir am Rand einer anderen Welt. Die Mauer war verwittert und ein stummer Zeuge längst vergangener Tage. Keine Menschenseele war zu sehen, nur der Wind, der über die Grashalme strich und ab und zu leise gegen die Mauer hauchte. Der Moment war still und überwältigend zugleich.

Mein Blick schweifte über die hügeligen Gipfel, während die Stille des Panoramas eine fast unwirkliche Ruhe ausstrahlte.

„Es ist unglaublich, oder? Diese Stille, diese Weite – und das hier, mitten in Kroatien."

Antje nickte, während sie ihre Wasserflasche zur Seite stellte.

„Ja, diese Einsamkeit hier oben – die hätte ich mir so auch nicht vorgestellt. Man fühlt sich fast, als wäre die Zeit stehen geblieben." Sie nahm einen weiteren Bissen von ihrem belegten Brot und fügte hinzu: „Man sucht die Ferne, aber manchmal liegt das Abenteuer direkt vor der Haustür. Ich hätte nicht gedacht, dass das Land so beeindruckend sein kann."

Ich deutete in Richtung Westen, wo der Nebel die Täler umhüllte und die Sonne durch die Wolken brach.

„Und bald tauschen wir das hier gegen die Adria. Denk an die Küstenstraße – malerische Buchten, historische Städte wie Zadar und Split und diese kleinen Küstendörfer mit ihren Häfen. Einfach perfekt, oder?"

Antje hob eine Augenbraue.

„Perfekt, aber auch ein bisschen verrückt. Forbes zählt sie zu den gefährlichsten Straßen der Welt – Platz fünf! Großartig, oder?"

Ich grinste.

„Genau. Wegen der Bora. Du weißt schon, dieser plötzliche, brutale Fallwind, der die Adria peitscht und angeblich sogar Lkw von der Straße fegt. Aber es ist nicht nur der Wind – die Küstenstraße selbst hat es in sich. In einigen Reiseblogs hatte ich gelesen, dass sie im Sommer als lebensgefährlich gilt. Enge Kurven, kaum Leitplanken, und dann dieser wahnsinnige Verkehr mit LKWs, Bussen, Wohnmobilen und Motorradkolonnen. Ich hoffe, dass die Bora und die kroatischen Fahrer sich auf einen Deal einigen: uns in Ruhe lassen. Und falls nicht? Nun, vielleicht springen wir doch noch in den Graben."

Sie schnaubte.

„Klingt ja beruhigend. Und die Bora sorgt dann dafür, dass wir nicht nur dem Verkehr ausweichen, sondern auch den Böen. Klingt wie ein Abenteuer, das man unbedingt mitmachen will."

„Richtig", erwiderte ich und zwinkerte. „Freude, Adrenalin – und eine gratis Fahrstunde im kroatischen Stil. Ich meine, was liest man nicht alles im Internet? Dass kroatische Fahrer Kurven eher für künstlerische Interpretationen halten, Geschwindigkeitsbegrenzungen für dekorative Straßenschilder und den Sicherheitsabstand für überbewertet. Überholen tun sie so knapp, dass du beinahe die Marke ihres Parfums erkennen kannst. Und natürlich hupen sie, als wäre das ihre Art, dir zu applaudieren, dass du überhaupt noch auf der Straße bist."

Antje lachte trocken.

„Na super. Bora von oben, kroatische Formel-1-Ambitionen von der Seite – und wir mittendrin. Fehlt nur noch ein Reisebus, der uns elegant in den Straßengraben schiebt."

Ich lachte.

„Vielleicht liegt es ja an der kroatischen Sonne, dass die Fahrer so temperamentvoll sind. Ein bisschen Adria-Lebensgefühl, weißt du – freie Fahrt für freie Bürger. Nur dass wir dabei nicht unter die Räder kommen wollen."

Dann hielt ich inne, ließ meinen Blick über die Umgebung gleiten und erinnerte mich an die Lektionen, die ich auf den Pässen des Gorski Kotar gelernt hatte. Nach den Erfahrungen mit den Motorradfahrern in Ravna Gora wusste ich, dass Aufregen nichts bringt. Der Fokus zählt – auf das, was vor uns liegt. Wut kostet Kraft, und Energie ist auf so einer Reise das Wertvollste, was man hat. Stattdessen hatte ich gelernt, mich zu konzentrieren – auf die Straße, auf die Natur, auf den Moment.

„Weißt du", fügte ich nachdenklich hinzu, „die Reise prägt mich. Vielleicht auch mehr, als ich dachte. Früher hätte ich mich über jeden hupenden oder drängelnden Fahrer geärgert. Aber inzwischen sehe ich das anders. Wir haben die rauen Berge geschafft. Diese Küstenstraße? Ein weiteres Kapitel, das uns prägen wird. Warum die Energie verschwenden, wenn wir sie fürs Staunen brauchen?"

Antje nickte und lächelte.

„Und für`s Überleben."

„Jawoll“, sagte ich und hob meine Wasserflasche wie ein Glas Champagner. „Auf die Küste, auf uns – und auf das, was uns noch erwartet. Hupkonzerte und Fallwinde inklusive!“

Sie schüttelte lachend den Kopf.

„Also Freude und ein bisschen Angst zugleich. Aber eines ist sicher: Die Aussichten, die Städte und ihre Geschichten machen das alles wieder wett.“

„Absolut“, stimmte ich zu. „Die Römer haben diese Region geprägt, weißt du? Zadar war eine ihrer wichtigsten Städte hier. Und Split mit seinem Diokletian-Palast – pure Geschichte, die wir bald sehen werden.“

Sie schmunzelte.

„Jetzt fängst du schon wieder an, kleine Geschichtsdozenten-Stunden einzubauen. Aber ja, ich freue mich. Und auf diese malerischen Dörfer, die du erwähnt hast – stell dir vor, abends in einem kleinen Hafen zu sitzen, mit einem Glas Wein und Blick auf die Boote.“

„Das ist der Plan“, antwortete ich. „Aber zuerst müssen wir die Abfahrt genießen. Bereit?“

Sie stand auf und schwang sich aufs Rad.

„Bereit, der Bora zu trotzen – aber bitte ohne Lkw auf meiner Spur!“

Ich lachte, setzte den Helm auf und folgte ihr. Mit einem letzten Blick auf die alte Grenzmarke und die nebelverhangenen Täler um uns herum stieß ich mich ab und ließ das Rad langsam Fahrt aufnehmen. Der höchste Punkt des Passes lag bereits hinter uns, und nun begann die lang ersehnte Abfahrt. Der Wind, der uns oben noch entgegengeweht hatte, schien sich plötzlich in einen Begleiter zu verwandeln, der uns sanft den Berg hinunterführte. Antje folgte dicht hinter mir, während die Szenerie an uns vorbeirauschte.

Die Abfahrt war wie ein rasanter Übergang in eine neue Welt – eine, die uns nach den Anstrengungen der vergangenen Tage wie eine warme Umarmung empfing. Vom höchsten Punkt bei Sobolje stürzten wir uns 600 Höhenmeter in die Tiefe, der Fahrtwind zerrte an unseren Jacken und kühlte unsere verschwitzten Körper, während uns der warme Westwind wie ein unsichtbarer Föhn die Haut trocknete. 16 Kilometer lang trugen uns die Räder fast von allein, während wir nur noch lenken mussten und das Gefühl genossen, für einen Moment den Anstrengungen zu entfliehen.

Dann, plötzlich, änderte sich die Landschaft. Der Weg wurde flacher, die Straße zog sich durch die sanften Hügel und hielt die Höhe. Es war, als hätten wir eine Pause in diesem Rausch der Geschwindigkeit eingelegt, um die Welt um uns herum konzentriert wahrzunehmen. Links und rechts erstreckten sich weitläufige, hellbeige zerklüftete Hänge, durchsetzt mit kargen Büschen und niedrigen, verknöcherten Bäumen. Der Wind trug den Duft von Erde und mediterranen Pflanzen mit sich, und in der Ferne leuchtete das Meer in einem schier unmöglichen Blau – ein Kontrast, der wie ein Versprechen wirkte.

Als wir Svilno erreichten, begann der zweite Teil des Abstiegs. Weitere 300 Höhenmeter ging es abwärts, diesmal in engeren Kurven und mit einer Aussicht, die uns den Atem raubte. Die Straße wand sich wie ein Band um die Hänge, und bei jeder Biegung eröffnete sich ein neues Panorama. Die beige-gelben Klippen fielen steil ab und wirkten, als würden sie im nächsten Moment wie Wellen in das tiefblaue Meer untertauchen. In der Ferne konnte man Rijeka erkennen, die Hafenstadt mit ihren roten Dächern und den verwinkelten Gassen, die sich an die Küste schmiegten.

Der Unterschied zu unserem Aufstieg nach Ravna Gora hätte kaum größer sein können. Dort hatten wir gegen uns selbst gekämpft – gegen den Hunger, die Erschöpfung, die scheinbar unendliche Steigung. Jeder Meter war ein Kraftakt gewesen, jede Pause ein verzweifeltes Innehalten, um nicht aufzugeben. Und jetzt? Jetzt war die Welt plötzlich leicht. Die Schwerkraft war kein Feind mehr, sondern ein freundlicher Begleiter, der uns mühelos vorwärts trug. Der Hungerast war vergessen, ersetzt durch das befriedigende Gefühl, Teil dieser gigantischen Kulisse zu sein.

Als ich die kühle Luft auf meiner Haut spürte und die weiten Hügel an mir vorbeizogen, wurde mir klar, dass dieser Pass weit mehr war als eine Herausforderung. Er war ein Lehrer, der mich zwang, meine Grenzen auszuloten, und ein Spiegel, der mir zeigte, wie wenig ich oft von meiner eigenen Stärke wusste. Solche Momente, in denen die Anstrengung sich in Stolz und Klarheit verwandelt, prägen einen – nicht nur für den Moment, sondern für weit darüber hinaus.

Ich atmete tief ein und spürte, wie der warme Wind des Westens die Strapazen des Aufstiegs aus meinen Gedanken löste. Die Sonne, die durch die lockeren Wolken brach, schien die Reise zu segnen, während das Meer mit jedem Tritt näher rückte. Die Abfahrt war nicht nur der verdiente Lohn für all die Anstrengungen, sondern ein integraler Teil des Weges – ein Rausch aus Geschwindigkeit, Leichtigkeit und der stillen Freude, die aus der Überwindung eigener Grenzen erwächst.

Die letzten sechs Kilometer hinunter nach Rijeka fühlten sich fast surreal an. Die Luft wurde spürbar wärmer, und der Duft von Salz und Meer schlich sich in den Fahrtwind. Die Sonne, die mittlerweile hoch am Himmel stand, tauchte die Landschaft in ein goldenes Licht, das die beige-farbene Trockenheit der Berge in ein schimmerndes Gemälde verwandelte. Und dann, als wir in einer letzten Kurve die Küste vollständig erblickten, war es, als hätte sich die Welt für uns geöffnet. Die Adria lag vor uns, strahlend und weit, und in diesem Moment wusste ich: Wir hatten nicht nur einen Ort erreicht, sondern auch eine neue Erkenntnis über uns selbst. Eine Reise, die uns veränderte.

Die magische Stille löste sich abrupt auf, kaum dass wir die Küste erreichten – stattdessen drängte sich Rijeka mit all seiner urbanen Wucht ins Bild. Das Erste, was wir ihr sahen, war eine gewaltige Brücke, die sich kühn über die Schlucht spannte, dahinter die massiven Hochhäuser, die wie Wächter über der Stadt thronten. Sie wirkte wie eine moderne Festung, eine Mischung aus rauer Funktionalität und einem Hauch von Dramatik. Die Straße brachte uns immer näher, und je weiter wir vordrangen, desto spürbarer wurde ihre Präsenz – der Lärm des Verkehrs, das Hupen, das Scharren von Bremsen und das Pulsieren der Stadt, das uns unmissverständlich klarmachte: Hier war Leben. Viel Leben. Wie schon in Zagreb mussten wir uns den Weg durch das wuselnde Chaos bahnen, begleitet von der unnachgiebigen Aufmerksamkeit kroatischer Autofahrer, die jeden Millimeter Straße für sich beanspruchten.

Trotz des Gewusels hatten wir nur ein Ziel: das Meer. Die Vorstellung, endlich an der Adria zu stehen, war zu einer fixen Idee geworden, die uns vorwärtstrieb. Das Bild von der Küste bei der Abfahrt hatte sich wie eine unausgesprochene Einladung in mein Bewusstsein gebrannt, und jetzt konnte ich es kaum erwarten, diese Einladung anzunehmen. War es die Sehnsucht nach einem Tapetenwechsel nach den kalten Tagen in den Bergen? Oder einfach der primitive Drang, endlich ans Wasser zu kommen, nachdem wir es schon aus der Ferne gesehen hatten? Vielleicht war es beides.

Der Nachmittag neigte sich seinem Ende zu, und der Spätherbst ließ die Sonne ungeduldig in den Horizont sinken. Uns blieb nicht viel Zeit – vielleicht anderthalb bis zwei Stunden, bevor die Dunkelheit sich über uns legte. Die Hektik von Rijeka war allgegenwärtig, doch ich wollte mich davon nicht ablenken lassen. Ich wollte noch einige Eindrücke sammeln, den Moment greifen, bevor er vorüber war.

Denn morgen früh sollte es direkt weitergehen, entlang der Küste in Richtung Süden. Ein neuer Abschnitt der Reise lag vor uns, aber für den Augenblick zählte nur eines: der Moment, in dem wir am Wasser standen, die salzige Luft einatmeten und das Meer nicht nur sahen, sondern fühlten. Es war, als würde die Zeit selbst innehalten, um uns diesen Augenblick zu schenken, bevor wir wieder aufbrechen mussten.

Mit jedem Pedaltritt näherten wir uns dem Kern der Stadt. Die Straßen wurden enger, die Häuser bunter, die Geräuschkulisse wechselte von dröhnenden Motoren zu einem lebhafteren Gemurmel. Die Altstadt begrüßte uns mit engen Gassen, einer Mischung aus alt und neu, aus Geschichte und Moderne, die sich aneinanderzureiben schienen. An einigen Hausfassaden hingen Wäscheleinen, und aus den Cafés wehte der Duft von frisch gebrühtem Kaffee. Doch etwas zog uns weiter. Der Geruch von Salz und Meer wurde mit jedem Atemzug stärker, und er führte uns fast wie ein unsichtbarer Faden durch die Stadt.

Dann öffnete sich der Blick, und plötzlich lag sie vor uns – die Uferpromenade. Hier endete das hektische Murmeln der Straßen und zeigte sich das andere Gesicht Rijekas. Während der Verkehr um uns weiter in einem hektischen Rhythmus pulsierte, schien hier ein tiefes Ein- und Ausatmen der Stadt zu spüren zu sein. Wir lehnten unsere Räder an das Geländer und blickten auf die Boote, die in dem schmalen Kanal vor uns lagen. Sie schaukelten leicht, als ob sie das ruhige Wasser der Adria sanft in den Schlaf wiegen wollte. Eine Statue mit erhobenem Haupt thronte ruhig über der Szene, ein Symbol von Stärke und Geschichte, während eine

Möwe sich frech auf den Kopf der Figur niederließ und den Moment mit einer fast komischen Würde abrundete.

„Und doch", sagte Antje leise, während sie die Straße hinter uns überblickte, „kann man den Lärm einfach ausblenden, oder?"

Ich nickte. Es war, als ob die Adria selbst den urbanen Stress an den Rand drängte, ihm keinen Platz ließ zwischen den Fischerbooten, den ruhig aufgereihten Häuschen und dem kristallklaren Wasser.

Die Farben des Hafens waren faszinierend. Das helle Türkis des Wassers spiegelte den Himmel, während die pastellfarbenen Fassaden der Gebäude im Hintergrund einen warmen Kontrast stellten. Wir setzten uns auf die niedrige Mauer am Wasser, und ich ließ meinen Blick gleiten – über das Hotel Continental mit seiner prächtigen Fassade, über die hohen Bäume, deren Herbstlaub golden schimmerte, bis hin zu den kleinen Details, die das Leben hier prägten. Ein älterer Herr, der in seiner Zeitung blätterte, Kinder, die an der Promenade ein improvisiertes Fangspiel spielten, und die obligatorische Straßenkatze, die ihre Augen träge dem Hafen zuwandte, als würde sie über die Bewegungen der Boote wachen.

„Es ist fast surreal", sagte ich. „Vor ein paar Stunden noch Berge, Wind und Einsamkeit – und jetzt das hier. Ein lebendiger Hafen, ein Ort, der sich gleichzeitig bewegt und ruht."

Antje ließ ihren Blick über das Wasser schweifen, das in der Abenddämmerung leicht glitzerte.

„Es ist, als hätte die Reise uns langsam auf diesen Moment vorbereitet. Von der Kälte und den Höhen bis hierhin – es ist wie ein Ankommen, aber ohne Ende."

Ich schloss für einen Augenblick die Augen und atmete tief ein. Es war mehr als nur eine Anlegestelle. Es war ein Gefühl von Ruhe – ein Vorgeschmack auf die nächsten Tage, auf Sonne, Meer und die Wärme, die wir schon von weitem gespürt hatten.

„Rijeka ist wie ein Chamäleon", sagte ich schließlich. „Einerseits laut, hektisch, fast überwältigend – und dann dieses hier: still, sanft, wie ein leises Flüstern des Meers."

Ist es nicht mit vielen Orten so? Es liegt oft weniger am Ort selbst als an uns. Unsere Wahrnehmung entscheidet, ob wir den Lärm wahrnehmen oder die Stille spüren. Jede Stadt, jeder Ort hat zwei Gesichter, und wir entscheiden, welches davon sichtbar wird.

Sie dachte einen Moment nach und nickte dann langsam.

„Du hast recht. Vielleicht ist es genau das. Orte verändern sich nicht – wir tun es. Und das macht sie lebendig."

Die sanften Strahlen der untergehenden Sonne tauchten das Wasser und die Fassaden der umliegenden Gebäude in ein weiches, harmonisches Licht Alles schien für kurze Zeit in stiller Harmonie zu verharren. Doch die Ruhe war trügerisch, ein leiser Vorbote dafür, dass der Tag sich seinem Ende zuneigte.

„Wir sollten langsam in die Altstadt", sagte ich und löste mich widerstrebend von der Aussicht. „Wenn wir die Atmosphäre noch im Tageslicht erleben wollen, wird's höchste Zeit."

Antje nickte, schwang sich auf ihr Rad, und gemeinsam machten wir uns auf den Weg, während die letzten Sonnenstrahlen wie ein feiner Schleier hinter uns verblassten.

Noch war der Abend jung, und die Altstadt lockte uns mit dem Versprechen von Leben, Licht und der Magie der Dämmerung. Die breiten Gassen empfingen uns mit einem lebhaften Durcheinander von Menschen, Stimmen und Düften. Es war, als hätte die Stadt gerade erst begonnen, wirklich zu leben. Cafés waren gut besucht, Stimmen hallten zwischen den hohen, alten Gebäuden wider, und das sanfte Licht der Straßenlaternen vermischte sich bereits mit den Schatten der Nacht, die langsam hereinfiel. Die Fassaden, die tagsüber bunt und freundlich wirkten, schienen jetzt eine melancholische Tiefe anzunehmen – als erzählten sie Geschichten vergangener Tage, die sich mit dem Leben der Gegenwart verwoben.

Doch der Zauber der Altstadt barg auch Herausforderungen. Der Weg zu unserem Zimmer entpuppte sich als kleine Expedition. Eine Großbaustelle schnitt uns den direkten Zugang ab, und die provisorisch eingerichteten Passagen und Brücken über Gräben aus Beton und Schutt boten kaum Platz für uns und unsere vollbepackten Räder. Bauzäune zogen sich über mehrere Querstraßen hinweg, und bei jeder Abzweigung schien es, als müssten wir neu verhandeln, welchen Weg wir nehmen würden.

„Das ist fast wie ein Labyrinth", brummte ich und schob mein Fahrrad vorsichtig durch die enge Passage. Die Massen an Menschen, die sich unbeeindruckt von den Hindernissen durch die Baustellenwege drängten, machten es nicht leichter. Antje schob schmunzelnd ihr Rad hinterher.

„Google sollte uns mal ein Fitness-Tracking-Feature für solche Situationen anbieten", meinte sie trocken. „Stufen und Bauzäune inklusive."

Endlich standen wir vor dem Ziel, das Maps uns so hartnäckig angezeigt hatte. Eine schwere Holztür markierte den Eingang zu unserem Appartement. Der Eingangscode war schnell eingegeben, und mit einem satten Zurren öffnete sich die schwere Tür.

„Und jetzt", seufzte ich, „kommt der eigentliche Sportteil."

Die Treppen führten schnurgerade bis in den dritten Stock. Es war eine steile, enge Wendeltreppe, die unbarmherzig von uns forderte, alles Gepäck und schließlich auch die Räder in mehreren Etappen hinaufzuschleppen. Tasche für Tasche landete oben auf der Schwelle unserer Unterkunft, und als endlich auch die Räder ihren Weg gefunden hatten, blieb ich keuchend an der Wohnungstür stehen.

„Fitnessstudio können wir uns echt sparen", sagte ich, während Antje mit einem verschmitzten Lächeln ihr Gepäck abstellte. „Die Muckis liefert die Reise direkt mit."

Kaum hatten wir alles nach oben geschleppt und uns kurz Zeit zum Durchatmen genommen, stand schon die nächste Herausforderung vor der Tür – buchstäblich. Unser Appartement war mit einem dieser modernen, elektronischen Schlösser ausgestattet, die immer zuverlässig funktionieren – zumindest, wenn sie wollen. Der Code? 4729. Kinderleicht. Aber wie so oft war es nicht die Einfachheit, die zählte, sondern die Laune der Technik. Das hatte bei unserer Ankunft auch problemlos funktioniert. Aber als schließlich alles Gepäck oben war und nur noch die Räder fehlten, entschied sich das Schloss gegen uns. Der Code – 4, 7, 2, 9 – war wie ein Zauberspruch, der einfach nicht wirken wollte. Statt des erlösenden 'Klack' folgte ein Piepen, das klang, als würde die Tür mir sagen: „Nicht mit dir, Freundchen." Es ist dieses Gefühl, wenn Technik einfach beschließt, Urlaub zu machen. Und man bleibt da, schaut das rote Blinklicht an und fragt sich, wer hier eigentlich wen austrickst.

Ich versuchte es erneut. Langsam diesmal. Vielleicht hatte ich mich vertippt. Doch wieder dasselbe.

„Was für ein Sch…", murmelte ich und spürte, wie die ersten Schweißperlen über meine Stirn liefen. „Ob es gerade eine Sinnkrise hat?"

Antje zuckte mit den Schultern und grinste trocken.

Mir blieb nichts anderes übrig, als die kroatische Kontaktperson anzurufen, deren Nummer in der Buchungsbestätigung angegeben war. Die Frau am anderen Ende war zwar freundlich, aber ihr Englisch reichte kaum über „Hello" und „Wait" hinaus. Schließlich bat sie mich, ihr auf WhatsApp zu schreiben. Also tippte ich ihr in simplen Sätzen, was passiert war. Die Antwort kam prompt, doch sie bestand darauf, ein Video der Fehlermeldung zu sehen – anscheinend hielt sie es für unmöglich, dass die Tür einfach so den Dienst verweigerte.

Also nahm ich ein kurzes Video auf. Es zeigte meine Hand, die den Code eingab, und das ernüchternde Piepen, das daraufhin ertönte. Mit einem genervten Seufzen schickte ich ihr die Aufnahme. Es vergingen fünfzehn Minuten, in denen ich abwechselnd auf mein Handy und die verschlossene Tür starrte. Dann kam ihre Nachricht: Sie würde jemanden schicken, der das Problem vor Ort lösen könne.

Inzwischen war es bereits dunkel, und meine Geduld war am Ende. Ich gab den Code aus Trotz noch einmal ein – 4, 7, 2, 9 – und plötzlich öffnete sich die Tür. Offenbar hatte das Schloss seine fünfzehn Minuten Berühmtheit genossen und sich entschieden, mir doch Einlass zu gewähren. Ich starrte die Elektronik ungläubig an.

„Das kann doch nicht wahr sein!“, rief ich, während Antje den Kopf schüttelte und leise lachte.

„Vielleicht ist das Schloss kaputt, weil du es mit deinem Blick eingeschüchtert hast“, meinte Antje grinsend, während ich die Tür mit finsterer Miene musterte. Das war nicht Elektronik, die uns testen wollte – das war Technik, die selbst nicht wusste, warum sie existierte. Wahrscheinlich eine günstige Innovation, bei der der Preis wichtiger war als die Frage, ob sie funktioniert.“

Ich schrieb der Kontaktperson schnell, dass sich das Problem gelöst hatte – beziehungsweise, dass sich die Tür dazu herabgelassen hatte, uns doch noch einzulassen. Ihre Antwort? Eine Mischung aus Erleichterung und Frustration.

Doch für mich war der Fall abgeschlossen.

„Ich wollte heute Abend noch mit dir in die Stadt", sagte ich entschlossen. „Und nicht stundenlang hier rumhocken und auf einen Techniker warten."

Antje grinste. „Na dann los, bevor das Ding es sich wieder anders überlegt."

Es war, als hätte Rijeka in den Minuten unserer Abwesenheit eine Schicht Lebendigkeit aufgelegt. Menschen füllten die Straßen, und die Stadt pulsierte wie ein Herzschlag, der die Atmosphäre belebte. Die Gassen waren belebt, Cafés und Restaurants gut besucht, und vor den Lokalen genossen die Gäste die milde Abendstimmung, als ob der fast spätsommerliche Charme dieses späten Oktobers sie dazu einlud, innezuhalten und den Moment auszukosten. Vielleicht war es der Feierabend, der die Straßen nun so belebt hatte, oder einfach die Freude der Menschen, die milde Brise und das warme Leuchten der Stadtlichter zu genießen

Die angenehme Abendluft trug Düfte von Gewürzen, gebratenem Fleisch und einem Hauch von Meeressalz mit sich, während die Straßenlaternen ein warmes Licht auf die Fassaden warfen. Die Gebäude, die tagsüber bereits lebendig gewirkt hatten, schienen in der Dunkelheit eine zusätzliche, fast berauschende Intensität zu erhalten – als hätte sie sich für den Abend in ein schillerndes Gewand gehüllt.

Ihre Altstadt ist ein Schatzkästchen für jeden, der eine Vorliebe für Geschichte hat – und ich mittendrin, erstaunt darüber, wie sich diese Stadt in den Jahrhunderten entwickelt hat. Mitten in dieser mediterranen Kulisse – und doch ein Teil des österreichischen Kaiserreichs.

„Hier, an der Adria, mit dieser Architektur? Das fühlt sich fast an, als hätte Wien Urlaub gemacht und wäre einfach geblieben", sagte ich, während ich auf eine kunstvoll verzierte Hausfront deutete, die mich an die Prunkbauten der Donaumetropole erinnerte.

Antje grinste verschmitzt.

„Wusstest du, dass Rijeka mal seinen eigenen Whisky hatte?"

Sie hatte es am Vorabend, noch im Bett, beim Googeln über die Stadt aufgeschnappt, um sich auf den heutigen Abend einzustimmen.

Ich runzelte die Stirn.

„Whisky? Hier? Im Süden? Das klingt... seltsam."

„Ist aber wahr", bestätigte sie. „Ende des 19. Jahrhunderts, aus einer Destillerie namens 'Milutin Barač'. Und weißt du, was das Beste daran ist? Der Whisky soll so miserabel gewesen sein, dass die Leute ihn nur noch für medizinische Zwecke verwendet haben."

Wir brachen in Gelächter aus, und vor meinem inneren Auge sah ich schon, wie jemand mit verzogenem Gesicht diesen 'medizinischen' Whisky herunterwürgte – wahrscheinlich in der stillen Hoffnung, dass er so schlecht schmeckte, dass man danach gar keine Beschwerden mehr spürte.

Während unser Lachen langsam verebbte, wurde uns die einzigartige Atmosphäre dieser Stadt wieder bewusst. Ihre historische Tiefe schien uns auf Schritt und Tritt zu begleiten. Alte steinerne Pfade schlängelten sich wie Adern durch das urbane Geflecht, verbunden durch kleine Plätze, auf denen Straßenmusiker spielten und Kinder mit unbeschwerter Freude umherliefen. Kirchen mit prunkvollen barocken Verzierungen standen hier im harmonischen Kontrast zu bescheideneren Gebäuden, die die Geschichten von Kaufleuten, Seefahrern und Handwerkern bewahrten. Jede Ecke lud zum Verweilen ein, sei es durch kunstvolle Balkone, moosbedeckte Statuen oder farbenfrohe Wandmalereien, die das reiche Leben dieser Stadt in all seinen Facetten widerspiegelten.

Während wir durch die Straßen schlenderten, blieben wir vor einem Trekking- und Outdoor-Laden stehen. Die Schaufenster waren mit Zelten, Wanderschuhen und Stirnlampen dekoriert.

„Sollen wir mal reinschauen?", fragte sie.

Ich zögerte nicht lange. Da wir erst am Anfang unserer Reise standen und ich mit kühleren Temperaturen in Italien rechnete, kam mir eine Idee.

„Vielleicht haben die einen Multi-Fuel-Kocher", sagte ich, während wir den Laden betraten.

Der Verkäufer, ein junger Mann mit kurzen Haaren und einem freundlichen Lächeln, begrüßte uns auf Kroatisch. Ich antwortete mit einem höflichen Nicken, verstand aber kein Wort und schaute ihn fragend an. Als er meinen Blick bemerkte, wechselte er von selbst auf Englisch.

„May I help you?", fragte er freundlich.

Er betrachtete das Foto auf meinem Handy, zog die Stirn kraus und warf einen Blick Richtung Lager, als hoffe er, dort würde ein 'universelles Flammenwunder für Benzin, Diesel und alles, was irgendwie brennt' plötzlich materialisieren – oder zumindest eine Gebrauchsanweisung, wie man so etwas überhaupt einordnet.

Nach einem Moment der gespannten Stille kam sein Urteil: „Das... äh... nein."

In diesem Augenblick wusste ich, dass ich es geradewegs in die Top 3 der skurrilsten Kundenanfragen dieses Ladens geschafft hatte.

Mit einem enthusiastischen Schwung führte er uns zu einem Regal, das vollgestopft war mit Gaskochern in allen erdenklichen Variationen. Von kleinen, handlichen Modellen bis zu größeren

Geräten für ausgiebige Campingausflüge – die Auswahl war beeindruckend. Nur leider nicht das, was ich suchte.

Wir schauten uns die Auswahl an, entschieden uns jedoch, nichts zu kaufen.

„Wenn das so weitergeht, werden wir in Italien nur noch mit kalten Händen Rad fahren", sagte ich scherzhaft, als wir den Laden verließen.

„Oder wir nehmen doch einen Gaskocher und kochen Spaghetti in einer Minute auf kroatische Art." Antje lachte.

„Aber ohne Whisky dazu, bitte!"

Auf Reisen gehören Stolpersteine dazu – und wir hatten gelernt, sie als Teil des Abenteuers zu akzeptieren.

Die Gassen waren mittlerweile leerer geworden, und die Lichter der Stadt spiegelten sich auf dem Kopfsteinpflaster wider.

„Es wird Zeit, dass wir zurückgehen", sagte ich schließlich, als die Nacht endgültig Einzug hielt. Der Tag neigte sich seinem Ende zu, aber die Reise hielt sicher noch viele besondere Momente für uns bereit. Für den Moment jedoch hatten wir genug erlebt – die Aussicht auf ein weiches Bett und die Vorfreude auf den kommenden Tag waren genau das, was wir jetzt brauchten.

Rijeka hatte uns in seinen Bann gezogen – mit seiner Lebendigkeit, seiner Mischung aus rauer Industriekulisse und stiller Gelassenheit.

„Umami auf der Landkarte", nannte ich sie schließlich.

Eine Stadt, die ihre Zutaten perfekt mischte: Salz vom Meer, die Würze der Berge und eine gute Portion Verkehrslärm.

Antje nickte und lachte.

„Und trotzdem hat's geschmeckt."

Diese Erinnerung würde uns begleiten, wie ein unerwartet gutes Gericht, dessen Geschmack man lange auf der Zunge spürt.

Die Nacht übernahm endgültig die Bühne, und wir zogen uns in unser Zimmer zurück, während draußen das pulsierende Leben der Stadt langsam ruhiger wurde.

Mit Rijeka verabschiedeten wir uns von einem Kapitel, das noch lange in uns nachhallen würde. Morgen wartete die Küstenstraße auf uns – eine Route voller neuer Eindrücke und Herausforderungen. Und in Sveti Juraj sollte uns eine Begegnung erwarten, die unsere Gedanken weit über diesen Abschnitt der Reise hinaus beschäftigen würde.

VON ABGRÜNDEN UND WEITEN

Wir fuhren über Bakar hinaus aus der Stadt, den Hafen im Rücken, und spürten sofort, wie die Straße anstieg. Die Höhenmeter, unsere treuesten Begleiter dieser Reise, waren wieder da – zuverlässig wie ein alter Freund, der nie zu spät kam, auch wenn man ihn nicht eingeladen hatte. Ausruhen war gestern, und die kommenden Tage versprachen Schweiß und, na ja, zumindest ab und zu Freude. Es hatte ein bisschen was von Sado-Maso, oder? Erst der Schmerz, dann die Aussicht – und irgendwie machte man freiwillig weiter.

Die Küstenstraße von Rijeka Richtung Süden war ein schmaler Grat zwischen zwei Welten. Doch bevor wir diese erleben durften, holte uns eine dritte Welt ein: die der Industrie. Und diese machte keine halben Sachen – sie breitete sich vor uns aus wie ein gigantischer Krake, deren Tentakel sich in jede verfügbare Richtung streckten.

Links und rechts der Straße reihten sich Tanks wie glänzende Sardinendosen aneinander, ein Symbol für den Puls der modernen Welt. Dazwischen wanden sich silberne Pipelines wie Lebensadern, die unermüdlich den Strom fossiler Energie transportierten. Auf den Schienen standen wartende Zugwaggons, geduldig wie leere Mäuler, die auf ihre nächste Fütterung warteten. Hafenkräne ragten in den Himmel, mechanisch und präzise, ihre massiven Arme bereit, sich den nächsten Container zu greifen, während das dumpfe Dröhnen der Generatoren und das Klirren von Metall die Luft erfüllte.

Hinter all dem blitzte das Meer, eingesperrt wie ein Gefangener hinter einem Vorhang aus Schornsteinen, die sich wie Wächter in den Himmel erhoben. Der beißende Geruch von Maschinenöl und Abgasen drang in die Nase und vermischte sich mit der salzigen Brise, die versuchte, sich durchzusetzen.

„Haben wir hier eine Kreuzung zwischen Mad Max und Meeresromantik erwischt?", fragte ich mit einem Schmunzeln in die Landschaft hinein, nicht wirklich erwartend, dass Antje antwortete.

Ich kannte ihre Meinung dazu – Worte lösten diese Widersprüche nicht auf. Der Verkehr schob sich zäh an uns vorbei, LKWs röhrten wie Raubtiere, die sich ihren Weg durch die Tentakel der Raffinerie bahnten.

Es war ein Anblick, der widersprüchlicher nicht sein konnte. Dieser jagende Krake aus Tanks, Rohren und Maschinen schien die Küste zu umklammern, sie auszubeuten – und gleichzeitig am Leben zu erhalten. Sie lieferte Energie, die Motor der Moderne war, Arbeitsplätze, die Menschen in Lohn und Brot brachten. Doch zu welchem Preis? Konnte eine Gesellschaft nur existieren, indem sie die Natur aussaugte, indem sie immer mehr nahm, als sie zurückgab?

„Gier ist gut", hieß es in einem Film, den ich vor Jahren sah. Ein Gedanke, der mir immer noch Unbehagen bereitete.

Antje hätte hier wohl gesagt: „Warum darüber aufregen?"

Vielleicht hatte sie recht. Aber hatte sie das wirklich? Diese ungebremste, allgegenwärtige Gier nach Geld, Macht und Vorherrschaft? Klimawandel, soziale Ungerechtigkeit – all das waren keine neuen Themen, aber die Dynamik, mit der unsere Systeme interagierten und sich gegenseitig beeinflussten, schien schneller und unberechenbarer denn je. Der Wettbewerb um Ressourcen glich einem globalen Machtspiel, bei dem jeder Tropfen Öl, jedes Gramm Kohle und jede Kilowattstunde zum Einsatz wurde.

Während wir an den Tanks vorbeifuhren, fragte ich mich, wie viel von dem, was hier produziert wurde, unsere eigene Reise antrieb. Der Asphalt, die Räder, selbst das Navi – alles ein Resultat dieser Energie. Vielleicht lag darin die Ironie der modernen Welt: Wir brauchten das, was wir oft kritisierten. Und doch – durften wir das Gespräch darüber verlieren? Vielleicht lag die Lösung nicht in der Perfektion, sondern im Dialog – dem ehrlichen, offenen Austausch, der uns zumindest in kleinen Schritten weiterbrachte.

Vielleicht lag es an mir, an meiner fast schon naiven Vorstellung, dass ein bisschen weniger Gier der Menschheit guttun würde.

Sie hätte jetzt vermutlich gesagt: „Hör auf, dich aufzuregen, und tret' in die Pedale."

Und sie hatte nicht ganz Unrecht – zu viele Gedanken verlangsamten den Tritt. Aber trotzdem: War es nicht wichtig, ab und zu innezuhalten und zu fragen, wie wir als Einzelne unseren Beitrag leisten konnten? Nicht mit großen Weltrettungsplänen – sondern im Kleinen, dort, wo wir standen. Vielleicht begann es damit, wie wir miteinander redeten: respektvoll, offen, neugierig.

Ich erinnerte mich an alte Schwarz-Weiß-Aufnahmen von Podiumsdiskussionen. Da wurde noch diskutiert, nicht gestritten. Menschen wollten nicht überreden, sondern überzeugen. Es war ein rhetorischer Boxkampf – kunstvoll, präzise, respektvoll. Heute aber, so kam es mir vor, durfte man oft nur noch im Fluss der gesellschaftlich akzeptierten Meinungen mitschwimmen. Und wenn doch einmal ein Schlagabtausch stattfand, dann wirkte er weniger wie ein Austausch von Ideen und mehr wie ein Kampf um die richtige Zugehörigkeit. Doch Diskurs lebt davon, dass Meinungen aufeinanderprallen – solange sie sich an die Regeln halten. Wer zur Quelle will, muss auch gegen den Strom schwimmen dürfen.

Es braucht genau diesen Mut: die Bereitschaft, den Fluss zu akzeptieren, seine Steine, seine Strömungen – und doch zu fragen: „Was können wir besser machen?"

Antje erinnerte mich oft daran, im Hier und Jetzt zu bleiben. Vielleicht war genau das der Schlüssel: der schmale Grat zwischen dem, was wir verändern konnten, und dem, was wir akzeptieren mussten. Resilienz war doch nichts anderes – die Kunst, diese Grenze zu finden, ohne an ihr zu zerbrechen. Und während wir in die Pedale traten, die Tanks langsam hinter uns ließen und die Küste endlich wieder aufatmete, dachte ich: Es musste ja nicht perfekt sein. Manchmal reichte es, wenn wir das Richtige versuchten – auch wenn es nur ein kleiner Schritt war.

Vielleicht war das 'Richtige' genau das, wovon Neid und Ehrgeiz getrieben werden konnten, wenn sie nicht zerstörten, sondern etwas Positives vorantrieben. Aber was war 'gut'? Wer entschied das?

Die Bibel sagte: „Gottes Wege sind unergründlich." Und ich? Ich war nur ein Radfahrer auf einer Küstenstraße, der versuchte, diese Frage für sich selbst zu beantworten – einen Tritt in die Pedale nach dem anderen.

Einige gefühlte Kilometer später lösten sich ihre Tentakel endlich auf, und mit ihnen verflüchtigten sich auch meine Gedanken über Gier und Ressourcen. Es war wohl genau das, was die Straße uns beibrachte: vorwärtsschauen. Die Raffinerie blieb als mahnender Schatten hinter uns zurück, während die wahre Schönheit der Küstenstraße sich entfaltete. Es war, als hätte uns die Natur geprüft – oder vielleicht auch nur an die Komplexität unserer Existenz erinnert.

„Na, das haben wir doch ganz gut überlebt“, sagte ich zu Antje.

Sie nickte, und ihr Lächeln erzählte von leiser Erleichterung. Die Küste gehörte wieder uns. Für einen Moment zumindest.

Wir traten weiter in die Pedale, die Beine brannten schon, und ich schmunzelte bei dem Gedanken, dass dieser Abschnitt der Reise wohl als 'Einführung in die Demut' in die Geschichtsbücher eingehen könnte. Doch auch diese Passage hatte ihren Reiz – die Kontraste zwischen rauer Industrie und den verheißungsvollen Andeutungen von Küstenidylle machten diesen Moment irgendwie... echt.

Ich schaute zu Antje, die konzentriert weiterfuhr, während ein LKW dicht an uns vorbeidonnerte.

„Das ist wohl nicht die Postkartenidylle, die wir uns vorgestellt haben“, rief ich gegen den Lärm an.

Sie nickte kurz, schwieg aber, denn die Straße verlangte unsere ganze Aufmerksamkeit. Ein kurzes Aufatmen kam erst, als wir hinter der letzten Raffinerie verschwanden und die Landschaft sich veränderte.

Plötzlich öffnete sich die Szenerie: Zur Rechten das türkisfarbene Wasser, zur Linken karge Hügel, deren Felsen in der Morgensonne wie weiße Kiesel leuchteten. Die 'Jadranska Magistrala' – die Adriaküstenstraße – breitete sich vor uns aus. Ihr Asphalt glänzte wie poliert, und sie schlängelte sich in eleganten Kurven entlang der Küste. Es war eine Straße voller Geschichten: Erbaut in den 1950er Jahren unter Tito, als Jugoslawien ein Symbol der Verbindung suchte – zwischen Norden und Süden, Städten und Dörfern, Menschen und Landschaften.

Als wir die ersten Kilometer dieser legendären Straße entlangfuhren, verblasste der industrielle Lärm langsam hinter uns, und die Szenerie begann, uns mit ihrem mediterranen Charme in den Bann zu ziehen. Die Morgensonne glitzerte auf dem Wasser und verwandelte die Landschaft in ein lebendiges Gemälde. Kleine Dörfer mit roten Ziegeldächern schmiegten sich an die Hänge, während in den Häfen Fischerboote sanft im Rhythmus der Wellen tanzten. Hier und da hingen Netze zum Trocknen, und Möwen kreisten lautstark über uns, als wollten sie die Neuankömmlinge neugierig begrüßen.

Der Verkehr war zu dieser Tageszeit angenehm. Autos und LKWs passierten uns in respektvollem Abstand, während die Straße sich wie ein Band durch die Landschaft zog. Es war ein Rhythmus, der uns gefiel. Kein Drängeln, kein Stress – nur wir, die Räder und die Weite der Küste.

Antje fuhr mit gleichmäßigem Rhythmus, und ich sah, wie sie ihren Blick immer wieder über das Meer gleiten ließ.

„Traumhaft, oder?", fragte ich sie, und sie nickte, ohne aufzuhören zu fahren. Die Stille wurde nur von gelegentlichem Gelächter durchbrochen, wenn wir kurz anhielten, um die Aussicht zu genießen oder um einen besonders beeindruckenden Moment mit der Kamera einzufangen.

Die Idylle begann uns einzunehmen. Die türkisenen Farben des Wassers, die sanften Bewegungen der Fischerboote und die friedliche Stimmung ließen uns schwelgen. Für einen Moment vergaßen wir den Schweiß, die Anstrengung, die vor uns liegenden Kilometer. Die Luft roch nach Salz und Pinien, und der Wind, der uns noch vor kurzem ins Gesicht gepeitscht hatte, fühlte sich jetzt wie eine sanfte Umarmung an.

Die Sonne zeigte keine Gnade, je weiter wir fuhren. In Crikvenica angekommen, hatte sie sich auf ihre Lieblingsposition gebracht: direkt über uns, strahlend und unerbittlich wie eine Diva im Rampenlicht. Die Mittagshitze spielte ihre Trumpfkarte aus, und mein Tacho vermeldete 30 Grad mit der Genugtuung eines Wetterfroschs, der den Sommer zurückgeholt hatte.

„Hier könnten wir doch kurz Halt machen“, schlug ich vor und deutete auf einen Supermarkt am Straßenrand. Antje stimmte zu und schob ihr Rad routiniert in die Parkposition neben meines. Als wir vor dem kleinen Laden standen, zog sie geübt die Taschen von ihrem Rad und warf mir einen Blick zu, der eine Mischung aus Schalk und Ernst ausdrückte.

„Diesmal kein Hungern mehr, klar?“

Ihre Worte trafen einen Nerv, eine deutliche Anspielung auf Ravna Gora, wo unsere minimalistischen Einkäufe mehr von Sparsamkeit als von Vernunft geprägt waren. Ich hob beschwichtigend die Hände.

„Alles klar, ich halte mich zurück. Du übernimmst das Kommando – keine Diskussion.“

„Gut so“, erwiderte sie knapp und verschwand durch die Tür des Ladens. Während sie zwischen den Regalen verschwand, ließ ich meinen Blick über den Vorplatz schweifen und spottete einen Betonpoller. Nicht besonders einladend, aber er sah stabil aus und war wie geschaffen für müde Radfahrer. Ich ließ mich darauf nieder, lehnte den Kopf leicht zurück und streckte die Beine aus. Mit den Rädern im Blick gönnte ich mir einen Moment der Ruhe, während ich meinen Atem bewusst verlangsamte. Der Stress und die Erinnerungen an Ravna Gora schienen sich langsam in der Leere des Augenblicks aufzulösen.

Ein paar Minuten später erschien sie wieder in meinem Blickfeld, beladen mit Tüten, die sie mit beiden Händen trug.

„Na, machst du es dir bequem?“, spöttelte sie und stellte die Einkäufe schwungvoll auf den Poller neben mir. „Ich habe uns das Überlebenspaket besorgt. Keine Experimente diesmal.“

Ich griff nach der ersten Tüte und spähte hinein.

„Überlebenspaket? Das sieht eher aus, als ob wir einen Marktstand eröffnen wollen.“

Sie verschränkte die Arme und sah mich herausfordernd an.

„Ravna Gora, mein Lieber. Und wer war es, der damals so lautstark meinte, dass mein halbes Brot und ein bisschen Käse nie im Leben ausreichen würden?"

„Schon gut, schon gut", beschwichtete ich, während ich die Einkäufe vorsichtig in die Seitentaschen der Räder verstauen wollte. „Aber nächste Mal teilen wir uns den Einkauf. So viel steht fest."

„Einverstanden", konterte sie und schnappte sich eine Flasche Wasser aus der Tüte. „Und vielleicht übernimmst du dann auch die Suche nach dem passenden Reis, ohne wieder ratlos vor dem Regal zu stehen."

„Das lag nicht an mir, sondern an den Beschriftungen", warf ich ein. „Wer braucht bitte fünf Sorten Reis im gleichen Design?"

Sie lachte, „Ausreden zählen nicht."

Noch bevor ich mich für diese sparsame Einkaufsetikette bedanken konnte, standen plötzlich zwei Männer vor uns.

„Na, ihr seid aber sportlich unterwegs", sagte der Jüngere von beiden auf Deutsch. Sein leicht meliertes graues Haar wehte leicht im Wind, sein Lächeln war breit und einladend. Er deutete auf unsere Räder.

„Ihr seid bestimmt weit gefahren, oder?"

„Von Lübeck bis hier", antwortete ich, nicht ohne einen gewissen Stolz. Er nickte beeindruckt.

„Ich habe in Hannover studiert", sagte er, „und ich fahre auch gerne Fahrrad. Wochenlang, wenn ich Zeit habe."

„Klingt nach einem echten Abenteuer", meinte ich und warf einen kurzen Blick auf seinen Trainingsanzug. Das sportliche Outfit passte zu ihm, er wirkte wie jemand, der die Herausforderung suchte, aber gleichzeitig die Leichtigkeit nicht aus den Augen verlor.

„Mein nächstes Projekt ist eine Inseltour nächstes Jahr", erzählte er und breitete die Arme aus, als wolle er die Weite des Horizonts greifen. „Ich warte aber noch – am besten, wenn die Touristen weg sind, aber bevor es zu kalt wird."

„Schneit es hier überhaupt?", fragte Antje, während sie eine Tomate aus der Tüte fischte.

Ihr Tonfall war halb neugierig, halb schalkhaft.

„Selten", antwortete er lachend. „Aber man gewöhnt sich daran, wenn man hier lebt. Alles ist relativ, oder?"

Während wir uns unterhielten, erklärte er uns seine Liebe zu Kroatien, erzählte von den Inseln, den leeren Straßen in der Nebensaison, und dass man immer wieder neue Orte entdeckte, selbst wenn man dachte, man hätte schon alles gesehen. Sein Cousin, der neben ihm stand, hörte mehr zu, nickte gelegentlich und lächelte. Die beiden wirkten wie ein eingespieltes Team – ruhig, sympathisch, genau wie die Umgebung, in der sie lebten.

„Ihr seid echt mutig, sowas zu machen", sagte er plötzlich. „Ich finde das richtig cool. Ich meine, man könnte ja auch einfach daheimsitzen und nichts tun, oder? Aber ihr macht das. Hut ab."

„Naja", antwortete ich und biss ins Brot, „wir haben ja nicht viel mehr zu tun, als in die Pedale zu treten und uns um Kekse im Angebot zu kümmern." Antje schüttelte lachend den Kopf.

„Das reicht doch!", sagte er und lachte herzlich. „Ich sag's euch – solche Touren bleiben im Gedächtnis. Macht weiter so!"

Kurz vor der Verabschiedung schlug er ein gemeinsames Selfie vor. Wir drapierten uns vor dem Supermarkt: Antje und ich, er und sein Cousin, alle mit strahlenden Gesichtern und Daumen nach oben.

„Für die Erinnerungen", sagte er, als er uns die Hand reichte.

Als wir uns auf die Räder schwangen, spürte ich eine Leichtigkeit, die mit der warmen Brise zu tun haben könnte – oder vielleicht mit dieser Begegnung.

„Der erste Kroate, der uns anspricht und motiviert", stellte ich fest, mehr zu mir selbst als zu Antje.

Manchmal war es genau das, was man brauchte – ein zufälliger Moment, ein paar freundliche Worte, ein Lächeln. Es waren nicht die großen Pläne, die zählten, dachte ich. Es waren diese kleinen Begegnungen, die einen daran erinnerten, dass man genau auf dem richtigen Weg war.

Wir packten unsere Sachen zusammen, stiegen wieder auf die Räder und reihten uns zurück in den fließenden Verkehr der Magistrale ein. Die Straße schien uns förmlich aufzusaugen, die Autos und LKWs um uns herum wirkten wie Wellen, die uns unermüdlich vorantreiben wollten. Der Rhythmus des Tretens stellte sich fast wie von selbst ein, und die Gedanken verblassten im gleichmäßigen Surren der Reifen.

Die Küstenstraße zog sich dahin, und der Verkehr hielt uns in seinem unerbittlichen Fluss gefangen. Es war fast, als ob wir Teil eines lebendigen Systems wurden, in dem jeder seinen Platz finden musste – oder verdrängt wurde. Die Kulisse war atemberaubend, aber der ständige Lärm der Motoren und das Gefühl, nur ein weiterer Punkt im endlosen Band des Verkehrs zu sein, ließen uns kaum durchatmen. Doch je weiter wir fuhren, desto mehr änderte sich die Landschaft. Die Magistrale führte uns in sanften Kurven immer weiter entlang der Küste. Doch kurz hinter Povile veränderte sich die Stimmung: Die Luft fühlte sich schwerer an, die Landschaft begann, ihre Züge zu schärfen, und dann kam sie – die Bora, ein lautloser Vorbote von Chaos.

Die Trasse begann leicht anzusteigen, und wir spürten die ersten Böen. Zunächst waren sie wie ein warnendes Flüstern, das uns zuraunte: Seid bereit. Doch schnell wurde aus dem Flüstern ein kräftiger Stoß. Sie waren unberechenbar, schossen plötzlich zwischen den Berghängen hervor und drückten uns gnadenlos nach rechts – in Richtung der Leitplanke. Ich schlang meine Hände wie ein Ertrinkender um den Lenker, während mein Rad ins Schlingern geriet. Der Abgrund rechts von mir schien näher zu rücken, als wollte er mich verschlingen. Meine Beine traten instinktiv weiter, aber mein Kopf schrie: Stoppen. Jetzt sofort. Doch ich wusste, dass das auf dieser Straße keine Option war.

Eine plötzliche Böe packte mich wie eine unsichtbare Faust und schmetterte mich fast gegen die Leitplanke. Mein Vorderrad zitterte, während ich verzweifelt versuchte, das Gleichgewicht zu halten. Der Abgrund war so nah, dass ich mir einbildete, das Rauschen der Wellen unter mir zu hören. Die hüfthohe Metallbegrenzung sah plötzlich aus, als hätte jemand sie nur angebracht, um den Berg modisch aufzuwerten – praktisch war sie jedenfalls so nützlich wie ein Regenschirm bei Rückenwind. Die Autofahrer hinter mir, gemütlich eingekuschelt in ihren windgeschützten Blechwohnzimmern, hatten natürlich keine Ahnung, dass ich vorne auf meinem Rad eine ganz private Tanzstunde mit der Bora absolvierte. Nach hinten schauen? Bloß nicht – das wäre in etwa so schlau gewesen, wie mitten in einem Sturm einen Regenschirm aufzuspannen. Der Verkehr raste weiter, ein endloses Dröhnen und Röhren, während die Straße sich unter meinen Reifen wie ein schmaler Grat durch die Landschaft wandte. Jeder neue Abschnitt war ein Wagnis.

Ich entdeckte in der Ferne die nächste Schlucht und spürte, wie sich meine Muskeln verkrampften. Es war, als hätte die Küstenstraße beschlossen, mich zu testen. Der Wind peitschte aus jeder Richtung, und ich wusste: Hinter der nächsten Kurve würde er wieder zuschlagen. Noch ein Stück, redete ich mir ein, nur bis zu diesem Felsen dort. Doch kaum hatte ich den Windschatten eines Vorsprungs erreicht, ließ die Böe nach – nur um mich zehn Sekunden später mit doppelter Wucht zu treffen. Der Lenker wackelte, das Rad schlingerte gefährlich, und ich schwitzte. Aber nicht vor Anstrengung – sondern vor purer Angst.

Ein Schild am Straßenrand warnte vor der Bora, der Schriftzug in großen, weißen Lettern: BORA! Daneben ein Symbol, das umkippende Anhänger und Wohnmobile zeigte. Ich schielte kurz nach oben – nur 40 oder 50 Kilometer pro Stunde Wind heute, laut Wetterbericht. Was mochte hier los sein, wenn sie ihre wütenden 100 oder gar 120 Kilometer pro Stunde entfesselte? Ich wagte es nicht, mir das vorzustellen. Die Strecke schien ein Kompromiss zwischen atemberaubender Schönheit und tödlicher Gefahr zu sein, ein Tanz zwischen Naturgewalt und menschlicher Beharrlichkeit.

Ich wollte nach rechts schauen, die Aussicht genießen, die Klippen bewundern, die steil ins tiefblaue Wasser fielen – doch ich schaffte es nicht. Mein Blick blieb starr nach vorne gerichtet, fixiert auf den schmalen Streifen Asphalt. Ein LKW donnerte von hinten heran, sein Sog zog mich fast in seinen Schatten, und ich spürte das Adrenalin durch meinen Körper jagen. Wie durch ein Wunder blieb ich in der Spur. Ich wollte mich umdrehen, doch der Wind schien mich zu warnen: Augen geradeaus. Antje? Ob sie mich wohl verfluchte, hierher mitgekommen zu sein? Oder kämpfte sie ebenso tapfer gegen die unsichtbaren Fäuste? Vielleicht lachte sie sogar darüber, während ich schwitzend an meinem Lenker klebte. Diese Gedanken ließen mich nicht los – bis ich wieder ihren vertrauten Schatten hinter mir spürte.

Ich fuhr an den Rand, wo ein kleiner Busch den Wind blockierte. Mein Körper fühlte sich an wie ein gespanntes Gummiband, bereit zu reißen. Ich atmete tief durch, fühlte, wie der Griff meiner Hände sich langsam löste. Antje kam kurz darauf, ihre Augen leuchteten trotz der Erschöpfung.

„Was für ein Wahnsinn!“, sagte sie, und ich lachte, auch wenn es mehr ein erleichtertes Ausatmen war.

Doch unsere Route rief weiter nach uns, und wir mussten zurück in den Kampf. Die nächsten Meter fühlten sich wie ein erneuter Sprung ins Ungewisse an. Die Küstenstraße zeigte keine Gnade. Die Leitplanke, wenn sie überhaupt da war, schien eher für Zwerge als für Radfahrer gebaut. Und die Betonklötze? Ein schlechter Witz. Dazwischen lagen Lücken, durch die der Blick direkt in die Tiefe fiel. Ich konnte das Dröhnen eines Motorrads hören, das irgendwo hinter mir näherkam, und in meinem Kopf spielte sich bereits ein Katastrophenszenario ab: ein Motorradfahrer, ein LKW in der Kurve, und wir mitten in ihrem Weg. Ich atmete tief durch und konzentrierte mich auf das Pedal. Ein Tritt nach dem anderen. Die Bora mochte über die Landschaft herrschen, doch ich würde mich ihr nicht geschlagen geben.

Die Kilometer vergingen, und mit jeder Biegung fragte ich mich, wie lange ich das noch durchhalten konnte. Doch dann, hinter einer weiteren Schlucht, tauchte die nächste Bucht auf. Ein kleines Dorf, ein Hafen, und wieder dieses glitzernde Meer, das sich wie ein stummer Trost ausbreitete. Ich hielt an, wagte es kurz, die Aussicht zu genießen. Wahrscheinlich war es genau das, was diese Piste ausmachte: die ständigen Wechsel zwischen Angst und Erleichterung, zwischen Naturgewalt und ihrer überwältigenden Schönheit. Sie gab dir nichts umsonst – aber wenn sie dir etwas gab, dann war es unvergesslich.

In Klenovica legten wir eine Pause ein. Der kleine Hafen glitzerte im Licht der Nachmittagssonne, und die Boote schaukelten leicht auf den Wellen, als würden sie schlafen. Ein älterer Fischer zog gerade ein Netz ein. Ein kleines weißes Boot, das mit verblassten blauen Buchstaben 'Delfina' hieß, zog meine Aufmerksamkeit auf sich. Es lag am Rand des Hafens, von einer Handvoll Möwen umgeben, die darauf warteten, dass der Fischer ein Stück seines Fangs preisgab. Ich fragte mich, ob das Leben hier immer so im Rhythmus der Wellen floss – unbeeindruckt von Zeit und Hektik. Antje holte frisches Obst aus einer kleinen Marktbude und reichte mir eine Aprikose.

„Ruhig hier, oder?", sagte sie.

Ich nickte, mein Blick fiel auf einen Fischer, der am Rand des Hafens in aller Seelenruhe seine Ausrüstung überprüfte. Seine Bewegungen waren langsam und bedächtig, doch jeder Handgriff saß. Der Wind zerzauste sein Haar, doch er ließ sich nicht aus der Ruhe bringen, als würde er schon längst wissen, dass man die Elemente nicht besiegen, sondern nur mit ihnen tanzen konnte. In diesem Wimpernschlag schien mir die Lektion klar: Die großen Erfahrungen, die sich ins Gedächtnis brennen, warten oft genau dort, wo man aus seiner Komfortzone tritt. Manchmal ist es der Sturm, der uns daran erinnert, dass Ruhe erst im Kontrast ihre wahre Tiefe bekommt.

Die Idylle war jäh vorbei, als wir wieder auf die Magistrala kamen. Die Küstenstraße bot ein spektakuläres Panorama – aber auch eine gehörige Portion Nervenkitzel. Rechts fiel der Abgrund mal zehn, mal hundert Meter tief ab, abgesichert durch halbhohe Absperrungen, die kaum Vertrauen weckten. Der Anblick des tiefblauen Wassers war überwältigend, doch meine Konzentration blieb unerschütterlich auf den Weg vor mir gerichtet.

Der Verkehr machte die Sache nicht leichter. Ein LKW donnerte an uns vorbei, so nah, dass ich das Gummi seiner Reifen riechen konnte. Sein Windstoß erfasste mich und brachte mein Rad ins Wanken, sodass ich unwillkürlich die Luft anhielt. In einer der unzähligen Kurven sah ich ihn plötzlich: einen 40-Tonner, der sich todesmutig auf dem Mittelstreifen an uns vorbeiquetschte, während von vorne ein Motorrad heranraste. Ich hörte das Dröhnen seines Motors und sah ihn in Gedanken schon direkt am Kühlergrill des LKWs – ein Szenario, das mir die Kehle zuschnürte. Wie durch ein Wunder schafften sie es beide, die Situation zu entschärfen.

Mein Herz klopfte schneller, und ich rief nach hinten: „Alles okay?“

Antje nickte, aber ich sah in ihrem Blick, dass sie genauso angespannt war wie ich.

Geschwindigkeitsschilder hier schienen eher dekorativen Charakter zu haben, ähnlich wie ein Landschaftsfoto: nett anzusehen, aber ohne Einfluss auf die Realität. Die kroatischen Fahrer? Eine Klasse für sich. Selbst bei engen Kurven ignorierten sie den Mittelstreifen, als gehörte die Straße nur ihnen. Ich fragte mich, ob hier jemals ein Auto tatsächlich mit der vorgeschriebenen Geschwindigkeit unterwegs war. Diese wurden dann prompt von den Einheimischen überholt, die, so schien es, in ihrer Ehre gekränkt waren, wenn sie wegen eines Touristen bremsen mussten.

„Der Kroate hat Benzin im Blut“, sagte ich halblaut zu mir selbst, während ich einem entgegenkommenden Fahrzeug auswich, das eine Kurve schnitt, als gäbe es keine Gegenrichtung.

Die Straße schlängelte sich weiter entlang der Küste, die immer dramatischer wurde. Die Bora blies unnachgiebig, manchmal so heftig, dass ich das Gefühl hatte, ich müsste mein Fahrrad mit aller Kraft am Boden festhalten. Doch dann, in einem ruhigeren Moment, hielt ich an und schaute zurück. Die Klippen fielen steil ins Meer, die weißen Schaumkronen tanzten auf den Wellen, und die Sonne tauchte alles in ein goldenes Licht. Es war beängstigend und wunderschön zugleich – wie die Straße selbst. Antje schloss zu mir auf, und wir tauschten ein kurzes Lächeln. Worte waren nicht nötig. Wir wussten beide, dass diese Küstenstraße uns für immer in Erinnerung bleiben würde. Ein schmaler Grat, im wahrsten Sinne des Wortes – zwischen Gefahr und Schönheit, zwischen dem, was uns nach vorne trieb, und dem, was uns innehalten ließ.

Am späten Nachmittag erreichten wir Sveti Juraj, ein kleines Fischerdorf, das fast wie ein vergessenes Postkartenmotiv wirkte. Die steilen Gassen des Dorfes forderten uns bis zum letzten Tritt. Mein Herz klopfte wie eine alte Lokomotive, und die Sonne über der Bucht blendete uns, als wollte sie sagen: „Ihr habt es geschafft." Antje keuchte, ich keuchte, und für einen Moment fühlte ich mich, als hätte die Straße mich ausgespuckt – direkt in eine andere Zeit. Kleine Boote schaukelten sanft in der Bucht, Möwen schrien in einem Konzert, das niemand dirigierte, und der Duft von Salz und Pinien lag in der Luft. Doch bevor wir uns an diesem Anblick erfreuen konnten, mussten wir noch die letzte Herausforderung bewältigen: die Auffahrt zum Gästehaus.

Die schmale Straße zum Haus von Luka und Vera war eine Prüfung für sich. Locker 15 bis 18 Prozent Steigung und gut 30 Höhenmeter. Wir schoben unsere Räder in mehreren Anläufen nach oben, unterbrochen von kurzen Pausen, in denen wir uns gegenseitig wortlos ansahen – eine stille Abmachung, dass wir das jetzt durchziehen würden. Oben angekommen, humpelte ein älterer Mann mit wettergegerbtem Gesicht auf uns zu. Er winkte freundlich und lachte, als er uns näherkommen sah.

„Ihr seid wirklich mit dem Fahrrad unterwegs?", fragte er ungläubig, als wir schließlich vor dem Haus standen. Seine Schritte waren gemächlich, fast steif, aber sein Auftreten strahlte eine ruhige Gelassenheit aus. Seine Hand, die meine umfasste, war rau wie altes Treibholz, doch sein Lächeln war herzlich.

„Die meisten Touristen bringen ihre Räder nur auf dem Autodach mit."

Luka, wie er sich vorstellte, ließ uns in aller Ruhe das Gepäck von den Rädern abnehmen. Der Parkplatz, überdacht von rankendem wildem Wein, bot uns ein wenig Schatten, und wir nutzten die Gelegenheit, uns kurz zu sammeln.

„Lasst das Gepäck ruhig bei den Rädern und kommt hoch", sagte er schließlich. „Ich habe da was für euch. Kein Stress, alles in Ruhe."

Nachdem wir uns ein wenig erholt hatten, folgten wir ihm die steinerne Treppe hinauf zum Haus. Luka saß bereits auf einer Holzbank vor der Haustür, ein Tablett mit zwei kleinen Gläsern in der Hand.

„Selbstgebrannt", erklärte er stolz, als er uns die Gläser reichte. Der Schnaps war klar, scharf und doch überraschend warm – wie eine Umarmung in flüssiger Form. In diesem Moment kam eine Frau mit kurzen, leicht ergrauten Haaren aus dem Haus.

„Herzlich willkommen! Hier seid ihr richtig", rief sie mit einem breiten Lächeln.

Vera war 68, eine Niederländerin mit wachen Augen und einer Lebhaftigkeit, die ansteckend war. Sie setzte sich mit einer geschmeidigen Bewegung neben ihm und erkundigte sich nach unseren Namen und woher wir kamen – eine vertraute Frage, die uns auf dieser Reise schon oft gestellt wurde. Antje und ich hatten irgendwann einmal darüber gescherzt, uns kleine Karten drucken zu lassen: mit unserer Route, ein paar Details über uns und vielleicht einem netten Bild. Eine praktische Idee, fanden wir damals. Aber wie so oft blieb es bei der Theorie. Vielleicht, weil uns die Zeit dafür fehlte. Oder vielleicht, weil wir tief im Inneren wussten, dass diese kurzen Gespräche, dieses gegenseitige Kennenlernen, ein Teil des Erlebnisses waren. Und irgendwie mochte ich den

Charme dieser improvisierten Begegnungen, die immer ein bisschen anders abliefen.

Sie und Luka sprachen beide ein überraschend gutes Deutsch, und die Unterhaltung verlief angenehm und locker. Während er die zweite Runde 'Selbstgebrannten' einschenkte, ließ sie ihren Blick für einen Moment schweifen, als sammelte sie ihre Gedanken. Dann lehnte sie sich leicht nach vorne, ein Lächeln auf den Lippen, und begann ihre Geschichte zu erzählen – als hätte sie nur darauf gewartet, die Worte endlich loszulassen. Auch er schien die alte Weisheit zu kennen, dass man auf einem Bein nicht stehen könne, und reichte uns grinsend die nächsten Gläser.

Vera erzählte von ihrer ersten Begegnung mit ihm, damals als 18-jährige junge Frau, die mit ihrer Familie Urlaub in Kroatien machte. Es war eine klassische Urlaubsliebe, voller Leichtigkeit und Romantik, die sich jedoch bald mit den Schwierigkeiten der Realität messen musste. Luka durfte zwar in die Niederlande einreisen, doch immer nur mit einem Touristenvisum – eine Erlaubnis, die kaum genug Zeit bot für eine junge Liebe, die gerade erst begann, ihre Wurzeln zu schlagen. Ein Visum für einen längeren Aufenthalt? Undenkbar. Jugoslawien lag damals noch fest hinter dem Eisernen Vorhang, und jede Begegnung zwischen Ost und West war flüchtig, geprägt von kurzen Augenblicken des Glücks und langen Abschieden, die schwerer wogen als die wenigen Tage des Zusammenseins.

Für ihre Eltern war die Situation nicht weniger kompliziert. Für sie war Luka nicht mehr als eine flüchtige Bekanntschaft, ein Fremder aus einem Land, das ihnen fern und fremd erschien. Und Vera? Gerade einmal 18 Jahre alt, voller Träume und jugendlicher Naivität. Wie sollte aus einer solchen Begegnung etwas entstehen, das Bestand hatte? Doch Vera und er sahen das anders. Für sie zählten keine Grenzen, keine politischen Realitäten – nur die unbändige Kraft ihrer Gefühle.

Der Wendepunkt kam, als sie sich entschlossen, zu heiraten. Diese Entscheidung war mutig, vielleicht auch ein wenig unbedacht, aber getragen von einem tiefen Vertrauen in ihre Liebe. Mit der Ehe wurde das Unmögliche plötzlich möglich: Er durfte länger in den Niederlanden bleiben, und die Zeit, die ihnen zuvor nur in winzigen Dosen gewährt worden war, wurde endlich greifbar. Ihre Liebe, die bisher zwischen Abfahrten und Wiedersehen schwankte, bekam nun Raum, sich zu entfalten – ein Raum, den keine politischen Grenzen mehr trennten.

„Manchmal", sagte Vera, während sie in die Ferne blickte, „muss man einfach den Sprung wagen."

Der Sprung führte beide durch verschiedene Länder – von den Niederlanden über Deutschland bis zurück nach Kroatien. Mit 21 Jahren bekam Vera ihren ersten Sohn, und bald darauf folgten zwei weitere. Die Familie lebte und arbeitete in verschiedenen Orten, zog von Stadt zu Stadt, immer auf der Suche nach neuen Möglichkeiten und einem besseren Leben. Es war kein einfacher Weg, aber jeder Umzug, jede Herausforderung schweißte sie enger zusammen.

Hier, erklärte Luka, hatte er schließlich mit seinem Bruder das Haus gebaut, auf dessen Terrasse wir jetzt saßen. Nach einer Weile stand er auf, ging ins Haus und kam mit einem Stapel alter Fotos zurück. Stolz zeigte er uns Bilder aus der Bauzeit – vergilbt, mit leicht ausgefransten Rändern, die von Jahrzehnten des Herumreichens erzählten. Er wies auf ein Bild, auf dem er Zementsäcke den steilen Hang hinaufschleppte.

„Bis zu vier Säcke gleichzeitig habe ich getragen", erzählte er, und seine Augen schienen für einen Moment auf die jüngere Version seiner selbst zurückzublicken – ein Mann, der mehr als sein eigenes Körpergewicht am Körper festgeschnallt hatte und dabei noch einen Sack auf dem Kopf balancierte.

„Das war ein verdammter Kampf", fügte er hinzu und hob seine Hände, die von Gicht verkrümmt und steif waren. Einige Finger wirkten entzündet, leicht gerötet.

„Die Finger, der Rücken, die Knie – alles hat gelitten. Aber es musste sein. Die Straße hier hoch? Da kamen keine Maschinen, nur wir."

Sein Humpeln, das uns bei der Ankunft aufgefallen war, schien jetzt Sinn zu machen. Luka war gezeichnet von der Arbeit, die dieses Haus möglich gemacht hatte, aber auch voller Stolz auf das, was er und sein Bruder geschaffen hatten.

„Hattet ihr nie Zweifel, hierher zurückzukehren?", fragte Antje schließlich.

Vera lachte leise und sah sie mit einem Blick an, der mehr sagte als Worte.

„Zweifel? Natürlich. Aber die Heimat ruft dich – manchmal ganz leise, manchmal mit voller Wucht. Und am Ende hörst du auf sie."

Ihre Worte ließen mich nicht los. Während sie erzählten, wanderten meine Gedanken zu meinen eigenen Erfahrungen. Zwölf Umzüge, Baustellen, die mehr Träume zerstörten, als sie erfüllten, und dieses immerwährende Gefühl, nirgendwo wirklich anzukommen. Für mich ist Heimat kein Ort, sondern ein Gefühl. Aber was passiert, wenn dieses Gefühl nachlässt? Verblasst Heimat, oder bleibt sie, nur anders – so wie das Meer, das in Bewegung ist und doch immer da? Sich ständig bewegt und doch immer da ist?

Horch mal in dich hinein: Was gibt dir ein warmes, geborgenes Gefühl um das Herz, wenn du an Heimat denkst? Ist es ein bestimmter Ort, oder sind es Menschen, Erinnerungen, Möglichkeiten? Sind es vielleicht kleine Dinge, die dich stützen und dir erlauben, 'du' zu sein? Oder ist es die Natur, die dir den Raum schenkt, den du brauchst, um zu atmen? Ich fragte mich, ob Heimat nicht vielmehr ein innerer Kompass ist – etwas, das uns leitet, auch wenn die äußeren Koordinaten verschwimmen.

Ich erinnerte mich an einen ehemaligen Kollegen, der nach langen Jahren des Lebens im Norden wieder nach Süddeutschland zog.

„Ich vermisse meine Heimat", sagte er damals. Zwei Jahre später kehrten er und seine Familie zurück in den Norden.

„Es fühlt sich nicht mehr wie ein Ort an, an dem ich wirklich hingehöre", erklärte er mir, sichtlich enttäuscht. Seine Freunde hatten sich verändert, das vertraute Bild seines alten Lebens war nicht mehr das gleiche. Ich spürte den Schmerz in seinen Worten. Kann es sein, dass Heimat auch ein Spiegel ist – ein Spiegel, der uns zeigt, was wir suchen, aber nicht immer das, was wir finden?

Vielleicht ist Heimat nichts, das man festhalten kann. Vielleicht ist sie ein Prozess – etwas, das sich entwickelt, zusammen mit uns, unseren Beziehungen und den Menschen, die uns umgeben. Ich fragte mich, ob ich sie je finden würde, oder ob Heimat in Wahrheit dort ist, wo wir aufhören zu suchen und einfach sind.

Das Haus, in dem ich gerade saß, war so viel mehr als Holz und Stein. Es war ein Symbol für die Suche danach, einer Suche, die mich auch auf dieser Reise begleitete. Und während ich dem Wind lauschte, der durch die wilden Weinranken rauschte, erkannte ich: Heimat ist für mich kein fester Ort, sondern ein Gefühl – ein Prozess, der sich verändert, wächst und auch unterwegs mitfährt.

Das Projekt 'Scheibenelefant', unsere Fahrradweltreise in Etappen, ist mehr als nur eine Herausforderung. Es ist eine Suche nach unbekannten und neuen Erfahrungen, ein Austausch mit Kulturen und Menschen, ein tiefes Atmen mit Landschaften und Natur. Darin liegt ein Teil meines Selbst, ein Teil meines

Wohlfühlgefühls. Und so fährt auch Heimat auf jedem Kilometer mit mir. Sie begegnet mir in den Herausforderungen und im Unbekannten, die ich unterwegs immer wieder antreffe. Diese Momente, die uns aus der Komfortzone holen, machen sie für mich aus.

Ich glaube, dass sie beginnt, wenn wir herausfinden, welche Gefühle wir mit ihr verbinden, wenn wir erkennen, dass sie in uns liegt. Und wenn wir diese Heimat in uns finden, verlieren wir uns weniger in der Welt. Im Gegenteil: Wir werden flexibler, offener, anpassungsfähiger. Denn Heimat ist kein statisches Konzept, sondern eine Dynamik, die uns trägt, egal wo wir sind.

Wir verabschiedeten uns von Vera und Luka, bedankten uns für ihre Offenheit und ihre Geschichten. Die Treppe knarzte leise unter unseren Schritten, während wir hinauf zu unserem Zimmer im Obergeschoss gingen. Die Stimmen des Dorfes wurden leiser, das gedämpfte Licht der Straßenlaternen spiegelte sich im ruhigen Wasser der Bucht.

Der Abend legte sich wie ein sanftes Tuch über Sveti Juraj, und die Farben des Himmels schmolzen von einem glühenden Orange in ein tiefes Blau, das sich über das Meer ausbreitete. Antje und ich saßen auf dem Balkon unseres Zimmers im Obergeschoss, die Stühle gemütlich zurückgelehnt, und vor uns lag dieser Ausblick – die kleine Insel wie ein stiller Wächter inmitten der ruhigen Bucht. Die Lichter des Dorfes flackerten, und die Schatten der Berge am Horizont zeichneten sich klar gegen den letzten Schein des Tages ab. Es war ein Moment der Stille, die nicht erzwungen war, sondern natürlich, wie die Wellen, die sich leise ans Ufer schoben.

„Weißt du", begann ich und drehte das Glas mit dem letzten Schluck 'Selbstgebrannten' zwischen meinen Fingern, „Vera hat vorhin gesagt, sie wäre gerne wie wir. Unverheiratet."

Antje lächelte und sah hinaus aufs Meer.

„Ja, ich habe das auch gehört. Sie bereut nichts, sagte sie. Keine Sekunde der über 40 Jahre mit Luka. Aber sie hätte sich gewünscht, das alles ohne Trauschein zu erleben."

Ich dachte nach. Warum eigentlich? Warum hatte ich Vera nicht gefragt, was sie damit meinte? Vielleicht war es Rücksicht, vielleicht auch eine Angst, etwas in ihnen aufzurühren, das längst zur Ruhe gekommen war. Aber hier, jetzt, mit diesem Blick, schien es mir klar: Es ging nicht um das, was sie hatte, sondern darum, wie sie es erlebt hatte.

Die Ehe als Institution. Ein Versuch, Liebe, Partnerschaft und ebenso Vertrauen oder Geborgenheit zu formalisieren, sie greifbar zu machen, indem man sie in einen festen Rahmen presst. Für viele ist das sinnvoll, ja sogar notwendig. Es schafft Ordnung, vermittelt Werte und gibt Sicherheit, vor allem in einer Kultur wie der unseren, die so sehr von Moral und festen Vorstellungen geprägt ist. Aber ist Liebe nicht genau das Gegenteil? Frei, flüchtig, wandelbar?

Und dann gibt es noch die Erwartungen von außen. Diese leisen, aber konstanten Stimmen, die an uns zerren und uns fragen lassen: „Warum seid ihr nicht verheiratet?"

Als ob das Fehlen eines Ringes an unseren Fingern eine Lücke offenbart, die dringend geschlossen werden muss.

Unsere Tochter hat uns oft gefragt, warum wir nicht heiraten. Für sie schien es wichtig zu sein, dass ihre Eltern dieses formale Band teilen. War es reine Symbolik? Ein gesellschaftlich geprägtes Ideal von Zusammengehörigkeit?

Für Vera und Luka war die Ehe keine romantische Entscheidung, sondern ein notwendiges Mittel, um zusammen zu sein. Luka durfte hinter dem Eisernen Vorhang nur mit einem Touristenvisum reisen, was ihrer Liebe kaum Zeit ließ, sich zu entfalten.

Die Heirat war ihre einzige Möglichkeit, zusammen zu sein, ohne ständig von Visabeschränkungen und Abschieden gequält zu werden. Doch genau diese Notwendigkeit ließ Erwartungen entstehen, die nicht nur von außen kamen – von Familie, Gesellschaft und ihren moralischen Vorstellungen – sondern auch in ihnen selbst wuchsen.

Manchmal frage ich mich, ob die Ehe nicht auch wie ein eng geschnürtes Korsett sein kann. Nicht wegen der Partner selbst, sondern wegen der Struktur, die sie umgibt – einer Struktur, die Liebe zu einem Konstrukt macht, das immer Erwartungen zu erfüllen hat. Es ist nicht nur der Ring am Finger, sondern die unausgesprochenen Regeln und Ansprüche, die ihn begleiten: Wie man als Paar sein sollte, welche Rollen man übernehmen muss, was andere von einem erwarten. Wie kann Liebe, die doch von Freiheit lebt, in einem so engen Korsett wie der Ehe bestehen?

Antje und ich, unverheiratet seit 17 Jahren, teilen unser Leben genauso wie Vera und Luka – aber ohne das Stück Papier, das sie so bedeutungsvoll fanden und wir nie wirklich gebraucht haben. Für uns war die Ehe nie ein Ziel, sondern bestenfalls eine Option, die wir aus praktischen Überlegungen in Betracht gezogen haben. Nicht aus Liebe. Denn Liebe verbindet uns, nicht ein Dokument.

Doch ist es so einfach? Liebe, frei und ungezwungen, klingt in der Theorie wunderbar – aber auch wir sind nicht immun gegen die Erwartungen von außen. Manchmal sind es die kleinen Bemerkungen von Bekannten, manchmal die ungestellte Frage im Blick eines Familienmitglieds. Es sind die subtilen Momente, in denen man spürt, wie die Gesellschaft uns einengt, wie sie uns in ein Schema pressen möchte, dass wir nie gewählt haben. Und manchmal, wenn ich unsere Tochter reden höre, frage ich mich, ob auch sie eines Tages dieses Schema weitertragen wird, obwohl wir es für uns selbst nicht leben.

Was Vera über ihre Ehe gesagt hatte, ließ mich nicht los: „Ich bereue keine Minute mit Luka, aber ich hätte gerne mit ihm unverheiratet gelebt."

War das ein Ausdruck von Freiheit, die sie sich insgeheim gewünscht hatte, oder nur eine Nachsicht im Rückblick?

Vielleicht beides. Und vielleicht liegt genau darin die Erkenntnis: Erwartungen – von außen und von innen – können genauso verbinden, wie sie erdrücken. Die Kunst liegt darin, den eigenen Weg zu finden, zwischen den starren Strukturen und der freien Liebe, zwischen dem, was wir uns wünschen, und dem, was von uns erwartet wird.

Doch warum hat die Ehe dann immer noch so einen starken Platz in unserem Sozialgefüge?

Möglicherweise, weil sie Erwartungshaltungen formt und eine Grundlage schafft, auf der Menschen bauen können. Doch diese Grundlage kann auch starr sein, einengend, erdrückend. Das, was als Freiheit und Liebe beginnt, kann zu einem Zwang werden, zu einem Käfig aus Regeln und Verpflichtungen, die mit der Zeit schwerer wiegen.

Was ist, wenn Liebe zerbrechlich ist, zart wie der feine Sand in einer Sanduhr, der langsam, unaufhaltsam rieselt? Ist sie nicht stärker, wenn sie ohne diese Bürde existieren darf, sich frei entfalten kann, ohne dass sie an den Maßstäben anderer gemessen wird?

„Was meinst du", fragte ich schließlich, „hält Liebe, wenn man sie institutionalisiert?"

Antje sah mich an, ihre Augen glitzerten im schwachen Licht.

„Ich glaube, Liebe verändert sich, egal ob verheiratet oder nicht. Sie ist ein Prozess, ein ständiger Wandel. Es geht nicht darum, sie festzuhalten, sondern sie immer wieder neu zu finden."

Diese Vorstellung ließ mich nicht mehr los. In einer Welt, die sich ständig verändert, die uns herausfordert, uns Neues zeigt, ist Liebe das, was wir selbst mitbringen – wie ein Anker, den wir überall werfen können, solange wir wissen, wo er hingehört.

Unser Projekt 'Scheibenelefant' ist für uns so viel mehr als eine Reise. Es ist eine Suche nach Begegnungen, nach Geschichten, nach Landschaften und nach einem Austausch mit der Welt. Und während wir Kilometer für Kilometer in die Pedale treten, ist Heimat immer mit uns. Sie ist kein Ort, sie ist ein Gefühl. Und vielleicht ist Liebe genau das: nicht festgelegt, nicht statisch, sondern etwas, das wir mit uns tragen und immer wieder neu erschaffen können.

Antje sah mich an und lächelte.

„Also heiraten wir doch noch?", fragte sie schelmisch.

Ich lachte.

„Vielleicht. Aber nur, wenn du mir versprichst, dass wir dabei genau das bleiben, was wir jetzt sind: Frei. Offen. Wir selbst."

Der Abend senkte sich endgültig über die Bucht, und das Meer leuchtete im schimmernden Blau der Nacht.

IM EINKLANG MIT DEM CHAOS

Sveti Juraj atmete noch die Ruhe des Morgens, eingehüllt in das warme Orange der aufgehenden Sonne. Die Boote im Hafen glitten leicht über die Wellen, die sanft an die Kaimauer klatschten – ein Bild, das täuschen konnte, wenn man die launische Natur der Bora kannte. Die Sonne stieg langsam über das Velebit-Gebirge, während die ersten Wellen sanft gegen die Kaimauer klatschten. Ein Moment des Friedens – trügerisch, wenn man wusste, dass die Bora immer noch irgendwo in den Gipfeln lauerte. Während die Welt um uns wie in einen goldenen Schleier gehüllt schien, kämpfte ich mit einer anderen Form von Unruhe: meiner Vorderradbremse.

Die gnadenlose Küstenstraße, das voll beladene Rad – und ja, ich selbst, eine stabile 'Belastungseinheit' – hatten ihre Spuren hinterlassen. Zumindest dachte ich das, als ich am Vorabend die Bremsbeläge inspizierte.

„Kaum ein Millimeter noch!", rief ich mit der Dramatik eines Seifenoper-Schauspielers, während Antje ihren Kopf schüttelte – ein Ausdruck, der irgendwo zwischen 'typisch' und 'das kann doch nicht dein Ernst sein' schwebte. In meinem Kopf sah ich mich bereits als fliegenden Superhelden ohne Happy End."

Natürlich griff ich zu der ultimativen Waffe des modernen Mannes: YouTube-Tutorials. 'Bremsbeläge wechseln unterwegs' – ein Suchbegriff, der mich nach außen hin wie einen Experten wirken ließ, während ich innerlich die Panik eines Erstklässlers vor der Matheklausur spürte. Die Videos? Eine Mischung aus beunruhigend fähigen Profis und Hobbybastlern, deren chaotisches Gestammel mich fast tröstete. Trotzdem war klar: Morgen würde ich mich dem Problem stellen. Denn keine Entscheidung war keine Option. Und das imaginäre „Was wäre, wenn?“ wollte ich mir später nicht vorwerfen müssen.

Und so stand ich nun auf dem kleinen Parkplatz vor unserer Unterkunft, bewaffnet mit Werkzeug und einem fragilen Rest von Selbstvertrauen. Antje lehnte am Lenker ihres Rads, die Arme verschränkt.

„Sag mal, erinnerst du dich noch an die Geschichte mit der Kette auf unserer letzten Reise?“

Ihr Blick sprach Bände: ein wenig Spott, eine Prise Mitleid und eine große Portion 'Wie machst du das nur immer wieder?'. Ich nickte vorsichtshalber.

„Eine Stunde hast du im Gras nach dem Bolzen gesucht. Und dann hast du ihn mit Sekundenkleber repariert!“

Ich würdigte ihren Kommentar mit einem neutralen „Hm.“ Was, wie jeder weiß, die universelle männliche Antwort auf Kritik ist, die man einerseits hört, aber gleichzeitig nicht hören will. Innerlich bohrten sich ihre Worte dennoch in mein Gehirn. Sie hatte recht. Natürlich hatte sie recht. Aber zurückziehen? Kommt nicht in Frage.

„Alles gut, ich krieg das hin!“, verkündete ich mit mehr Nachdruck, als die Situation hergab, und machte mich daran, das Vorderrad abzunehmen. Schrauben, die sich weigerten, Hände, die abrutschten – mein stilles Fluchen fügte sich nahtlos in die morgendliche Idylle.

Antje kommentierte das Geschehen trocken: „Nicht, dass du gleich die Radlager austauschst und wir am Ende mit einem Ersatzteil übrigbleiben, das keiner braucht."

Sie schüttelte den Kopf und zog sich zurück, als wollte sie sich schon mal darauf vorbereiten, die Situation zu retten.

Als ich die alten Bremsbeläge neben die neuen legte, wurde die Wahrheit schmerzhaft offensichtlich: Unterschied? Minimal. Blamage? Maximal. Vielleicht war ich doch der Dramatiker, für den sie mich hielt.

Antje, die hinter mir stand, brauchte keine Worte. Ihr Lachen sprach Bände.

„Lupe vergessen?" fragte sie schließlich und lehnte sich entspannt zurück.

Ich biss die Zähne zusammen, blies sie gedanklich aus meinem Sichtfeld und setzte das Rad wieder zusammen. Die Bremsen justieren, die Schrauben festziehen – jede Bewegung war ein mentaler Kampf zwischen Konzentration und der Stimme in meinem Kopf, die leise „unverhältnismäßig!" flüsterte. Doch zu meiner eigenen Überraschung lief alles glatt: kein Schleifen, kein Quietschen, perfekte Bremswirkung.

Ein Blick auf die Uhr. Zwanzig Minuten. Zwanzig Minuten Adrenalin, die ich eigentlich für die bevorstehende Küstenstraße hätte sparen können.

„Na, bereit für den nächsten Nervenkitzel, oder willst du erst mal runterkommen?", fragte Antje grinsend, während sie ihr Rad zur Straße schob.

Ich seufzte, schwang mich in den Sattel und spürte die ersten leichten Böen.

Die Straße zog sich hinter Sveti Juraj die Küste entlang, eingerahmt vom imposanten Velebit-Gebirge zur Linken und dem tiefblauen Meer zur Rechten. Ein Postkartenmotiv, das jedem

Touristen das Herz hätte aufgehen lassen – wenn nicht die Bora wie eine schlecht gelaunte Diva über uns hinweggefegt wäre. Was zunächst wie ein sanftes Rauschen klang, steigerte sich binnen Minuten zu einem Orchester aus heulenden Böen, die an uns rüttelten, als wollten sie testen, wie gut wir uns am Lenker festhalten konnten.

„Vielleicht wollen uns die Vilen daran erinnern, dass wir hier nur Gäste sind", rief ich und warf einen Blick auf die schroffen Klippen, die wie uralte Wächter über die Küste wachten. Es klang klüger, als es war – in Wirklichkeit versuchte ich nur, das Zittern in meiner Stimme zu verbergen.

Antje, die stoisch gegen den Wind ankämpfte, hielt sich mit einer Hand am Lenker fest und rief zurück: „Oder sie prüfen, ob wir ihre Geschichten auch wirklich respektieren!"

„Das hier sind doch wohl nur ihre kleinen Finger", setzte ich an, mehr zur Selbstberuhigung als aus Überzeugung. „Wenn sie wirklich loslegt, fegt sie uns vermutlich direkt ins Meer."

Mein Grinsen war gequält, ihr Blick genügte, um mir klarzumachen, dass sie meinen Humor gerade weniger schätzte. Ich versuchte es erneut.

„Luka hat gestern Abend noch von den Vilen erzählt", begann ich, um die Stimmung etwas zu heben. „Du weißt schon, diese Berggeister aus der Velebit-Mythologie. Er meinte, sie seien die Wächter dieser Gegend und würden Wanderer beschützen – aber nur, wenn man respektvoll mit der Natur umgeht."

Ich hielt eine dramatische Pause, sah Antje an und fügte mit gespielt ernster Stimme hinzu: „Also, falls wir gleich von einer Böe erfasst werden, wissen wir, wer sich nicht genug bedankt hat."

Sie schnaubte, griff nach ihrer Trinkflasche und konterte trocken: „Beschützen? Na ja, bei uns machen die vielleicht eine

Ausnahme. Sie könnten uns eher als abschreckendes Beispiel auf Postkarten drucken lassen: ‚So nicht, liebe Rad-Wanderer!'"

Ihr Tonfall war wie immer eine Mischung aus Amüsement und Herausforderung – typisch Antje eben.

Ich hob die Hände wie ein unschuldig Angeklagter.

„Hey, vielleicht haben wir uns die Unterstützung noch nicht verdient. Es sind schließlich erst ein paar Kilometer. Wer weiß, vielleicht schicken sie uns später noch einen kleinen Rückenwind."

„Rückenwind?" Sie lachte kurz, nahm einen Schluck Wasser und schüttelte den Kopf. „Die schicken uns eher eine Einladung in die nächste Klippe. So als kleine Strafe dafür, dass wir ihr Revier durchqueren."

Der Wind nahm derweil weiter zu. Die Böen zerrten an uns wie ungeduldige Riesen, die sich darüber ärgerten, dass wir nicht freiwillig das Weite suchten. Die Realität war allerdings weit entfernt von mythischem Beistand. Vera hatte gestern Abend recht behalten: Noch waren es nur die schwachen Ausläufer der Bora. Aber selbst die reichten aus, um uns klarzumachen, dass wir hier nicht die Hauptdarsteller waren, sondern bestenfalls geduldete Statisten.

„Na, das ist ja noch harmlos", rief ich ihr zu, während wir in die Pedale traten. „Vielleicht machen die Vilen wirklich nur halbtags Dienst?"

Sie grinste, schwieg aber.

Irgendwo in meinem Hinterkopf klang immer noch Lukas warnende Stimme nach: „Die Bora ist kein Gegner, den man unterschätzen sollte." Und er hatte recht.

Bis Klada zog sich ein großer Anstieg hin, der uns zur letzten hohen Ebene auf knapp 370 Meter Höhe führte. 13 Kilometer, die wie ein zäher Marathon wirkten – steil, fordernd, und begleitet von den unermüdlichen Böen, die uns immer wieder aus dem Rhythmus brachten. Der Verkehr blieb zwar moderat, doch die stetige Steigung und der unberechenbare Wind ließen keine echte Erholung zu.

Antje keuchte hinter mir: „Das ist doch die letzte große Prüfung bis Split, oder?"

Ich nickte, während ich innerlich dachte, dass 'Prüfung' kaum die Härte dieses Abschnitts beschreiben konnte – eher ein Kräftemessen mit der Natur.

Nach einer besonders steilen Kehre hielten wir an, um durchzuatmen. Vor uns lag die karge, fast surreal wirkende Landschaft der Insel Pag, während das Meer in weiter Ferne schimmerte.

„Wusstest du", begann ich zwischen zwei Atemzügen, „dass Pag für Hexenlegenden bekannt ist?"

Antje hob eine Augenbraue.

„Hexen? Hier?"

„Man sagt, sie konnten das Wetter beeinflussen – Stürme heraufbeschwören und Menschen verfluchen", erklärte ich mit einer Miene, die Ernsthaftigkeit vortäuschen sollte.

Antje musterte mich skeptisch.

„Na, dann passt die Bora ja perfekt ins Bild. Vielleicht haben wir sie provoziert."

Eine kräftige Böe riss an meinem Helm, und ich musste lachen – eine Mischung aus Belustigung und Kapitulation. Es war, als hätte sie beschlossen, ihre eigene Geschichte zu erzählen. Und wir, zwei Radfahrer auf der schmalen Küstenstraße, waren nur Statisten.

Die Kilometer schienen endlos, der Wind unerbittlich. Raues Gestein wich Kiefernwäldern, deren harziger Duft uns ein wenig ablenkte, bis schließlich Karlobag vor uns lag – in der Nachmittagssonne glitzernd wie eine Oase.

Langsam rollten wir durch die schmalen Straßen hinunter zum Hafen, wo das Leben in einem gemächlichen Rhythmus pulsierte. Fischerboote schaukelten sanft auf den Wellen, und Möwen kreischten in der Ferne, während sie ihre Kreise über den Dächern zogen. Wir schoben unsere Räder an der Promenade entlang und fanden schließlich ein kleines Café direkt am Wasser. Die Sonnenschirme warfen einladenden Schatten auf die Tische, die bereits von anderen Gästen belebt waren.

Erschöpft ließen wir uns in die Stühle fallen, die Beine ausgestreckt, die Schultern endlich entspannt. Der Kellner brachte uns zwei Cappuccinos, und allein der erste Schluck war wie eine Umarmung – warm, beruhigend, genau das, was wir gebraucht hatten. Wir saßen da, ließen die Szenerie auf uns wirken, und zum ersten Mal an diesem Tag fühlte sich alles ein wenig leichter an.

Ich musste grinsen, als ich sah, wie Antje den ersten Schluck nahm und dabei die Augen schloss.

„So schmeckt das Mittelmeer," säuselte sie.

Ich lehnte mich zurück, ließ den Blick über die Wellen schweifen, die sanft gegen die Kaimauer schlugen, und genoss die Wärme, die die Sonne noch auf meiner Haut hinterlassen hatte.

Ein alter Fischer reparierte in der Ferne ein Netz, während Möwen lautstark um einen kleinen Fang balgten. Es war einer dieser seltenen Momente, in denen die Zeit für einen Augenblick stillzustehen schien – oder zumindest langsamer lief.

Wir blieben noch eine Weile sitzen, als wollten wir das Flair in uns aufsaugen. Antje kicherte plötzlich und zeigte auf meinen Arm.

„Schau mal, du hast Streifen."

Ich sah hinunter und erkannte, dass der Schweiß tatsächlich Salzlinien auf meiner Haut hinterlassen hatte.

„Ich nenne das Kunst", antwortete ich trocken und versuchte, den Arm unauffällig mit einer Serviette abzuwischen.

Antje schüttelte lachend den Kopf, nahm einen letzten Schluck ihres Cappuccinos und streckte sich.

„Ich glaube, das war genau, was wir gebraucht haben", sagte sie, während sie sich umblickte. Die Sonne war inzwischen tiefer gesunken, das Licht war weicher geworden, und die Schatten der Sonnenschirme zogen sich wie lange Finger über die Promenade.

„Zeit, die nächste Etappe anzugehen", sagte ich und stand auf, den Blick auf die Räder gerichtet, die geduldig am Rand warteten. Wir packten unsere Sachen zusammen, verabschiedeten uns vom freundlichen Kellner mit einem kurzen „Hvala" und schoben unsere Räder zurück auf die Straße.

Am späten Nachmittag fanden wir schließlich unsere Unterkunft – ein kleines Appartement, das von einer russischsprachigen Dame vermietet wurde. Die Kommunikation? Ein Abenteuer für sich. Handy und Google-Übersetzer waren unsere besten Freunde, unterstützt von enthusiastischem Nicken, gestikulierenden Händen und gelegentlichem Stirnrunzeln. Als ich verzweifelt 'Waschmaschine' in die App tippte und Antje parallel versuchte, mit einer pantomimischen Darstellung von 'Schlafen' den Weg zum Schlafzimmer zu erfragen, brachen wir alle drei in schallendes Gelächter aus. Verständigung kann so einfach – und so lustig – sein.

Trotz dieser Sprachbarriere fügte sich alles erstaunlich gut. Das Appartement war klein, aber ordentlich und vor allem günstig. Perfekt für das, was wir brauchten: eine Dusche, ein Bett und die Möglichkeit, unsere Kleidung zu waschen. Und das war auch dringend nötig. Als ich mein Trikot in die Waschmaschine stopfte, hatte ich kurz das Gefühl, es würde sich von selbst aufrichten und eine eigene Persönlichkeit entwickeln.

„Ich glaube, das hat mittlerweile ein eigenes Leben", meinte sie trocken und hielt mir eine meiner Socken hin, die steif wie ein Brett wirkte. Wir lachten, während die Maschine leise zu summen begann – ein Geräusch, das fast wie Musik in unseren Ohren klang.

Die saubere Kleidung hing später ordentlich auf der Leine, die Wellen des Hafens schwappten in der Ferne, und wir genossen das erste Mal an diesem Tag das Gefühl, angekommen zu sein.

Am nächsten Morgen fühlten wir uns wie frisch gefettete Fahrradketten – die Gelenke knackten zwar noch ein wenig, aber alles lief wieder einigermaßen rund. Die Betten waren so bequem, dass wir kurzzeitig dachten, wir hätten aus Versehen ein Fünf-Sterne-Hotel gebucht. Selbst die leise klackernde Waschmaschine klang wie ein sanftes Wiegenlied. Als ich mich streckte, knarrte es irgendwo in meinem Rücken – ein schmerzhaftes, aber befriedigendes Zeichen, dass der gestrige Tag seine Spuren hinterlassen hatte. Antje sah mich von der kleinen Küchenzeile aus an, während sie eine Tasse Kaffee in der Hand hielt.

„Gut geschlafen?", fragte sie mit einem wissenden Lächeln.

Ich antwortete mit einem brummenden „Besser als erwartet", dass mehr Begeisterung enthielt, als ich zugeben wollte.

Frisch gestärkt und mit ordentlich gefalteten Klamotten stiegen wir auf unsere Räder. Karlobag verschwand langsam hinter uns, während die Sonne den Horizont mit warmen Strahlen einfing. Die Straße, die uns voranführte, war ein Postkartenmotiv – und wir die winzigen, verschwitzten Figuren darauf.

„Schau mal", sagte sie, während sie auf die majestätischen Gipfel des Velebit deutete. „Glaubst du, die Vilen sitzen da oben und wetten, wie weit wir heute kommen?"

Ich lachte und trat in die Pedale.

„Definitiv. Wahrscheinlich stehen sie mit einem Glas Wein da und rufen: „Zehn Kuna, dass sie spätestens beim nächsten Windstoß fluchen!"

„Oder sie wetten, wer von uns zuerst umfällt", erwiderte Antje trocken.

„Vielleicht schicken sie dir ja Rückenwind, damit du endlich mal vorne bist."

Tatsächlich versprach der Routenplaner für den heutigen Tag Erleichterung. Die Strecke bis Zadar sollte flach verlaufen – oder zumindest das, was man in Kroatien 'flach' nennt. Nur ein letzter kleiner Anstieg wartete kurz vor der Stadtgrenze, wo es noch einmal leicht über die 200-Meter-Marke ging. Doch ab dort, so hofften wir, würde die Küste mit sanften Straßen und kilometerlangen flachen Abschnitten durch malerische Küstenorte unsere bisherigen Mühen ausgleichen. Ein Versprechen, das sich beinahe zu gut anfühlte, um wahr zu sein.

Die Idylle war jedoch trügerisch. Keine zwanzig Minuten später meldete sich unsere 'alte Bekannte' zurück. Erst ein leises Wispern, dann ein zorniges Knurren, das in lautstarken Böen überging. Der Wind packte unsere Räder wie eine unsichtbare Hand und schubste uns abwechselnd nach links und rechts.

„Jetzt geht's los!", rief ich, während ich versuchte, gegen die Böen anzukämpfen.

Antje keuchte hinter mir: „Ich wusste nicht, dass ich ein Fähnchen im Wind sein wollte!"

Sie war launisch wie ein Dirigent mit Koffeinentzug. Mal ermahnte sie uns mit einem strafenden Zischen, dann schrie sie uns an wie ein Opernsänger im Höhenrausch. Und wir? Wir versuchten, im Takt zu bleiben – oder zumindest nicht von der Bühne, äh, Straße gefegt zu werden.

Die Straße neigte sich plötzlich abwärts, steiler, als ich erwartet hatte. Der Wind zerrte unberechenbar an meinem Rad, drückte mich in die Kurve hinein, während ich versuchte, den Lenker ruhig zu halten. Der Asphalt glänzte stellenweise, als hätte die Böe selbst die Oberfläche poliert, um die Fahrt noch gefährlicher zu machen. Links ragten die schroffen Felsen auf, rechts die Betonklötze, die mich vom Abgrund trennten – oder besser gesagt: gerade genug Platz ließen, um mich in die Tiefe zu befördern, falls ich das Gleichgewicht verlieren würde.

Dann geschah es.

Hinter der nächsten Kurve tauchte der LKW auf. Seine wuchtige Front füllte die schmale Straße aus, während er sich an einem Wohnmobil vorbeiquetschte, das auf seiner Spur fuhr. Die beiden Fahrzeuge schienen in einer tödlichen Choreografie vereint, und ich war das unfreiwillige Publikum. Der metallische Glanz des LKWs flackerte im Sonnenlicht, und seine Hupe gellte wie ein schriller Alarm durch die Luft.

Mein Herz setzte einen Schlag aus, nur um dann mit brutaler Wucht loszuhämmern. Alles um mich herum wurde still, abgesehen vom Rauschen des Blutes in meinen Ohren. Meine Hände umklammerten die Bremsen, aber der Gedanke an einen Überschlag über den Lenker hielt mich davon ab, zu fest zuzudrücken.

„Nicht bremsen, nicht zu stark!“, schrie mein Verstand, doch meine Finger gehorchten nur zögerlich.

Das Rad begann zu schlingern, erst leicht, dann heftiger. Der Schotter am Fahrbahnrand auf wurde zu einer tödlichen Falle. Jeder Millimeter fühlte sich wie eine Ewigkeit an, während das Rad immer näher an die Betonklötze rechts rutschte. Zwischen den Klötzen lag der Abgrund – tief, endlos, und nur eine falsche Bewegung entfernt.

„Pass auf!“

Antjes Stimme zerschnitt die Stille, ein verzweifelter Schrei, der irgendwo hinter mir heraufhallte. Ich hörte sie, aber sie klang wie aus einer anderen Welt, dumpf und weit weg. Der LKW war jetzt so nah, dass ich den Luftzug spüren konnte, der an meinem Helm zerrte und meine ohnehin zittrigen Bewegungen noch unsicherer machte.

Die Hupe des LKWs spaltete die Luft wie ein Warnschrei, der durch Mark und Bein ging. Vor meinem inneren Auge raste ich bereits über die Betonklötze hinaus, taumelte den Hang hinunter, während das Rad wie eine scharfe Klinge hinter mir hergeschleudert wurde. Unten, das Meer – kalt, endlos, und wartend. Und dann – ein Wunder, oder vielleicht einfach ein Moment jenseits der Realität – hielt die Welt den Atem an. Keine Geräusche, keine Bewegung, nur der schmale Grat zwischen Chaos und Kontrolle, auf dem ich balancierte.

Ich zog die Bremsen stärker an, spürte das Rad schleudern, fast entgleiten – und dann plötzlich wieder greifen. Mein Körper zitterte vor Anspannung, während ich mein Gefährt um Haaresbreite vor den Betonklötzen zum Stehen brachte. Der LKW rauschte an mir vorbei, so nah, dass ich den metallischen Geruch seiner aufgeheizten Bremsen in der Nase hatte. Der Luftzug fegte über mich hinweg, zog mir in meinen kurzen Haaren einen Scheitel, und mit einem letzten ohrenbetäubenden Hupen war er vorbei.

Ich stand da, stocksteif, die Finger wie verkrampft um den Lenker geschlungen, unfähig, auch nur einen Muskel zu bewegen. Mein Atem kam stoßweise, mein Herz hämmerte so laut, dass es jedes Geräusch um mich übertönte.

„Alles in Ordnung?"

Antje war plötzlich da, ihre Hände auf meinen Schultern. Ihre Augen waren geweitet vor Sorge, und ihr Atem ging fast genauso schwer wie meiner.

Ich konnte nur nicken, unfähig, auch nur ein Wort herauszubringen. Meine Finger lösten sich langsam, fühlten sich taub an, als hätten sie das Metall für immer umklammert.

„Ich… ich dachte, das war's", flüsterte ich.

Sie schüttelte den Kopf, ihre Stirn von tiefer Verärgerung gezeichnet.

„Du weißt, dass du aufhören musst, den Vilen Material für ihre verdammten Reality-Shows zu liefern, oder? Ich meine, wollen wir ihnen nicht vielleicht auch noch Applaus spenden?"

Ich lachte schwach – ein krächzendes, halb ersticktes Geräusch.

„Vielleicht ist das ihre Art von Humor. Die denken sich bestimmt: „Seht mal, wie der Zitternde da unten fast die Leitplanke küsst.'"

Antje warf mir einen scharfen Blick zu, die Hände fest am Lenker.

„Ist das witzig? Das war keine Comedy, das war Hitchcock live, mit einem extra Drehbuch aus kroatischem Straßenwahnsinn! Und der LKW-Fahrer? Wenn Rücksichtslosigkeit olympisch wäre, hätte er heute Gold geholt."

Mein Blick klebte auf der Piste, als könnte ich sie so zwingen, keine weiteren Überraschungen für uns zu planen. Langsam rollte ich hinter ihr her. Es fühlte sich an, als hätte die Straße selbst entschieden, mich leben zu lassen – zumindest für heute. Sie wirkte jetzt beinahe friedlich, als wollte sie so tun, als sei nichts gewesen – aber mein Herzschlag verriet mir etwas anderes. Es raste weiter wie ein überdrehtes Metronom, ein unwillkommener Nachhall der Gefahr, die eben noch so greifbar war.

Nachdem die Anspannung langsam aus unseren Körpern wich und sich die Strecke flach, wie ein Band durch die Landschaft zog, wurde alles ruhiger. Die Bora, die uns noch vor wenigen Kilometern in einen Sturm aus Adrenalin und Angst gehüllt hatte, war nur noch ein Echo in unseren Köpfen. Vor uns lag eine Welt, die so viel gemächlicher wirkte, als hätte jemand einen Schalter umgelegt.

Der Verkehr, der uns die letzten Tage begleitet hatte, schien sich ebenfalls zurückgezogen zu haben. Besonders seit Karlobag hatte sich die Straße merklich geleert, als ob der größte Teil des Verkehrs Richtung Autobahn abgebogen wäre. Die wenigen LKWs, die uns noch begegneten, zählten gefühlt zu den Ausnahmen. Der riskante Überholversuch des LKW-Fahrers, der mich beinahe über den Rand hinausbefördert hätte, war wohl ein Ausdruck dieser vermeintlichen Einsamkeit. Vielleicht dachte er, die leeren Straßen gäben ihm die Freiheit für solche Manöver. Doch genau das – dieses Gefühl von Sicherheit – macht einen oft nachlässig. Und Nachlässigkeit führt, wie ich gelernt hatte, zu den gefährlichsten Momenten.

Aber muss man wirklich immer wachsam sein, und auf der Hut bleiben? Diese Frage ließ mich nicht los, während ich weiterradelte. Es klingt so vernünftig, so klug – doch Hand aufs Herz: Ist es nicht manchmal einfach ermüdend? Wünscht sich nicht jeder von uns Phasen, in denen man einfach loslassen, durchatmen und die Verantwortung für einen Augenblick ablegen kann? Ich zumindest hatte noch keinen perfekten Umgang damit gefunden. Vielleicht auch, weil das Leben nicht dazu neigt, einem diese Ruhe freiwillig zu schenken. Ein Teil von mir hoffte, dass es eine Antwort gibt – irgendwann, irgendwo. Bis dahin blieb mir nur die Erkenntnis: Sich zu sicher zu fühlen, kann genauso gefährlich sein wie völlige Unwissenheit.

Und vielleicht war die eigentliche Antwort eine ganz andere: zu akzeptieren, dass ich nur ein winziges Licht im Universum bin. Ein Sandkorn in einem unendlichen Getriebe, das sich nicht darum schert, ob ich stolpere oder triumphiere. Das Universum denkt nicht an mich. Es ist eine Konstante, und ich? Nur eine vernachlässigbare Variable. Selbst wenn ein kleiner Floh wie ich piekst, kratzt es nicht einmal an der Oberfläche des Ganzen.

Also musste ich lernen, diesen Umstand hinzunehmen – mitsamt der Tatsache, dass andere Menschen oft nur von zwölf bis Mittag denken. Ihr kennt doch sicher diesen Spruch, oder? „Betrunkenen und Kindern passiert nichts." Da steckt mehr Lebensweisheit drin, als man auf den ersten Blick vermuten würde. Kinder sind unberechenbar, Betrunkene unachtsam – und genau diese Unvorhersehbarkeit schützt sie. Ihr Verhalten entzieht sich gängigen Mustern und damit oft den Konsequenzen. Ein perfides kleines Paradoxon, das mich immer wieder zum Schmunzeln bringt.

Während ich über diesen Gedanken sinnierte, rollten wir weiter die Straße entlang, die sich ruhig und beschaulich vor uns ausbreitete. Der Verkehr war längst dünn geworden, und die Küstenlandschaft wirkte fast wie eine Einladung, die eigenen Gedanken ziehen zu lassen. Rechts glitzerte das Meer in der Mittagssonne, links die sanften Hänge mit den kleinen weißen Häusern, die in ihrer Ordnung und Ruhe fast wie eine Szene aus einem Gemälde wirkten.

Die Dörfer, die wir passierten, schienen wie Perlen an einer unsichtbaren Kette aufgereiht. Gepflegte Vorgärten, hier und da ein Schattenplatz, an dem ältere Herren auf Holzbänken saßen und sich in ihrer Sprache unterhielten, die für mich wie ein leises Lied klang. Es war, als hätte die Zeit hier beschlossen, ein wenig langsamer zu laufen – oder vielleicht einfach innezuhalten. Und vielleicht, dachte ich, machten die Bewohner genau das: das Beste aus ihrem kleinen Flecken Erde.

„Wovon leben die Menschen hier eigentlich?“, fragte Antje und deutete auf ein Schild, das ein Ferienapartment anpries. „Es scheint, als sei das hier alles auf Touristen ausgerichtet.“

„Das ist wohl auch das Einzige, was hier wirklich bleibt“, antwortete ich und ließ meinen Blick über die schlichten Häuschen schweifen.

„Industrie siedelt sich dort an, wo Arbeitskräfte sind und Infrastruktur vorhanden ist. Und Arbeitssuchende zieht es in die Städte.“

In Gedanken war ich plötzlich zurück in Rijeka, bei den dampfenden Schloten und der schier endlosen Raffinerie.

„Das ist der andere Kontrast“, fuhr ich fort, „dort die Gier, der Lärm, die Ausbeutung. Und hier? Ruhe, Tourismus – aber was bleibt den Leuten übrig? Das sind keine 50 Shades of Grey, sondern zwei Farben, die um jeden Millimeter kämpfen. Ich sehne mich nach mehr Raum für echte Grautöne – diese feinen Abstufungen, die nicht sofort nach Extremen verlangen. Doch wer nimmt sich heute noch die Zeit dafür, in einer Welt, die nur in Schwarz oder Weiß zu existieren scheint?“

Antje lachte leise.

„Weißt du, irgendwie passt diese erotische Anspielung perfekt. Ist doch im Leben genauso wie in diesen Büchern: voller Spannung, Konflikte und ständig irgendwo ein bisschen Schmerz. Und trotzdem kommt keiner davon los.“

Ich sah sie mit einem schiefen Grinsen an.

„Grau ist der Joker unter den Farben – immer flexibel, immer da, wenn man es braucht. Aber hey, in einer Welt voller Effizienzsteigerung und Workflow-Optimierung? Da ist für so was keine Zeit. Schwarz oder weiß, ja oder nein – das spart Denkzeit. Und wer hat schon Muße für einen Farbfächer, wenn die Deadline ruft?"

Ich verstummte für einen Moment, ließ meinen Blick über die kleinen Dörfer gleiten.

„Wenn ich ehrlich bin, macht es mich manchmal müde. Diese Welt aus scharfen Gegensätzen. Kontraste hier, Effizienz dort – alles läuft auf Fokussierung hinaus. Und Fokussierung hat ihren Preis. Vielleicht bin ich auch nur einer von Milliarden Flöhen, die sich gegenseitig piksen und doch nie im Takt bleiben. Milliarden Gedanken, Milliarden Ziele – wie soll man die je im Rhythmus eines Pulses vereinen? Wahrscheinlich genau deshalb: Man kann nicht. Das ist Chaos, aber vielleicht ist es auch das Leben."

Antje nickte leicht, sagte aber nichts. Die Stille war ein stilles Einverständnis.

„Aber warum ist das so?", fuhr ich schließlich fort. „Ist Evolution wirklich nur ein ewiges Tauziehen? Fortschritt durch Widersprüche und Kampf? Vielleicht schon. Ohne Neid und Kontraste hätten wir doch keinen Grund, uns zu bewegen, oder? Aber Stillstand? Den würde doch keiner von uns wirklich ertragen. Und selbst wenn – wer von uns könnte behaupten, zu wissen, wohin das Universum eigentlich will? Vielleicht piksen wir nur in die falsche Richtung."

Die Frage blieb unbeantwortet. Und irgendwie war ich mir sicher, dass sie das auch bleiben würde.

Unser Weg führte uns weiter, vorbei an weiteren Dörfern. Immer wieder fiel uns auf, wie ordentlich alles war – selbst die Straßenränder waren sauber, als hätten die Bewohner beschlossen, das Beste aus ihrem Idyll zu machen. Und vielleicht taten sie genau das.

„Weißt du, was ich gehört habe?", begann ich, während wir an der Abzweigung zur Zrmanja-Schlucht vorbeifuhren. Die Straße dorthin wirkte tatsächlich so abweisend, als würde er direkt in ein dunkles Geheimnis führen.

„Das hier soll das Tor zur Unterwelt sein."

Ich warf einen dramatischen Blick über die Schulter.

Antje grinste.

„Wer weiß, ob Hades ein Herz für Touristen hat – möglicherweise verkauft er sogar Selfies direkt am Eingang!"

Ich schüttelte entschieden den Kopf.

„Dafür könnte ich direkt in der Hölle schmoren – und das wahrscheinlich auch noch für meine ewigen Philosophien." Ich zog gespielt die Schultern hoch, als wollte ich eine unsichtbare Last abwerfen, und fuhr fort: „Außerdem – wenn ich schon Teil einer kroatischen Schauergeschichte werde, dann bitte als Held, der die Unterwelt überlistet, und nicht als der Typ, der auf halber Strecke hineingesogen wurde, weil er ein gutes Foto wollte."

Sie lachte und trat ebenfalls kräftiger in die Pedale.

„Na gut, dann eben kein Selfie. Aber wenn ich später einen Mythos über einen fluchenden Radfahrer an der Zrmanja-Schlucht höre, weiß ich, woher der kommt."

Zum Glück führte unsere Route nicht ins Reich der Schatten, sondern auf die leuchtend rot gespannte Maslenica-Brücke. Ihre Bögen funkelten in der Sonne, als wollten sie uns versichern, dass nicht alle Abgründe dunkel und bedrohlich sein müssen. Sie spannte sich über das türkisfarbene Wasser wie ein Symbol des Übergangs.

„Das ist mal eine Aussicht", sagte Antje, und zum ersten Mal an diesem Tag blieb ich für einen Augenblick wirklich still.

Nach der Brücke nahmen wir die Nebenstrecke Richtung Zadar.

„Autobahn? Mit dem Fahrrad? Klar, warum nicht!" Ich deutete grinsend auf das Mauthäuschen in der Ferne. „Vielleicht sollten wir an der Mautstation fragen, wie viel ein Radler-Ticket kostet."

Antje schüttelte den Kopf.

„Und dann schön auf der Überholspur neben den Lastwagen? Klingt verlockend."

Sie rollte mit den Augen und trat in die Pedale.

„Nebenstrecke klingt doch nach mehr Abenteuer."

Der Abschnitt fühlte sich an wie eine Reise in eine völlig neue Umgebung. Hier gab es keine glänzenden Fassaden oder gepflegten Gärten. Die Häuser wirkten grau und abweisend, manche gezeichnet von Einschusslöchern, als würden die Wände stumm von einer Vergangenheit erzählen, die niemand berühren wollte. Ich spürte ein leises Unbehagen – nicht wegen der Schlaglöcher oder der verfallenen Dächer, sondern wegen der Einsamkeit, die über diese Orte zu hängen schien wie ein bleierner Schleier. Neben verfallenen Gebäuden mit eingestürzten Dachstühlen standen neue Wohneinheiten – ein eigenartiger Kontrast von Verfall und Neubeginn.

In einigen Vorgärten hatte man anscheinend beschlossen, alte Autos nicht zu entsorgen, sondern sie in Schrottskulpturen zu verwandeln.

„Kunst im Garten", stellte ich fest, während wir an einem besonders ambitionierten Sammelsurium von Rost und abblätterndem Lack vorbeiradelten.

Antje stieß einen Laut aus, der irgendwo zwischen einem Seufzen und einem Lachen lag.

„Vielleicht ist das hier die kroatische Version von Recycling."

Der Anstieg auf 323 Meter fühlte sich wie der krönende Schlussakt eines Dramas an. Unnachgiebig peitschte der Wind uns ins Gesicht, als wollte er unsere Entschlossenheit ein letztes

Mal auf die Probe stellen. Doch oben, auf der Kuppe, breitete sich die Landschaft aus wie ein Versprechen. Die Felder und Olivenhaine leuchteten im goldenen Licht der Nachmittagssonne, und in der Ferne glitzerte die Adria. Es war, als hätte die Straße uns zum Abschluss noch einmal alles abverlangt – und uns dafür mit einer Aussicht belohnt, die uns für jeden Schweißtropfen entschädigte. Oben angekommen hielten wir kurz an, um durchzuatmen.

„Das war's dann wohl mit den Höhenmetern bis Mailand", sagte ich und ließ den Blick wandern.

„Hoffentlich."

Die Schatten der Olivenbäume tanzten leise auf dem Asphalt, ein rhythmisches Spiel aus Licht und Schatten. Es war eine Stille, die uns beiden guttat – eine wohltuende Pause vom Getöse und der Anspannung des Tages. Mit jedem Meter, den wir vorankamen, schien sich die Welt zu beruhigen, als wolle sie uns sanft in die Arme schließen.

Die Abfahrt nach Zadar war pure Erlösung. Der Wind ließ endlich nach, und die Straße wand sich sanft hinab. Die Stadt tauchte langsam vor uns auf, ein Gemälde aus roten Dächern und weißen Fassaden, eingerahmt vom leuchtenden Blau des Meeres. Als wir uns den engen Gassen näherten, erfüllte mich eine tiefe Zufriedenheit – nicht nur wegen der körperlichen Erschöpfung, sondern auch, weil diese Stadt wie ein ruhiger Hafen wirkte. Sie lud uns ein, für einen Moment anzukommen. Es fühlte sich an wie ein Schlusspunkt für diesen Tag – und wie ein verheißungsvoller Anfang für das, was noch kommen würde.

Nachdem wir unser Zimmer in einem der vielen Ferienapartments nahe der Altstadt und fast direkt am Wasser bezogen hatten, ließ die Anspannung langsam nach. Der leichte Geruch von Salz und Meer stieg durch das angelehnte Fenster, mischte sich mit der Kühle des Abends und schien die Wärme der vergangenen Stunden aus der Haut zu ziehen. Der Hafen lag still da, das rhythmische Schaukeln der Boote und das gelegentliche Klatschen der Wellen gegen die Steine sorgten für eine seltsame Geborgenheit. Hier war die Welt für einen Augenblick klein und überschaubar.

Doch unsere Mägen meldeten sich mit Nachdruck – die Anstrengungen des Tages hatten ihre Spuren hinterlassen, und ohne Kochgelegenheit in unserer Unterkunft blieb uns nichts anderes übrig, als draußen nach etwas Passendem zu suchen. Es war nicht nur Hunger, der uns hinauszog; die Verlockung der Altstadt war einfach zu stark. Zadar mit ihrer Geschichte, die älter war als die Wellen, die jetzt vor unserem Fenster rauschend zurückwichen. Eine Stadt, die Römer, Venezianer und zahllose andere Kulturen beherbergt hatte, die ihr eine unvergleichliche Seele verliehen. Diese Geschichten wollten wir spüren, mit jedem Schritt.

„Was meinst du, gehen wir zuerst essen oder schauen wir uns den Stadtkern an?", fragte Antje, während sie ihre Jacke anzog. Sie warf mir einen Seitenblick zu, der ein gewisses Maß an Schalk verriet. „Beides ist überlebenswichtig – aber was zuerst?"

Ich grinste.

„Das hängt davon ab, ob du willst, dass ich auf halber Strecke vor Hunger umkippe. Vielleicht verbinden wir es einfach: Wir erkunden die Altstadt und lassen uns dabei treiben, bis wir etwas Passendes finden."

Sie nickte zustimmend.

„Na gut, aber wenn wir an einer Bäckerei vorbeikommen, erwarte ich, dass du mir zumindest ein Stück Brot kaufst, falls es länger dauert."

Jede Gasse, jede Mauer erzählte Geschichten. Es war, als hätte die Stadt selbst tausend Stimmen, jede davon getragen von den Steinen unter unseren Füßen. Und dann, als wir die Promenade erreichten, schien Zadar zu flüstern: Hier endet die Vergangenheit nicht, sie wird weitergespielt. Antje blieb kurz stehen, ihre Hand glitt wie von selbst über den kühlen, rauen Stein des Torbogens.

„Fühlst du das?“, fragte sie, ohne den Blick von den Pflastersteinen zu nehmen. Ihre Stimme war leise, fast andächtig. Ich sah zu ihr, bemerkte, wie sie mit den Fingerspitzen über die glatten Flächen strich, als wollte sie die Geschichten der Vergangenheit aus ihnen lesen.

„All die Menschen, die hier gegangen sind“, fuhr sie fort, ihre Worte mehr zu sich selbst als zu mir gesprochen. „Jeder Schritt hat etwas hinterlassen – Spuren, Erinnerungen. Irgendwie... atmet die Geschichte hier.“

Ein leiser Windhauch wehte durch das Tor, ließ die Schatten der Bögen über den Boden tanzen, und ich konnte fast sehen, was sie meinte. Bilder huschten vor meinem inneren Auge vorbei: Händler, die ihre schweren Karren durch die Gassen zogen; Kinder, deren fröhliches Lachen längst verklungen war; müde Reisende, die auf der Suche nach einem Nachtlager durch die Stadt eilten. Die Steine unter unseren Füßen schienen all das in sich aufgesogen zu haben, wie stille Zeugen.

Als wir schließlich durch das Tor traten, fühlte es sich an, als würden wir in eine andere Welt eintauchen. Die Altstadt empfing uns mit ihrem verwinkelten Labyrinth aus Gassen, das vom warmen Licht der Laternen belebt wurde. Touristen zogen gemächlich an uns vorbei, ihre Stimmen mischten sich mit dem leisen Hall von Schritten auf Stein. Paare gingen eng beieinander, ihre Gesichter von der Straßenbeleuchtung sanft erhellt.

Sie blieb erneut stehen, diesmal vor einem kleinen Café, dessen Tische und Stühle sich wie selbstverständlich auf die schmale Gasse ausbreiteten. Der Duft von Kaffee und frisch gebackenen Croissants hing in der Luft. Sie legte den Kopf leicht zur Seite, als wolle sie der Stimmung lauschen, die wie ein unsichtbarer Klangteppich über der Altstadt lag.

Ich nickte, fand jedoch keine Worte, die dem Moment gerecht wurden. Die Stadt sprach für sich selbst – durch das Licht, die Schatten, den Klang der Schritte auf den Steinen. Alles fühlte sich lebendig an, obwohl es längst vergangen war. Wir ließen uns treiben, folgten keinem festen Weg, sondern nur unserer Neugier. Vorbei an kleinen Läden mit hell erleuchteten Fenstern, die ihre Waren fast wie Schätze präsentierten, und Cafés, aus denen leises Lachen und das Klirren von Gläsern drang, kamen wir schließlich auf den Volksplatz.

Hier, umgeben von den sanften Klängen der Stadt, schien Antje vollständig in der Stimmung aufzugehen. Sie schloss die Augen, atmete tief ein, als wolle sie die Atmosphäre in sich aufnehmen. Ich beobachtete sie einen Moment, wie sie dastand, so ruhig, fast unberührt vom Trubel um uns herum.

„Manchmal", sagte sie schließlich und öffnete die Augen, die im Licht der Laternen warm schimmerten, „ist es nicht das, was man sucht, das einen Ort besonders macht. Es sind die kleinen Dinge – das Licht, die Stimmen, das Gefühl, dass hier etwas Größeres mitschwingt."

Ich nahm liebevoll ihre Hand, lächelte und nickte. Dieser Moment – diese Stadt – war wie ein leiser, unaufdringlicher Begleiter, der uns daran erinnerte, dass Geschichte nicht nur erzählt wird, sondern auch gefühlt werden kann.

„Es ist, als hätte Zadar mehr Geschichten erlebt, als wir uns vorstellen können. Wenn man genau hinhört, könnte man fast glauben, sie flüstert einem etwas zu."

Ich lachte.

„Vielleicht erzählen sie uns, dass wir zu langsam sind und schneller zum Essen kommen sollen."

Antje schüttelte den Kopf, aber ein Lächeln spielte um ihre Lippen.

„Das war klar. Dein Magen hat die Führung übernommen."

Der sanft abfallende Pfad führte uns schließlich hinunter zur Promenade, wo das Meer in der Dunkelheit verschwand, nur noch ein Flüstern der Wellen gegen die Steine. Das Flüstern wurde lauter, je näher wir der Meeresorgel kamen. Ihre Klänge, die uns bereits aus der Ferne erreichten, zogen uns magisch an, wie eine unsichtbare Einladung.

Mit einer Tüte frisch gerösteter Maronen in der Hand setzten wir uns auf die kalten Steinstufen, wo die Luft voller Salz und einer fast greifbaren Ruhe lag. Die Klänge der Orgel waren kein Lied im herkömmlichen Sinne, sondern ein Gespräch – ein Wechselspiel zwischen Wind, Wasser und den verborgenen Röhren im Stein.

Wir ließen uns auf die Steinstufen der Promenade nieder, die sich sanft zum Meer hinabzogen. Das Salz der Luft legte sich wie ein unsichtbarer Schleier auf unsere Haut, während die sanften Klänge der Meeresorgel sich um uns legten wie eine unsichtbare Melodie. Ich rückte näher zu Antje, bis unsere Schultern sich berührten. Der Moment schien stillzustehen, nur unterbrochen von den rhythmischen Tönen, die das Meer für uns spielte.

Sie zog die Knie an ihre Brust, legte die Arme darum und ließ den Blick über das dunkle, unsichtbare Wasser schweifen, das nur durch die Klänge seine Präsenz verriet. Ihr Gesicht wirkte ruhig, aber in ihren Augen lag ein Nachdenken, ein Innehalten, das sie manchmal hatte, wenn sie etwas tief empfand. Ich legte behutsam meinen Arm um sie, zog sie sanft an mich heran. Sie lehnte sich ein wenig gegen mich, ihr Kopf leicht an meiner Schulter.

„Wie funktioniert das genau?", fragte sie nach einer Weile, ihre Stimme leise und neugierig. Ihr Blick wanderte nicht zu mir, sondern blieb auf das Meer gerichtet, als hätte sie Angst, der Moment könnte verfliegen, wenn sie ihn nicht festhielt.

Ihre Frage schien nicht nur auf die Technik der Meeresorgel abzuzielen, sondern auch auf die Verbindung, die gerade entstanden war – zwischen uns, dem Meer und den Tönen, die die Dunkelheit erfüllten.

Ich nahm mir eine Marone, drehte sie in den Fingern und antwortete: „Unter diesen Stufen, direkt hier unter uns, gibt es Hohlräume und Pfeifen. Wenn die Wellen gegen die Steine schlagen, drücken sie Luft durch die Röhren, und das erzeugt die Töne."

Ich hielt kurz inne und lauschte, wie die Klänge zwischen tiefen, melancholischen Bassnoten und helleren, fast fragilen Melodien wechselten.

„Es ist, als würde das Meer atmen – und dabei Musik machen."

Sie lächelte sanft, während sie eine Marone schälte.

„Das ist unglaublich schön", flüsterte sie, ihre Stimme kaum mehr als ein Hauch. „Es fühlt sich an, als würde das Meer selbst uns ein Lied vorspielen." Sie hielt inne, lauschte den nächsten Klängen und fügte hinzu: „Nicht für uns allein, sondern für alle – für die Welt, für die Natur, für sich selbst."

Ich nickte, unfähig, Worte zu finden, die diesen Moment hätten einfangen können.

Nach einer Weile sagte ich leise: „Es ist wie ein Dialog. Wir hören zu, aber wir sind auch ein Teil davon. Ein kleiner, flüchtiger Teil."

Sie legte eine Hand auf meine und sah mich an.

„Genau das macht es so besonders. Es erinnert uns daran, wie winzig wir sind – und wie großartig die Welt um uns herum ist."

Die Klänge schienen uns zu umhüllen, ein unsichtbares Band zwischen uns und dem Meer zu knüpfen. Jede Welle brachte eine neue Note, einen neuen Rhythmus. Es war, als ob die Orgel die

Launen des Wassers übersetzte – von sanftem Streicheln bis zu kraftvollen Schlägen. Die Töne schwollen an und ebbten ab, ein ewiges Kommen und Gehen, wie das Leben selbst.

„Weißt du", begann Sie nach einer Weile, während sie eine weitere Marone schälte, „ich dachte immer, dass Musik etwas ist, das wir Menschen schaffen. Aber das hier... das ist reine Natur. Kein Komponist könnte das jemals nachahmen."

„Vielleicht", antwortete ich, „weil es nicht um Perfektion geht. Es ist roh, echt – wie das Meer selbst."

Wir saßen noch eine Weile schweigend da, ließen die Klänge durch uns hindurchfließen. Irgendwann lehnte ich mich zurück, stützte mich mit den Händen auf den kalten Stein und sah hinauf in den Himmel. Die Sterne funkelten wie stille Zuschauer, als wollten sie den Augenblick gemeinsam mit uns erleben.

Antje stand schließlich auf, streckte sich und sah mich an.

„Jetzt eine Pizza?", fragte sie mit einem Lächeln, das den Moment nicht beendete, sondern ihn nur weiterführte – von der Tiefe der Klänge hin zur Leichtigkeit eines einfachen Genusses.

Ich stand auf, klopfte mir den Staub von der Hose und nahm ihre Hand.

„Pizza klingt perfekt. Aber ich glaube, das Meer hat uns schon die beste Vorspeise serviert."

Hand in Hand gingen wir die Promenade entlang. Die Klänge der Meeresorgel begleiteten uns wie ein leiser Nachhall, während die kühle Brise des Abends unsere Gesichter streifte. Vor uns wuchsen Lichter aus der Dunkelheit, ein Farbspiel, das uns anlockte wie ein geheimnisvolles Versprechen.

„Was ist das?", fragte Antje, ihre Schritte verlangsamend, als der leuchtende Kreis des 'Gruß an die Sonne' vor uns sichtbar wurde. Die Farben wechselten wie von unsichtbarer Hand geführt, mal in sanften Wellen, mal in pulsierenden Spiralen. Es wirkte, als hätte jemand die Musik der Orgel in Licht gegossen.

Wir blieben stehen, die Hand des anderen noch immer haltend, und ließen die Farben und Klänge miteinander verschmelzen. Die Lichter tanzten über die glatten Platten, und in ihren Reflexionen auf unseren Gesichtern schien sich der Moment zu vervielfachen – ein Augenblick, der gleichzeitig vertraut und neu war.

„Vielleicht", sagte ich leise, „ist das hier die Antwort der Erde auf das Meer – ein Dialog aus Licht und Klang."

Sie nickte, ohne den Blick von den leuchtenden Kreisen zu nehmen.

„Es spricht auch zu uns – wenn wir zuhören."

Die Farben der Lichtinstallation flammten in die Dunkelheit, als wollten sie nicht nur den Himmel, sondern auch die Schatten irgendwo tief in uns erhellen. Es war, als würden sie uns einladen, weiterzuschauen – über das Offensichtliche hinaus, hinein in etwas, das größer war als die Reise selbst.

Ich sah Antje an. Ihr Blick war in die tanzenden Lichter versunken, und für einen Moment schien es, als hätte sie etwas erkannt, dass ich noch nicht ganz greifen konnte.

„Es ist wie ein Gespräch", sagte sie leise, „zwischen dem, was war, und dem, was kommen könnte."

„Das hier fühlt sich wie ein Geschenk an", sagte ich leise.

Sie lächelte, hielt den Blick auf die Lichter gerichtet und flüsterte: „Vielleicht eines, dass wir uns selbst gemacht haben – weil wir uns Zeit dafür genommen haben."

Die Zeit schien für einen Moment stillzustehen, gefangen in den Farben, den Klängen der Meeresorgel und dem warmen Wind, der sanft durch die Nacht strich. Stattdessen blieb nur der Augenblick.

VON DRACHEN, OLIVEN UND ANDEREN ABENTEUERN

„Glaubst du, Steine können hören?“, fragte Antje und zog mich damit aus meinen Gedanken. Ihre Stimme, ein leises Echo der Meeresorgel, die noch in der kühlen Morgenluft spielte. Der Nebel legte sich wie eine schützende Decke über die Ziegeldächer Zadars, während die Wellenklänge sich mit den Tönen der Orgel zu einem stummen Dialog vereinten – ein Gespräch zwischen Erde und Meer.

„Nicht hören“, überlegte ich, „aber fühlen. Jede Rille, jeder Kratzer – ein leises Tagebuch der Zeit.“

Sie ließ den Blick auf das Kopfsteinpflaster gleiten.

„Also fahren wir gerade über ein Archiv?“, fragte sie mit einem Lächeln, das gleichzeitig neugierig und schelmisch wirkte.

„Gut möglich“, erwiderte ich. „Ein Archiv voller Echos. Wer weiß schon, welche Antworten darin verborgen liegen?“

Die Küstenstraße schlängelte sich wie ein Band aus Silber entlang der Adria, jede Kurve ein neues Versprechen. Das Wasser glitzerte im zarten Licht des Morgens, während die sanft geschwungenen Hügel vor uns wie eine Einladung lagen. Es war eine dieser stillen Morgenstunden, in denen die Landschaft jede Unterhaltung überflüssig machte.

„Hast du gehört, dass Šibenik einmal von einem Drachen bewacht wurde?“, wollte ich wissen, als wir die Kurve nahmen.

Ihr skeptischer Blick verriet, dass sie mehr wissen wollte, also fuhr ich fort.

„Ein Drache?“

Sie hob überrascht eine Augenbraue und schielte skeptisch in Richtung der fernen Hügel.

„Das klingt nach einer ziemlich exklusiven Sicherheitsmaßnahme.“

„Exklusiv und effektiv“, ergänzte ich. „Der Drache soll in den Hügeln geschlafen haben, über dem Tor zur Unterwelt. Als die Menschen begannen, die Stadt zu bauen, wachte er auf – nicht aus Wut, sondern aus Neugier. Angeblich wollte er sehen, was die Menschen da oben trieben.“

Ich machte eine kleine Pause und deutete mit dem Kopf auf die entfernten Festungen.

„Er wurde zu einem stillen Beobachter, zog sich in die Schatten zurück und wachte von dort über die Stadt.“

Sie schmunzelte.

„Ich mag die Vorstellung, dass er uns jetzt vielleicht zusieht. Wahrscheinlich fragt er sich, warum zwei Radfahrer so beharrlich durch sein Revier strampeln.“

Die Straße vor uns glitt in einer Kurve davon, und Antje warf einen Blick zurück auf die sich langsam entfernende Silhouette Zadars.

„Sag mal“, begann sie schließlich, „wie viele Tore zur Unterwelt gibt es hier eigentlich? Erst die Schlucht bei Obrovac, jetzt ein Drache über Šibenik. Sollte man sich Sorgen machen? Kroatien könnte das Tor zum gesamten unteren Reich sein.“

Ich grinste.

„Ein mythisches Franchise. Vielleicht hat jede Region ihr eigenes Tor, um sich abzuheben.“

Antje lachte.

„Na gut. Aber was ist mit den Toren zum Himmel? Meinst du, die sind genauso präsent, oder gehen sie einfach unter im ganzen Drama der Unterwelt?"

„Die Tore zum Himmel machen keinen Lärm. Sie sind still – eine sanfte Erinnerung daran, dass es oft die leisen Momente sind, die uns die tiefsten Wahrheiten zeigen. So wie gestern Abend an der Meeresorgel."

Sie nickte leicht.

„Die Klänge – sie waren wie ein Dialog, die das Meer mit uns führte. Keine Worte, aber es wurde alles gesagt."

„Genau das", stimmte ich zu.

Sie lächelte.

„Vielleicht schreit die Unterwelt wirklich lauter, weil wir Menschen eine Schwäche für Dramen haben. Aber leise Momente? Die bemerken wir doch kaum."

Ich nickte.

„Manchmal frage ich mich, ob wir aufgehört haben, sie zu suchen. Und selbst wenn sie vor uns wären – würden wir sie erkennen?"

Antje dachte kurz nach, bevor sie mit einem Seitenblick fragte: „Glaubst du, die Menschen haben früher solche Geschichten nur erzählt, um andere zu lenken? Angst ist doch ein starker Motivator."

„Wahrscheinlich schon", bejahte ich, während wir die nächste sanfte Steigung in Angriff nahmen. „Die Unterwelt war nicht nur ein Ort, sondern ein Werkzeug. Ein Bild, das sich leicht in Köpfen einpflanzen ließ. Wenn du Angst davor hast, etwas falsch zu machen, wirst du vorsichtiger – oder folgst eher den Regeln."

„Wie bei McDonald's", warf sie ein, und ich konnte das Schmunzeln förmlich spüren, das ihre Worte begleitete. „Wenn du in einem fremden Land bist und nicht weißt, was dich erwartet, gehst du eben zu McDonald's. Da weißt du, was du bekommst. Nicht die beste Wahl, aber sicher."

Ich lachte.

„Ein moderner Mythos für Reisende: der goldene Bogen als Schutzschild vor Unsicherheiten. Aber das ist nicht unser Ding, oder? Wir reisen aus Freude, nicht aus Angst."

Sie grinste breit.

„Zum Glück. Zu Hause wartet niemand mit einem Nudelholz auf uns."

Ich ließ meinen Blick über das glitzernde Meer schweifen, das neben uns in der Sonne funkelte, während wir in einem gemächlichen Rhythmus die Küstenstraße entlangrollten.

„Das ist der Unterschied", antwortete ich leise, während mein Blick über die Wellen glitt. „Manche Menschen reisen, um zu entkommen, andere, um zu entdecken. Und wir? Vermutlich suchen wir nicht nur die Welt – offenbar suchen wir auch ein Stück von uns selbst."

Sie nickte, ohne etwas zu sagen, und trat in die Pedale, als wäre die Straße vor uns die Antwort, die wir suchten.

Am Hafen von Biograd na Moru herrschte an Allerheiligen ein leises Treiben: Menschen in warmen Jacken spazierten gemächlich, während die Möwen ihre Kreise über den Booten zogen. Nur ein kleiner Bäcker hatte seine Türen geöffnet, aus denen der Duft von frischem Gebäck in die klare Luft strömte.

„Bleiben wir kurz stehen?", fragte Antje.

Ich nickte, ließ mein Rad an die Wand des Gebäudes lehnen und reihte mich in die kleine Schlange ein. Drinnen lag eine Vielfalt an süßem Gebäck aus – Krapfen, Strudel und knusprig gebackene Mandarinenkekse. Mein Blick fiel auf einen großen Teller mit Kroštule, goldene, knusprige Teigstücke, die mit Puderzucker bestäubt waren.

Wenig später saßen wir auf einer niedrigen Steinmauer direkt am Hafen, die Tüte mit Kroštule zwischen uns. Die warme Herbstsonne spiegelte sich auf dem stillen Wasser, in dem die Fischerboote leicht hin und her schaukelten.

„Das schmeckt, als hätte jemand die Wärme der Sonne eingefangen und in Teig gebacken", sagte Antje, während sie sich die goldenen Krümel von den Fingern wischte. Sie biss hinein, und für eine Sekunde wirkte ihr Lächeln, als würde sie einen Sommernachmittag aus der Kindheit schmecken – einfach, ehrlich, perfekt.

„Süß, aber nicht zu süß. Der Puderzucker schmilzt auf der Zunge, und der Teig…".

Ich biss ebenfalls hinein. Das Gebäck knackte sanft zwischen den Zähnen, bevor er auf der Zunge zerfiel, leicht und doch voller Geschmack. Ein Hauch von Zitrone schien kurz aufzublitzen, als würde jemand eine frische Erinnerung aus einem alten Fotoalbum hervorholen.

„Es hat etwas Vertrautes", sagte ich nachdenklich, „wie der Duft von frisch gebackenen Keksen, der einen sofort an Wärme und Geborgenheit erinnert."

Sie lachte leise.

„Vielleicht liegt das Geheimnis darin, dass es so einfach ist. Kein Schnickschnack, keine Überraschungen – nur purer, ehrlicher Geschmack."

Sie griff erneut in die Tüte, und ich konnte nicht anders, als ihr zuzustimmen.

„Etwas Süßes, das nicht nur satt macht, sondern ein wenig Glück schenkt."

Die Sonne stand inzwischen höher am Himmel, ihre Strahlen glitzerten auf dem Wasser, und die Straße vor uns schien ein endloser Faden voller Möglichkeiten zu sein. Ob zu neuen

Geschichten oder einem flüchtigen Stück Himmel – die Straße versprach uns nur, dass sie weiterging. Oder vielleicht einfach nur zu einer weiteren Kurve, hinter der ein neues Geheimnis wartete.

Kaum hatten wir Biograd na Moru hinter uns gelassen, lockte uns die Straße weiter entlang der Küste. Die Sonne schien, der Wind war mild, und es hätte ein Tag sein können, der wie von einem Postkartenmotiv abfotografiert wirkte. Doch wie immer im Leben blieb es nicht lange gemütlich. 'Kroatische Fahrradwege' – eine Bezeichnung, die wir in den nächsten Minuten neu definieren sollten.

Die asphaltierte Straße endete abrupt, als hätte sich der Straßenbauer nach Feierabend einfach umgedreht und beschlossen, nicht mehr zurückzukommen. Stattdessen führte unser Weg uns auf einen unbefestigten Pfad, übersät mit grobem Schotter, faustgroßen Steinen und losen Feldbrocken, die aussahen, als hätte ein Riese sie wahllos in die Gegend geworfen. Mountainbike-Paradies? Sicherlich. Für uns, schwer beladene Packesel, ein Albtraum.

Es begann noch harmlos. Das leichte Geröll unter den Reifen war nichts, was uns beunruhigte. Doch mit jedem Meter wurde der Boden unberechenbarer. Die Steine wurden größer, die Lücken zwischen ihnen heimtückischer. Und dann kam der Moment, der uns beide aus dem Tritt brachte – wortwörtlich.

Antje fuhr voraus, als plötzlich ein lautes 'Klong' den friedlichen Nachmittag durchbrach. Eine ihrer Vorderradtaschen verabschiedete sich aus der Halterung und machte sich selbstständig, hüpfend und klappernd über das steinige Terrain.

„Halt!", rief sie, während sie abrupt abbremste und sich nach der Tasche umdrehte. Ich versuchte, hinter ihr zu halten, doch der Schotter unter meinem Vorderrad hatte andere Pläne. Der Boden fühlte sich plötzlich an wie Treibsand – lose, rutschig, gnadenlos.

Mein Vorderrad sank ein und blieb stehen, doch ich tat es nicht. Ein kurzes Flattern von Panik, ein verzweifelter Versuch, das Gleichgewicht zu halten, und dann: Plumps! Ich fand mich halb in einem Kiesbett liegend wieder, während mein Fahrrad triumphierend auf mir ruhte wie ein König auf seinem Thron.

„Alles okay?", fragte Antje, während sie mit gespielter Besorgnis näherkam, die Mundwinkel verräterisch zuckend. Ich schüttelte den Staub von meinem T-Shirt und versuchte, einen Rest Würde zu bewahren.

„Alles bestens. Der Schotter und ich hatten ein Date – leider hat er mich umgehauen."

Antje prustete los, während ich innerlich schwor, mich beim nächsten Mal mit Asphalt zu verabreden.

Wir sammelten ihre Tasche ein und versuchten weiterzufahren, doch der Streckenabschnitt wurden nicht freundlicher. Jeder Meter war ein neues Abenteuer. Es fühlte sich an, als würde man versuchen, mit einem Einkaufswagen voller Wassermelonen über ein Trampolin zu fahren. Nach weiteren gefühlt endlosen Kilometern, in denen uns das Gerüttel bis in die Knochen ging, zog ich die Notbremse.

„Ich steige ab", verkündete ich mit einer Mischung aus Resignation und Entschlossenheit. „Wenn ich das noch länger fahre, brauche ich einen neuen Rücken."

Antje nickte wortlos und schob ihr Rad ebenfalls. Wir beschlossen, das Martyrium zu Fuß zu beenden.

Knapp eine halbe Stunde schoben wir unsere Räder über das steinige Terrain. Der Weg war schmal und an einigen Stellen so steil, dass selbst das Schieben zur Herausforderung wurde. Doch irgendwann – endlich – tauchte vor uns eine Kreuzung auf, deren glatter Asphalt wie eine lang ersehnte Erlösung erschien.

„Ich hätte nie gedacht, dass ich mich mal so über eine asphaltierte Straße freue", sagte sie mit einem erleichterten Seufzen, während wir die Räder auf festen Boden hievten.

Ich nickte und klopfte den Staub von meiner Jacke.

„Lass uns hier eine kurze Pause machen, bevor die Straße sich wieder entscheidet, uns zu ärgern."

Wir lachten, doch der Humor war ehrlich verdient. Denn trotz aller Strapazen hatten wir es geschafft – und das war der Moment, der zählte.

Die Entscheidung, die Hauptstraße, statt der Radwege zu nehmen, fiel uns nicht leicht. Es bedeutete weniger Natur, dafür aber ein garantiertes Ankommen ohne Schotter-Chaos.

„Wir sind auf Radreise und nicht auf Wandertour", konstatierte ich, während wir uns auf stark befahrene Straße einreihten.

Es war laut, es roch nach Abgasen, und gelegentlich mussten wir Autofahrern-Fahrern mit wenig Sinn für Sicherheitsabstände ausweichen. Aber hey – wir kamen voran.

„Heile voran", wie Antje es trocken kommentierte, und in diesem Moment hätte ich ihr keinen passenderen Ausdruck liefern können.

Die Landschaft bot uns dennoch einen Hauch von Abwechslung. Auf unserem Weg nach Šibenik säumten Olivenbäume den Straßenrand. Manche wuchsen einzeln, ihre Äste ausladend und von der Sonne gegerbt, während andere in ordentlichen Reihen auf Plantagen standen, fast wie eine Parade. Die dunklen Olivenfrüchte hingen in kleinen Gruppen an den Zweigen, schimmerten im Sonnenlicht und wirkten einladend – zumindest auf den ersten Blick. Wir hielten an einem Baum mit besonders tiefhängenden Zweigen.

Die Aussicht auf die glänzenden, reifen Früchte war verlockend, und doch regte sich ein leiser Zweifel in mir. Antjes Begeisterung ließ jedoch keinen Raum für Zurückhaltung.

„Wie wäre es, mal zu probieren, wie Oliven direkt vom Baum schmecken?", fragte sie und streckte sich bereits nach einem der tiefhängenden Zweige. Ihr Übermut brachte mich zum Schmunzeln, doch gleichzeitig weckte die Situation eine vertraute Erinnerung.

„Weißt du noch unsere erste Tour nach München? Damals, als wir uns an Straßenobst fast überfressen haben?" Ich lachte. „Der Saft der reifen Pflaumen lief mir überall hin."

„Pflaumen sind nicht Oliven", antwortete sie trocken.

Ich hielt inne, beobachtete sie und wusste, dass das hier ein Moment war, den ich festhalten musste – für die Anekdotensammlung.

Als sie vorsichtig hineinbiss, veränderte sich ihre Miene innerhalb von Sekunden. Sie verzog das Gesicht, als hätte sie in eine Zitrone gebissen, nur noch schlimmer.

„Igitt! Das ist ja… das ist ja… BITTER!", rief sie mit einer Lautstärke, die selbst die Mäuse aufschreckte.

Der Biss landete im hohen Bogen im Sand, und sie versuchte verzweifelt, den Geschmack mit der Hand von ihrer Zunge zu wischen. Ich hätte fast laut gelacht, aber ich wusste, dass das jetzt nicht der richtige Moment war.

„Und? Noch eine?", fragte ich unschuldig und biss mir auf die Unterlippe, um nicht loszuprusten.

„Lach du nur", fauchte sie, während sie weiter spuckte.

Antje kämpfte noch mit dem bitteren Nachgeschmack der Olive und warf mir einen Blick zu, der mehr sagte als jedes Fluchen. Ich wollte gerade eine spitze Bemerkung machen, als Schritte auf dem kiesigen Boden uns beide innehalten ließen. Zwischen den

Bäumen heraus trat eine Familie, deren Auftauchen so selbstverständlich wirkte, als hätten sie die Szene schon immer beobachtet. Die Großmutter trug ein schlichtes Kopftuch, in einer Hand hielt sie einen großen Sack, der sich noch leer, aber bereit an ihrem Arm hinabzog. Der Großvater balancierte eine Leiter auf der Schulter, während ein langes stockähnliches Werkzeug in seiner anderen Hand schwang. Hinter ihnen schleppten die jüngeren Erwachsenen Eimer und Netze, und die Kinder, vielleicht 7 und 10 Jahre alt, liefen aufgeregt voraus, als ginge es um ein großes Abenteuer.

„Sieht so aus, als wären wir erwischt worden", murmelte ich, und straffte mich schon innerlich für eine Schimpftirade.

Antje hielt inne, mit einem entschuldigenden Blick, der wohl alles ausdrücken sollte, was sie nicht sagen konnte, während sie noch immer den Geschmack der Olive loszuwerden versuchte.

Doch stattdessen erklang plötzlich helles Lachen. Der Großvater hatte unsere Blicke bemerkt und warf einen kurzen, bedeutungsvollen Blick zu seiner Frau, bevor er auf Kroatisch etwas sagte. Die Frau lächelte, ein warmes, offenes Lächeln, und nickte in unsere Richtung.

Während die Erwachsenen innehielten und die Leiter und Eimer auf dem Boden abstellten, kam einer der Kinder – ein Junge mit zerzaustem Haar und großen, braunen Augen – mutig auf uns zu. Er blieb ein paar Schritte vor uns stehen, als überlegte er noch, was er sagen wollte.

Schließlich hob er den Kopf und sagte mit leiser, etwas unsicherer Stimme: „Hello!"

Antje und ich tauschten einen überraschten Blick.

„Hello!" erwiderte ich, bemüht, meine Stimme freundlich und ermutigend klingen zu lassen.

Der Junge lächelte, schien über das Gelingen seines Einstiegs erleichtert und wechselte einen kurzen Blick mit seiner Großmutter, die ihm etwas zusprach.

„Olives…" begann er zögernd, bevor er das Wort in der Luft hängen ließ und eine Geste machte, die offenbar unsere Aktion nachahmte. Dann runzelte er die Stirn und sagte mit ernster Miene: „Not… eat. Bitter."

Antje hielt inne und starrte ihn an, bevor sie schließlich trocken antwortete: „Ja, das haben wir auch schon gemerkt." Ihr Tonfall lockte ein weiteres Lächeln aus dem Jungen hervor.

„Did you learn this in school?"

Der Junge nickte eifrig, dabei strahlte er über das ganze Gesicht. „Yes. School… English", sagte er stolz, bevor er unsicher auf seine Großeltern deutete, die im Hintergrund etwas kommentierten, und dann entschuldigend hinzufügte: „Not… perfect."

„But very good!", lobte ich, während ich ihm ein aufrichtiges Lächeln schenkte. „You helped us."

Das schien ihn zu ermutigen, denn er zeigte erneut auf die Oliven und sagte etwas, das wir nicht ganz verstanden, doch die Begeisterung in seiner Stimme ließ keinen Zweifel daran, dass er versuchte, uns alles Wichtige zu erklären.

Die Großeltern, die mittlerweile zu uns getreten waren, nickten bestätigend, und die Großmutter sprach einige Worte auf Kroatisch, die der Junge eifrig zu übersetzen versuchte: „Better with salt-water. Now… not good."

Ich musste lachen.

„Thank you! That explains a lot."

Der Junge lachte ebenfalls, ein klares, unbeschwertes Lachen, und lief zurück zu seiner Familie. Die Großeltern musterten uns kurz mit wohlwollenden Blicken, bevor sie sich den Vorbereitungen widmeten: Die Leiter wurde aufgestellt, die Netze ausgebreitet, während die jüngeren Erwachsenen die Kinder davon abhielten, die Eimer vorzeitig zu füllen. Es war, als hätte die Familie den ganzen Hain mit einem neuen Leben erfüllt, und ich fühlte mich plötzlich wie ein stiller Zeuge von etwas sehr Ursprünglichem und Echtem.

Antje richtete sich langsam auf und sah mich an.

„Ohne Plan ins Glück", murmelte sie, während ihr Blick über die geschäftige Familie schweifte. „Und das alles nur wegen einer dämlichen Olive."

Ich lachte leise.

„Vielleicht sollten wir öfter bitter anfangen, wenn es so süß endet."

Ich schmunzelte, während die Szene vor uns sich in mein Gedächtnis brannte. Die Kinder, die um die Leiter herumsprangen, der Junge mit seinem leuchtenden Lächeln und die Großeltern, deren ruhige Bewegungen wie ein stiller Tanz wirkten – alles fühlte sich an wie ein kleines Stück Welt, das uns für einen Moment einlud, Teil davon zu sein. Vielleicht war es genau das, was Reisen ausmacht: nicht nur fremde Orte zu sehen, sondern auch das Gefühl, für einen Augenblick nach Hause zu kommen. Es war einer dieser seltenen Momente, in denen das Leben still eine Brücke baute – aus einem misslungenen Bissen, einer unerwarteten Begegnung und dem Lächeln eines Kindes. Es waren solche Begegnungen, die uns auf Reisen daran erinnerten, dass Geschichten nicht nur erzählt, sondern auch geteilt werden müssen, um wirklich lebendig zu sein.

Mit jedem Kilometer, den wir hinter uns ließen, schien die Straße uns tiefer in die Geheimnisse und Eindrücke der Küste zu führen. Die Klänge des Meeres und das goldene Licht der Sonne hüllten uns in eine Atmosphäre, die wie ein leiser Traum wirkte. Es fühlte sich an, als ob die Landschaft uns nicht nur von Ort zu

Ort führte, sondern in eine Zeit, in der Vergangenheit und Gegenwart ineinander übergingen.

In der Ferne tauchte Šibenik auf, ihre Festungen ragten über den Hügeln empor, ein stilles Versprechen von Geschichte und Geschichten. Doch die Stadt ließ sich Zeit, uns zu sich zu ziehen, und unser Weg führte zunächst durch kleinere Dörfer, in denen das Leben in gemächlichem Takt pulsierte.

Der Küstenwind begleitete uns sanft, als wir durch Tribunj rollten, ein kleines Fischerdorf, dessen Gassen aus grobem Stein und die geduckten Häuser von längst vergangenen Tagen zu flüstern schienen. Rechts glitzerte das Meer wie flüssiges Glas, während links die Ziegeldächer der Häuser sich wie eine wachsame Kulisse an die Hügel schmiegten. Ein alter Mann saß vor einer Bank, seine wettergegerbte Hand hob sich grüßend. Seine Stimme, rau und doch warm, rief uns Worte zu, die wir nicht verstanden, die aber in ihrer Melodie wie eine Einladung klangen. Ich rief ein fröhliches „Hvala!" zurück, und das Lächeln, das über sein Gesicht zog, hatte eine Tiefe, die nur der versteht, der weiß, wie leicht ein Moment die Welt verbinden kann.

Die Straße führte weiter entlang der Küste, vorbei an schroffen Felsen, die wie kunstvolle Skulpturen der Natur wirkten. Immer wieder hielt ich den Blick auf das Meer gerichtet, als wollte ich mir jeden Wellenschlag einprägen, bevor wir uns endgültig verabschieden mussten. Die Sonne strich sanft über unsere Gesichter, während das monotone Summen der Reifen auf dem Asphalt fast wie ein unaufdringlicher Begleiter wirkte. Es war eine Stille, die nicht lautlos, sondern voller Leben war – eine, die uns daran erinnerte, wie wenig es braucht, um die Welt für einen Moment anzuhalten.

In Vodice hielten wir schließlich am Hafen, ein lebendiger Ort, der von Fischerbooten und Yachten gesäumt war. Die Palmen, die den Platz säumten, warfen lange Schatten auf den Boden, während die kroatischen Fahnen stolz im Wind wehten. Wir ließen unsere Räder neben einem kleinen Café stehen, dessen Tische direkt auf die Promenade hinausführten. Antje bestellte zwei Cappuccinos, und ich lehnte mich in meinem Stuhl zurück, die Sonne auf meinem Gesicht. Der Duft des frisch gemahlenen Kaffees vermengte sich mit der frischen Meeresluft, ein Moment, der uns deutlich machte, wie sehr wir diesen letzten warmen Tag genießen wollten.

Während ich den ersten Schluck nahm, ließ ich den Blick über die Boote im Hafen schweifen. Ihre Masten wippten sanft im Takt der Wellen, und ich stellte mir vor, wie sie nachts im Rhythmus der Gezeiten flüstern.

„Denkst du, Italien wird auch so sein?“, fragte sie leise, ihre Hände umschlossen die Tasse wie einen kleinen Schatz.

Ihre Augen glitten über das tiefblaue Meer, das so ruhig dalag, als gäbe es keinen Winter. Ihre Frage war kaum mehr als ein Flüstern, aber sie traf mich wie eine Welle – leise, doch eindringlich.

„Vielleicht am Anfang“, sagte ich schließlich, nach einem Moment des Überlegens. „Aber die Wettervorhersage klingt eher nach grauen Wolken und kaltem Wind. Typisch November.“

Meine Stimme klang sachlich, doch tief in mir spürte ich denselben Wunsch wie sie: Die Sonne auf der Haut, der Duft des Meeres, die friedliche Stille dieses Augenblicks. Aber wir beide wussten, dass das Leben so nicht funktioniert. Es war nicht 'Wünsch dir was', oder?

Der Cappuccino dampfte leicht in der kühlen Brise, und mit jedem Schluck schien er etwas von der Ruhe dieses Moments einzufangen. Vielleicht sind es genau solche Augenblicke, die man später braucht – wie kleine Inseln, auf die man sich zurückziehen kann, wenn der Weg rau und der Himmel grau wird. Die Wärme der Tasse in den Händen, die salzige Luft, die über die Promenade zog – alles fühlte sich an, als könnte es einen für die kommenden Herausforderungen stärken. Es war ein Gedanke, der still blieb, aber dennoch Raum füllte: Wie bewahrt man diese Eindrücke, damit sie nicht einfach verfliegen?

„Ich versuche, alles aufzusaugen wie ein Schwamm", sagte ich zu ihr, „die Wärme, die Farben, das Licht. In der Hoffnung, dass ich davon zehren kann, wenn es kalt und grau wird."

Sie zog die Stirn leicht in die Höhe und lächelte sanft.

„Und? Glaubst du, das funktioniert?"

Ich zuckte mit den Schultern.

„Keine Ahnung. Aber es ist besser, als nichts zu tun. Wenn der Winter kommt – und er wird kommen –, dann haben wir wenigstens das hier gehabt."

Sie nickte, und ich merkte, dass sie meine Gedanken teilte. Die Sonne glitzerte auf den Wellen, die kroatischen Fahnen flatterten im Wind, und die Palmen schienen in der warmen Brise fast zu tanzen. Es war ein Moment, der nicht ewig dauern konnte, und genau das machte ihn so wertvoll.

Mit diesem Gedanken traten wir kräftiger in die Pedale, während Šibenik näher rückte. Die Sonne über der Adria glitzerte, und die Melodien der Küste schienen wie ein leises Lied nur für uns gespielt. Mit jedem Kilometer, den wir zurücklegten, fühlte es sich an, als ob die Straße uns nicht nur weiterführte, sondern uns mit jedem Tritt näher zu uns selbst brachte – wie ein Versprechen, dass die Reise nicht nur auf der Karte, sondern auch in uns fortgesetzt werden würde. Rechts das Meer, das in der Nachmittagssonne funkelte, links die schroffen Hügel, die sich langsam zu kleinen Bergen auftürmten. Es war, als ob die Landschaft selbst ein Geheimnis hütete, das sie nur mit denen teilen wollte, die aufmerksam genug waren, es zu hören.

In den kleinen Dörfern, die wir durchquerten, schien die Zeit eine Pause einzulegen. Männer saßen reglos auf Holzbänken vor den Häusern, ihre Zigaretten verströmten dünne Rauchfäden, die sich träge in die warme Luft mischten. Ihre Blicke ruhten auf dem Asphalt, als könnten sie die Geschichten der vorbeiziehenden Welt darin lesen. Ein alter Mann stand an der Tankstelle, die Hände lässig auf einen Stock gestützt. Seine Augen unter der schattigen Krempe seines Hutes folgten uns aufmerksam, bevor er grüßend die Hand hob.

„Gdje idete?“ - Wohin wir wollten.

„Šibenik“, antwortete ich laut.

Sein Nicken war langsam, fast bedächtig, als würde er die Straßen vor uns wie einen unsichtbaren Faden entwirren. Dann sprach er ein paar Worte, die ich nicht verstand, aber die Geste seiner Hand, die uns weiterwinkte, war klar und freundlich.

Die Stadt tauchte am Horizont auf, eingebettet in sanft aufragende Hügel, die sich in der goldenen Nachmittagssonne wie schützende Arme über der glitzernden Adria erhoben. Sie schien wie aus Licht gewebt, ein Ort voller Geschichten, die der Wind leise weitertrug. Das Meer, das ihre Silhouette spiegelte, verlieh ihr einen Glanz, der an das Versprechen von Abenteuer erinnerte – oder an die Tatsache, dass wir wieder ein gutes Fotomotiv gefunden hatten. Die alte Festung, die über Šibenik thronte, erzählten mit ihren verwitterten Mauern von Zeiten, die längst vergangen, aber nie ganz verstummt waren.

„Der Drache schlummert bestimmt noch unter den Steinen“, sagte ich, während wir unsere Räder durch die schmalen Gassen schoben. „Wahrscheinlich sammelt er Postkarten von all den Menschen, die hier seit Jahrhunderten vorbeikommen. Und wer weiß, ob er nicht sogar zuhört, wie wir mit unseren Reifen das Kopfsteinpflaster traktieren.“

Antje lachte und warf einen Blick zur Festung hinauf, deren Mauern im Licht der sinkenden Sonne glühten.

„Oder er sitzt da oben, rollt mit den Augen und denkt sich: „Was habt ihr denn jetzt wieder vor?" Möglicherweise schreibt er sich auch die besten Ausreden auf, falls wir doch noch irgendwo falsch abbiegen."

Die Festung erhob sich über der Altstadt, majestätisch und zeitlos, als würde sie schweigend über die Dächer und den Hafen wachen. Ihre Mauern hatten alles gesehen – den Lärm vergangener Schlachten, das Klirren von Schwertern und die hitzigen Diskussionen über Belagerungsstrategien, die vermutlich ähnlich chaotisch waren wie unsere Planung für diesen Abschnitt der Reise. Und nun? Nun beobachtete sie uns, zwei Radfahrer, die eher vor einer leeren Batterie als vor einem Angriff fürchteten.

„Man muss den Dingen Zeit lassen", sagte Antje plötzlich und deutete auf die Mauern. „Vielleicht sind die schönsten Geschichten die, die am längsten reifen. Und die lustigsten sind die, die man erst im Nachhinein versteht."

Ich lachte, während wir die Räder über einen besonders holprigen Abschnitt schoben.

„Das ist wahr. Aber weißt du, was mir auffällt? Während hier früher um Leben und Tod gekämpft wurde, kämpfen wir heute nur noch mit dem Kies im Radweg. Fortschritt? Definitiv."

Sie schmunzelte und warf einen Blick auf die Mauern.

„Es könnte der wahre Fortschritt sein, dass wir uns heute fragen, ob der Cappuccino in der Altstadt besser schmeckt als der an der Promenade – und nicht, ob der nächste Angriff bevorsteht."

Wir hielten inne, betrachteten die Festung und lauschten der Stille, die alles durchzog. Sie war erfüllt von einer seltsamen Ruhe – nicht bedrückend, sondern fast versöhnlich. Es war, als hätten die Mauern beschlossen, nicht nur Zeugen der Vergangenheit, sondern auch Begleiter der Gegenwart zu sein.

„Weißt du", sagte ich schließlich, „es ist ein bisschen wie mit diesen Mauern. Früher haben sie Menschen beschützt, heute beschützen sie ihre Geschichten. Und wir? Wir sind hier, um sie zu hören – und vielleicht ein bisschen, um darüber zu schmunzeln."

Antje lachte leise, während wir unsere Räder wieder in Bewegung setzten.

„Na, dann hoffe ich, dass der Drache uns zuhört. Vielleicht notiert er sich sogar ein paar unserer Sprüche für seine Memoiren."

Die Vorstellung brachte uns beide zum Lachen. Denn wenn selbst die Mauern über all die Jahrhunderte noch stehen konnten, dann würde auch unser Humor die Unebenheiten dieses Weges überstehen – und uns daran erinnern, dass Leben und Geschichten immer ein bisschen Leichtigkeit vertragen.

Als wir an der Uferpromenade von Šibenik ankamen, schien es, als würde die Stadt uns mit offenen Armen empfangen. Menschen füllten die Restaurants und Kneipen, und der Klang von Lachen, klirrenden Gläsern und angeregten Gesprächen mischte sich mit der frischen Brise des Meers.

„Sieht aus, als hätten wir hier eine richtige Party erwischt", bemerkte ich mit einem Grinsen, während ich mein Rad am Rand der Promenade abstellte.

Sie nickte, während ihr Blick über die Szenerie wanderte.

„So viel Leben und Genuss. Fast, als hätte die Stadt ihre eigene kleine Feier für uns organisiert."

Unsere Unterkunft zu finden, stellte sich jedoch als kleine Herausforderung heraus. Laut Beschreibung sollte sie direkt in erster Reihe liegen, aber sie schien sich geschickt zwischen den Fassaden zu verstecken.

„Vielleicht spielt Šibenik ja gern Verstecken mit müden Reisenden", murmelte Antje halb im Scherz, während wir mit fragenden Blicken die Schilder und Türen entlang der Promenade studierten.

Schließlich fanden wir sie – direkt hinter einem Lokal mit dem vielsagenden Namen 'Moby Dick'. Ich blieb stehen, deutete auf das Schild und konnte mir ein Lachen nicht verkneifen.

„Na, wenn das mal kein Zeichen ist. Passend zu meinem Look, meinst du nicht?"

Ich klopfte mir auf den Bauch, was Antje ein belustigtes Augenrollen entlockte.

„Vielleicht solltest du dich als Maskottchen bewerben", konterte sie trocken, während sie zur Tür unserer Unterkunft ging.

Nach einer kurzen Pause und einer kleinen Stärkung wagten wir uns später am Abend wieder hinaus. Die Stadt wirkte im Schein der Straßenlaternen wie verzaubert. Die alten Fassaden warfen lange Schatten, und die kopfsteingepflasterten Gassen führten uns wie ein Labyrinth durch eine Welt voller Geschichte.

„Das Licht macht alles noch magischer", sagte Antje leise, während sie einen Moment stehen blieb, um eine kleine Seitengasse zu betrachten, in der die Lampen wie goldene Kugeln schwebten.

„Ja", stimmte ich zu, „aber es fühlt sich an, als würde sie uns absichtlich nur die Hälfte zeigen. Als müssten wir noch einmal bei Tageslicht zurückkommen, um den Rest zu erfahren."

„Wahrscheinlich ist es genau das, was sie will", erwiderte Antje mit einem schmunzelnden Seitenblick. „Eine Stadt, die einen zum Wiederkommen zwingt."

Unser Abendspaziergang führte uns schließlich an einem kleinen Laden vorbei, dessen Schaufenster sie förmlich anzog wie ein Magnet.

„Schau dir das an!"

Ihre Stimme klang fast ehrfürchtig, während sie die kunstvoll arrangierten Schokoladenfiguren und Naschereien betrachtete. Die filigranen Details – kleine Blätter aus Zucker, zarte Muster aus Schokolade – wirkten wie kleine Kunstwerke.

„Das ist doch der Traum jedes Naschkatzen-Herzens", fügte sie hinzu und drückte fast ihre Nase an der Scheibe platt.

Ich musste lachen.

„Wenn du noch länger so schaust, fangen die Leute an zu denken, du wärst Teil der Dekoration."

Sie ignorierte meinen Kommentar gekonnt und seufzte stattdessen.

„Ich glaube, ich könnte Stunden damit verbringen, alles im Detail zu betrachten."

Als wir weitergingen, murmelte sie noch immer von der „ganz schnuckeligen Chocolaterie," und ich war mir sicher, dass sie davon träumen würde.

Zurück in der Unterkunft ließen wir den Abend ruhig ausklingen. Ich blickte noch einmal aus dem Fenster auf die schmale Gasse, die im warmen Licht der Laternen lag, während sie mit einem leisen Lächeln ins Bett kroch.

Šibenik hatte uns für ein paar Stunden in eine andere Welt entführt – eine, die Geschichte und Genuss mühelos miteinander verband. Und ich war mir sicher, dass wir diesen Ort irgendwann wiedersehen würden.

DIE MAGIE DES UNERWARTETEN

„Weißt du noch, wie wir vor einigen Jahren am Rhein geradelt sind?", fragte Antje, während wir die letzten Erhebungen hinter uns ließen.

Der Blick auf die Küste öffnete sich wie eine Einladung in eine neue Welt. Die Straße nach Split fühlte sich wie ein müheloser Tanz entlang der Adria an – weit entfernt von den Strapazen der vergangenen Tage.

„Von Mainz bis Rotterdam", antwortete ich gelassen. „Genussradeln, wie es im Katalog stand." Ich warf ihr einen schelmischen Blick zu. „Nur, dass wir damals wirklich keinen brauchten."

Sie lachte.

„Und hier? Ganz bestimmt keine Katalogreise. Es war mehr ein Abenteuer durch die Geschichtsbücher. Dalmatien..."

Sie ließ das Wort wie ein kleines Gedicht ausklingen.

Ich nickte und ließ meinen Blick über das Panorama schweifen, das wie ein lebendiges Geschichtsbuch vor uns lag. Dalmatien – ein Mosaik aus Jahrhunderten. Illyrer, Römer, Venezianer, Osmanen: Sie alle haben Sprachen, Bräuche und Geschichten hinterlassen, die zusammen ein Bild formen, das größer ist als jede einzelne Epoche. Wie die Adria, die all dies umfließt, bleibt Dalmatien immer sich selbst treu.

Der Weg von Trogir nach Kaštela führte uns allmählich in eine lebendigere, städtische Umgebung. Nach den stillen Tagen, die nur gelegentlich von Verkehr unterbrochen waren, brachte der Rhythmus der Stadt eine erfrischende Abwechslung – wie ein Stück Kuchen nach einer Woche Müsli.

„Stell dir vor“, sagte Antje mit einem Augenzwinkern, „du isst jeden Tag Müsli. Irgendwann freust du dich sogar über Omas Rosinentorte.“

Ich lachte.

„Mit einem Schuss Sahne wäre es perfekt.“

Sie grinste.

„Die Sahne, das sind die Cafés am Straßenrand. Und die Autos? Die Rosinen, die du eigentlich nicht in deinem Müsli haben wolltest.“

Ich schüttelte den Kopf und erwiderte schmunzelnd: „Jetzt wird's kompliziert. Aber ich gebe zu: Manchmal braucht es Trubel, um die Stille wieder schätzen zu lernen.“

Unsere Räder rollten jetzt fast wie von selbst. Die Luft war erfüllt von Salz und Sonne, und mit jedem Kilometer schien Dalmatien ein weiteres Detail seiner bewegten Vergangenheit preiszugeben. Hier eine Festung, dort eine kleine Kirche, die auf einem Hügel thronte, als würde sie über die Jahrhunderte hinweg wachen. Die Landschaft zeigte Spuren vergangener Kulturen – eine Collage aus Epochen, die sich in Stein und Natur verewigten.

„Weißt du, was mir auffällt?“, fragte Antje plötzlich. „Dalmatien ist wie ein riesiger Topf Gulasch. Alles wird hineingeworfen – Kulturen, Bräuche, Dialekte – und am Ende kommt etwas heraus, das gleichzeitig einzigartig und doch vertraut ist.“

Ich lachte.

„Und wir beide sind die hungrigen Reisenden, die versuchen, jeden Löffel zu genießen.“

„Na dann, hoffentlich ist der nächste Löffel süß und nicht bitter wie die Olive neulich.“

Ich lachte und sah nachdenklich auf die Straße vor uns.

„Das ist das Geheimnis", sagte ich leise, fast zu mir selbst. „Sich zu wandeln und trotzdem man selbst im Kern zu bleiben."

Die Landschaft um uns schien diesen Gedanken zu spiegeln. Sie hatte sich mit jeder Epoche gewandelt, doch ihr Wesen blieb unverändert.

„Wann wird Veränderung zur Bereicherung?", fragte ich mich, die Worte in die Stille werfend, als ob sie für die Umgebung selbst gedacht wären.

Antje warf mir einen fragenden Blick zu.

„Na, wann denn? Oder willst du das wieder in einen dieser philosophischen Monologe ausarten lassen, bei denen ich nur noch „Hmm, interessant", sagen kann?", fragte sie mit einem schelmischen Seitenblick.

Ich grinste feixend.

„Na gut, du hast recht. Veränderung ist kein Verlust, solange das Neue uns bereichert. Wenn es uns wachsen lässt und etwas hinzufügt, was wir vorher noch nicht hatten. Aber weißt du, das ist für jeden anders – der eine freut sich über ein neues Sofa, der andere über ein neues 'Ich'." Ich machte eine ausladende Geste Richtung Meer, das in der Sonne glitzerte, als würde es uns direkt zustimmen. „Schau dir die Adria an: Sie hat von Illyrern bis Venezianer alles mitgenommen und daraus etwas gebastelt, das größer ist als die Summe seiner Teile. Sozusagen die perfekte Mischung."

„Also wie dein Lieblingsrezept für Bolognese?", konterte Antje. „Kein Mensch weiß, was du am Ende alles reinmischst, aber es schmeckt immer nach dir."

Ich lachte.

„Genau. Aber das ist doch das Schöne: Man fügt etwas hinzu, das bleibt. Etwas, das uns nicht ersetzt, sondern ergänzt."

Spätabends erreichten wir unsere Unterkunft – erschöpft, aber zufrieden.

Der Diokletian-Palast, eine schlafende Schönheit im Dunkel der Nacht, zog uns mit seinen Erzählungen in seinen Bann. Doch nicht heute. Heute war Zeit, die müden Beine hochzulegen und dankbar zu sein, dass wir uns den morgigen Tag gönnen konnten – ein Luxus, den man im Alltag viel zu selten hat.

„Das hat Zeit", sagte ich, während ich die Fahrradtaschen von meinem Rad löste. „Morgen. Morgen liegt der ganze Tag vor uns, um einfach treiben zu können."

Antje nickte, während sie sich genüsslich streckte und dabei ein leises Knacken ihrer Schultern zu hören war.

„Endlich mal ausschlafen. Kein schrilles Wecker-Konzert, das uns aus dem Schlaf rupft wie ein krächzender Hahn im Morgengrauen. Morgen gibt es keine Eile, keine Zeitvorgaben. Nur uns und die Stadt. Vielleicht sollte man so etwas öfter machen: der Zeit die Macht nehmen und sie einfach leben lassen."

Ich lachte.

„Ja, unser treuer Hahn – alias der Wecker. Er hat uns schließlich stets daran erinnert, dass der Tag keine Verlängerung bekommt, egal wie oft man ihn bittet. Kein Zauberspruch in der Tasche, keine geheimnisvolle Zeitschleife – nur der gnadenlos tickende Wecker, der uns in den Tag schickte."

„Und warum das Ganze?", fragte Antje, während sie ihre Jacke auf einen Stuhl warf. „Weil wir unbedingt vor Sonnenuntergang ankommen wollten. Damit wir noch Zeit haben, das Ziel zu genießen, zu entdecken, ohne dabei die Fahrräder mitschleppen zu müssen."

Ich nickte, während ich die Taschen in die Ecke stellte. Stress? Vielleicht, aber eher ein bewusster Rhythmus. Wir mussten den

Stunden mehr Inhalt geben, weil wir keine zusätzlichen bekommen konnten.

„Und wenn ich ehrlich bin“, fügte sie hinzu, „es war das Richtige“.

Diese Reise war kein Sommermärchen, sondern eine Geschichte aus dem Spätherbst, fast schon Winter. Doch genau darin lag der Reiz: Wir tauschten warme Decken gegen kalte Küstenstraßen und den Komfort des Gewohnten gegen das Abenteuer des Neuen. Es war nicht perfekt, aber genau deshalb echt.

„Genau. Und morgen? Da gibt es kein Strampeln, kein Hetzen – nur die Stadt, der Tag und wir.“

Der Gedanke an den morgigen Tag fühlte sich an wie ein Geschenk, das wir fast nicht zu hoffen gewagt hatten. Kein Wecker, keine To-Do-Listen – nur Split und wir. Nach den Tagen, in denen Zeit unser engster Taktgeber war, würde dieser Tag endlich Raum bieten. Einfach 'sein', die Stadt entdecken und das Leben in vollen Zügen genießen.

Die Fenster unserer Unterkunft boten einen Blick auf die ruhigen Gassen, die sich in den Schatten der Nacht verloren. Hier und da huschte eine Gestalt über das Kopfsteinpflaster, während die warmen Laternenlichter den Charme der Altstadt betonten. Wir schlossen die Fensterläden, verstauten unsere Sachen und ließen uns aufs Bett fallen.

Die Matratzen waren fest, fast spartanisch, doch nach diesem Tag fühlten sie sich an wie ein königliches Lager. Während meine Gedanken noch flüchtig um den nächsten Tag kreisten, spürte ich, wie die Müdigkeit langsam Besitz von mir ergriff.

„Weißt du,“ murmelte ich, als meine Augen schwer wurden, „vielleicht sollte jede Reise so einen Tag wie morgen haben. Einfach mal nichts planen, die Welt um sich herumziehen lassen.“

Antje antwortete nicht mehr. Ihr Atem war bereits gleichmäßig und tief – sie war Split und dem kommenden Tag schon einen Schritt voraus.

Die Stadt fiel zur Ruhe, während wir uns der Nacht hingaben. Vor uns lag ein Tag, der sich anfühlte wie ein stiller Hafen inmitten der stürmischen See unserer Reise – bereit, uns mit Ruhe und neuen Eindrücken zu füllen. Ein Tag, der uns erlaubte, Split mit offenen Augen, einem wachen Geist und – wenn es die Cafés zuließen – vielleicht auch mit einem guten Cappuccino zu begegnen.

Der nächste Morgen begann entspannt, zumindest fast. Wir hatten die Check-out-Zeit ein wenig überzogen, und während die Reinigungskraft höflich an unsere Tür klopfte, kämpften wir hektisch mit dem Verschließen unserer Packtaschen.

Als wir endlich aus dem Zimmer traten, lächelte sie nur und machte eine Geste, die deutlich sagte: „Kein Problem."

„Das fängt ja schon gut an", murmelte Antje, während sie ihre Taschen auf das Fahrrad schnallte. „Einfach die Zeit verlieren..."

Split empfing uns erneut mit offenen Armen, diesmal bei Tageslicht. Die Stadt schien im Spätsommerlicht wie aus einem Gemälde zu leuchten. Der Duft von Jasmin und Oleander, vermischt mit der salzigen Brise, schwebte durch die Gassen. Stimmengewirr in mehreren Sprachen – Kroatisch, Italienisch, Deutsch und Englisch – hallte an den alten Mauern wider. Es war schwer zu glauben, dass der Winter schon bald vor der Tür stehen würde.

Wir rollten unsere Fahrräder langsam durch die Gassen und erreichten den Diokletian-Palast, der wie das Herz der Stadt vor uns lag. Er war nicht nur ein Gebäude, sondern ein Zeugnis von über 1.700 Jahren Geschichte. Einst als Alterssitz für Kaiser Diokletian erbaut, der einer der letzten großen Herrscher des römischen Reiches war, hatte der Palast heute seine ursprüngliche Funktion längst verloren. Doch die Mauern erzählten immer noch aus dieser Epoche – von Macht, Wandel und dem Willen, etwas Bleibendes zu schaffen.

„Wusstest du“, sagte ich, während wir durch eines der alten Tore traten, „dass er nicht einfach als Residenz diente? Diokletian zog sich hierher zurück, um den Rest seines Lebens nach seinem Abdanken zu verbringen – als erster römischer Kaiser, der freiwillig abtrat.“

Antje blieb stehen und schaute auf die mächtigen Mauern.

„Freiwillig? Das klingt für die Römerzeit fast revolutionär. Und dann hierher? Warum?“

„Vielleicht wegen der Ruhe. Oder wegen der Schönheit der Adria“, antwortete ich. „Er baute diesen Palast wie eine Festung – umgeben von Wasser und Bergen. Aber weißt du, was das Erstaunlichste ist? Ein Großteil dessen, was wir heute sehen, ist nicht einmal original. Es ist ein Patchwork. Römer, Byzantiner, Venezianer – sie alle haben ihre Spuren nach ihm hinterlassen. Und jetzt wohnen hier Cafés, Souvenirstände und moderne Wohnungen. Es ist, als hätte die Zeit den Palast adoptiert.“

Antje nickte nachdenklich.

„Wie unsere Reise. Sie beginnt mit einem Plan, aber unterwegs fügen wir Schichten hinzu, die wir nie erwartet hätten.“

Sie blieb vor einer der massiven Säulen stehen, die den Innenhof des Diokletian-Palastes säumten.

„Ein Kaiser, der freiwillig abgedankt hat“, begann sie leise. „Das ist doch verrückt, oder? Wer macht sowas? Vor allem in einer Zeit, in der Macht alles war.“

Ich ließ meinen Blick über die Marmorböden und die kunstvoll gearbeiteten Kapitelle schweifen. „Diokletian war seiner Zeit voraus. Er hat erkannt, dass es einen Punkt gibt, an dem es genug ist. Wahrscheinlich hat er verstanden, dass ein Leben jenseits der

Macht mehr zu bieten hat – Ruhe, Gelassenheit, ein eigener Gemüsegarten."

Sie lachte leise.

„Damals schon Work-Life-Balance? Vielleicht der Erste, der begriffen hat, dass man nicht alles haben kann – und auch nicht muss."

Ich schmunzelte.

„Man könnte fast meinen, er hat einen Zeitreise-Blog gelesen: '10 Tipps, wie man nach der Abdankung den perfekten Palast-Garten anlegt'. Aber im Ernst: Er hat das Loslassen perfektioniert. Nicht, weil er musste, sondern weil er es konnte."

Ihre Augen folgten den Lichtspielen, die durch die Bögen auf den Boden tanzten.

„Manchmal wünsche ich mir, dass wir das auch könnten. Einfach erkennen, wann genug ist. Nicht jedem Trend, jedem neuen Termin oder jedem Vergleich hinterherrennen. Es ist, als ob wir immer noch beweisen müssen, dass wir dazugehören."

„Offenbar ist es das, was uns hier so fasziniert", sagte ich nachdenklich. „Abgesehen von allen finanziellen Privilegien hat er wohl verstanden, dass sein Wert nicht von seinem Thron abhängt. Das könnte eine Botschaft sein – für uns und für jeden, der sich manchmal im Hamsterrad verliert."

Antje nickte, ihre Stimme klang weicher.

„Nicht jeder Job, nicht jeder neue Konsumtrend und nicht jede vermeintlich große Chance ist es wert, die eigene Ruhe zu opfern. Manchmal reicht es, einfach nur zu sein. Genau das macht uns doch aus."

Der Innenhof war inzwischen von Stimmen erfüllt, die Melodie eines Straßenmusikers mischte sich mit dem Gurren der Tauben. Es war ein lebendiger Ort, durchdrungen von den Geschichten der Vergangenheit, die in jeder Ecke widerhallten.

„Vielleicht ist das auch der Grund, warum wir uns hier so zu Hause fühlen", sagte ich schließlich. „Dieser Ort erinnert uns daran, dass das Leben nicht aus der Jagd nach dem Nächsten besteht, sondern aus dem, was bleibt, wenn wir innehalten."

Wir ließen die Räder stehen und tauchten ein in das Labyrinth der Gassen. Die Steine unter unseren Füßen glänzten im Licht der tiefstehenden Sonne, glatt geschliffen von Jahrhunderten.

Am Nachmittag setzten wir uns in eines der Cafés an der Riva, der berühmten Uferpromenade. Die Wellen plätscherten leise gegen die Steine, während wir uns einen Teller Čevapčići teilten. Der Duft von frisch gebratenem Fleisch, gemischt mit der salzigen Brise des Meeres, schien uns sanft in die Ruhe des Moments zu wiegen. Der ältere Kellner, der uns bediente, bemerkte unsere vollgepackten Räder.

„Ihr seid unterwegs?", fragte er in gut verständlichem Deutsch mit einem wissenden Lächeln, während er die Teller abstellte.

„Ja", antwortete ich. „Von Zagreb bis hier. Und jetzt geht es weiter nach Italien."

Sein Gesicht hellte sich auf.

„Ah, Jadrolinija! Ich habe fünf Jahre für die Gesellschaft gearbeitet." Sein Blick wanderte hinüber zu den Fähranlegern, und seine Stimme bekam einen bittersüßen Klang. „Immer unterwegs, immer weg. Bis meine Frau mir sagte: „Die Fähren oder wir."

Er lachte leise, aber in seinem Ausdruck lag eine Spur von Melancholie.

Antje nickte verständnisvoll.

„Das muss eine schwere Entscheidung gewesen sein."

„Ja", sagte er. „Aber manchmal muss man wählen, was wirklich zählt. Reisen ist schön, aber Familie – das ist das Zuhause, egal wo man ist."

Er blieb einen Moment an unserem Tisch stehen, fast so, als wolle er noch etwas hinzufügen. Dann lächelte er uns zu, fast entschuldigend, bevor er sich den nächsten Gästen zuwandte.

Antje durchbrach die Stille, die sich über unseren Tisch gelegt hatte, mit einem nachdenklichen Ton.

„Wie viel er wohl auf dem Wasser gesehen hat? Es klingt, als hätte er die Welt gespürt, aber auch etwas zurückgelassen."

Ihre Worte führten mich zurück zu seiner Geschichte. Ich sah unsere Fahrräder in der Nachmittagssonne leuchten, Symbole unserer eigenen Balance zwischen Fernweh und Anker.

„Vielleicht hat er nie ganz Frieden gefunden", sagte ich nachdenklich. „Sein Lächeln... es war bittersüß, fast wie ein Fenster zu etwas Unausgesprochenem."

Es schien, als hätte er sein Leben zwischen zwei Welten geteilt: die Freiheit des Reisens und die Sicherheit eines Zuhauses. Doch in seiner Entscheidung lag nicht nur Stärke, sondern auch ein Hauch von Bedauern – als hätte er etwas zurücklassen müssen, das noch immer in ihm lebte.

„Das ist unser Glück", sagte ich schließlich. „Wir müssen nicht alles aufgeben, um etwas anderes zu haben. Wir haben gelernt, in kleinen Scheiben zu leben, nicht in Extremen. Jahr für Jahr, Stück für Stück – immer wieder hinaus, aber nie ganz weg."

Antje lächelte.

„Ja, aber nicht jeder sieht das so. Oft denken die Leute, es müsste immer alles oder nichts sein. Entweder man bleibt oder man steigt aus. Da gibt es selten ein Dazwischen."

Ich dachte an die Menschen, die uns unterwegs begegnet waren. Einige bewunderten unseren Weg, andere belächelten ihn.

„Es könnte daran liegen, dass das Dazwischen schwerer zu erklären ist", sagte ich. „Es klingt nicht so dramatisch wie 'Ich habe alles hinter mir gelassen' oder 'Ich habe nie etwas riskiert'. Aber es ist genau dieses Dazwischen, dass uns eine Balance gibt. Ein bisschen wie Ying und Yang – zwei Seiten, einer Medaille, die zusammengehören."

Sie legte ihre Gabel zur Seite und schaute hinaus auf die Adria.

„Aber wie viele Menschen schaffen das wirklich? Diese Balance zwischen ihren Sehnsüchten und dem, was sie festhält? Es ist so leicht, sich in Extremen zu verlieren."

Ich erinnerte mich an Begegnungen auf einer Reisemesse mit Aussteigern, die nach Jahren auf Reisen wieder zurückkehrten, weil sie in der Ferne nicht das gefunden hatten, wonach sie suchten. Und an Menschen, die niemals wagten, auch nur einen Schritt aus ihrer Komfortzone zu machen, aus Angst, etwas zu verlieren.

„Weißt du", sagte ich nachdenklich, „vielleicht geht es gar nicht darum, alles zu haben. Sondern darum, das Beste aus beiden Welten zu verbinden – und dabei ein Gefühl zu finden, das uns trägt."

Antje lächelte, und für einen Moment schien der Nachmittag in Split perfekt – ein Augenblick der Ruhe inmitten des Trubels unserer Reise. Doch wie alle Momente auf Reisen schien auch dieser schneller zu vergehen, als man ihn festhalten konnte.

Als wir uns schließlich am Abend auf den Weg zum Hafen machten, hallten die Worte des Kellners in mir nach. Sie erinnerten mich daran, dass es nicht immer eine klare Antwort gibt, sondern dass das Leben oft aus Widersprüchen besteht – aus den Dingen, die wir nicht lösen, sondern leben müssen.

Die Fahrzeuge standen in geordneten Reihen, doch zwischen herrschte ein reges Treiben: Stimmengewirr, das sich mit dem Brummen von Motoren und dem Quietschen von Kofferrädern mischte. In der untergehenden Sonne schimmerten die Autos wie poliertes Metall, während der salzige Duft des Meeres mit einem Hauch von Diesel in der Luft lag. Es war, als hätte der

Schiffsanleger selbst einen Puls, chaotisch und doch voller Energie. Passagiere schlenderten umher, verweilten in Gesprächen oder verfolgten das geschäftige Treiben. Manche standen in kleinen Gruppen beisammen, während andere ihre Kinder davon abhielten, zwischen den Autos zu verschwinden. Das Zusammenspiel aus Stimmen, Motorengeräuschen und den gelegentlichen Rufen eines Hafenmitarbeiters fügte sich wie ein lebendiger Klangteppich in die Atmosphäre des Hafens ein.

Ein Stück vor uns standen zwei Motorradfahrer, vertieft in ein Gespräch. Ihre Maschinen schimmerten unter dem Neonlicht, das von den Schildern der Fährgesellschaft reflektiert wurde. Sie beugten sich gemeinsam über ein Navi, das an einer der Maschinen befestigt war. In ihren Händen hielten sie Smartphones, die sie einander zeigten, und ich konnte aus der Melodie ihrer Unterhaltung heraushören, dass sie Italienisch sprachen.

„Was meinst du, worüber sie sprechen?“, fragte Antje leise, während wir unsere Räder abstellten.

„Ich verstehe nur einzelne Fetzen“, antwortete ich. „Es klingt, als würden sie ihre bisherigen Erlebnisse teilen und Pläne schmieden. Wahrscheinlich für die nächsten Etappen ihrer Reise.“

Sie schmunzelte.

„Dann sprich sie doch an. Du bist doch der Sprachbegabte von uns beiden.“

„Englisch wird's richten“, erwiderte ich und trat näher. „Excuse me“, begann ich zögernd, „you're planning your next trips?“

Die beiden drehten sich fast synchron zu mir um, sichtlich überrascht, aber mit einem freundlichen Lächeln.

Marco, der ältere der beiden, antwortete mit einem charmanten Akzent: „Yes, we are! You speak Italian?“

Ich schüttelte den Kopf.

„Not really. Just a few words here and there. But Spanish is close enough to guess sometimes."

Der jüngere Fahrer lachte.

„Oh, yes, Italian and Spanish are cousins. But your English is good. We can talk in English."

Die Unterhaltung nahm sofort Fahrt auf. Marco erzählte, wie er den Balkan erkundet hatte – Albanien, Montenegro, Bosnien – und wie er sich über eine Reiseseite im Internet mit seinem Begleiter Lorenzo verabredet hatte. Lorenzo war zuvor allein quer durch Europa gereist. Schließlich hatten die beiden beschlossen, Kroatien gemeinsam zu erleben, und waren jetzt auf dem Rückweg, voller Eindrücke und Geschichten, die sie unterwegs gesammelt hatten.

„And you?", fragte Marco. „Where are you coming from?"

„Zagreb", antwortete ich. „We've been cycling down the coast and now we're heading to Italy. Next stop: Ancona."

Lorenzo nickte anerkennend und sah uns direkt an. „That's impressive. Cycling is a real adventure."

Marco lächelte nachdenklich. „Maybe. But when I see people like you, I wonder – does slowing down let you see the details we often miss?"

Er klopfte liebevoll auf den Tank seines Motorrads.

„On these machines, we sometimes miss the little details. But you... you live every turn of the road."

Antje lächelte.

„True, but I imagine the speed and freedom of a motorbike gives its own kind of thrill. A different way to taste the world."

Marco schüttelte den Kopf.

„Maybe. But sometimes, when I see people like you, I think – perhaps slower is richer."

„True", sagte Antje, die sich nun in die Unterhaltung einbrachte. „But I imagine traveling by motorbike has its own kind of freedom."

„It does", bestätigte Marco. „But there are limits", fügte er hinzu und klopfte auf seinen Helm. „Sometimes, I envy the pace you're traveling at. It's like you're tasting every moment."

Die Sonne war längst hinter dem Horizont verschwunden, und die Gespräche wurden zunehmend von der geschäftigen Betriebsamkeit um uns herum überlagert. Mitarbeiter der Fährgesellschaft lotsten die Fahrzeuge an ihre Positionen, während ein wildes Hupen die ungeduldigen Manöver der Wartenden begleitete – ein scheinbar unkoordiniertes Durcheinander, bei dem jeder gleichzeitig seinen Platz für das Boarding suchte

„It was great talking to you", sagte Lorenzo, als er seinen Helm aufsetzte. „Safe travels, and maybe we'll meet again on the other side."

„Same to you", antwortete ich, während wir uns wieder unseren Rädern zuwandten.

Die Begegnung war kurz gewesen, doch wie so oft auf Reisen hinterließ, sie das Gefühl, ein kleines Stück einer anderen Geschichte miterlebt zu haben. Es war, als ob jede Unterhaltung ein weiteres Mosaiksteinchen in das große Bild der Reise legte – ein Bild, das wir erst am Ende vollständig erkennen würden.

Der Hafen war ein Mikrokosmos für das Leben selbst: geordnete Bahnen und wildes Durcheinander, ein Rhythmus aus Chaos und Struktur. Während ich unsere Räder durch die Menge schob, wurde mir klar, wie oft wir in solchen Momenten eine Balance finden müssen – zwischen Plan und Improvisation, zwischen Ruhe und Bewegung. Das Boarding begann, und es war ein Chaos wie in einem Ameisenhaufen. Menschen und Fahrzeuge schoben sich in alle Richtungen, als ob ein unsichtbares Startsignal gefallen wäre. Autos rollten ruckartig an, Motorräder beschleunigten, nur um abrupt wieder zu bremsen, während Fußgänger sich dazwischen hindurchschlängelten.

„Was für ein Gewusel", rief Antje.

Die Luft war erfüllt von Hupen, lautem Rufen und dem nervösen Rattern von Koffern. Hafen- und Fährmitarbeiter versuchten verzweifelt, Ordnung in das Chaos zu bringen, aber es schien, als hätte die Szene ein Eigenleben entwickelt. Sie schüttelte den Kopf.

„Man könnte meinen, sie haben nie ein Boarding organisiert."

„Das gehört wohl einfach dazu", meinte ich mit einem Schmunzeln, während ich das Fahrrad durch das Gewusel lenkte. „Ein wilder Rhythmus, wie eine Melodie ohne Noten – genau so fühlt sich Kroatien an."

Antje grinste, ihre Augen blitzten amüsiert.

„Das ist eher wie indischer Verkehr – nur ohne Kühe."

„Und wahrscheinlich auch ohne die stoische Ruhe", ergänzte ich, während ein Auto abrupt neben uns abbremste.

Als wir schließlich an Bord waren, suchten wir uns einen Platz auf dem Außendeck. Hinter uns funkelten die Lichter von Split, als wollten sie uns ein stilles 'Bis bald' zurufen. Der Diokletian-Palast, schien in der Dunkelheit zu atmen. Während wir uns von der Stadt entfernten, spürte ich eine leise Wehmut, als ob wir nicht nur einen Ort, sondern ein Stück von uns zurückließen – und gleichzeitig Platz für Neues schufen.

„Abschiede sind immer ein bisschen traurig", sagte sie leise.

„Ja", stimmte ich zu. „Aber jeder Abschied birgt auch den Zauber eines Neuanfangs."

An Bord wurde es nicht besser. Kein Schlüssel für unsere Kabine, nur die Bordkarten. Also reihten wir uns brav in die Menschenschlange vor der Rezeption ein, die eher an einen gut besuchten Tante-Emma-Laden erinnerte. Hinter dem winzigen

Fensterchen kämpfte ein Mitarbeiter mit einem Ausdruck von stiller Resignation gegen den Ansturm der Passagiere. Sein Kollege daneben, ein eher jüngerer Mann, gestikulierte wild und wechselte schwindelerregend schnell zwischen Kroatisch, Englisch und Italienisch.

„IT-Problem", hörte ich jemanden weiter vorne sagen, als die Schlange nur millimeterweise vorwärts kroch.

„Was ist das hier bitte für eine Organisation?", knurrte ich und schob unser Ticket in der Hand hin und her, als ob ich damit den Prozess beschleunigen könnte. „Das ist doch unfassbar!"

Antje, die sich lässig an die Wand gelehnt hatte, kicherte.

„Ach komm, was hast du erwartet? Eine Fahrt nach Norwegen mit einem Kreuzfahrtschiff? Straffe Organisation und ein Empfang, bei dem dir ein Steward die Koffer abnimmt?" Sie zog die Augenbrauen hoch. „Du bist in Kroatien. Hier mahlen die Mühlen ein bisschen... entspannter."

„Entspannter?"

Ich deutete auf den gestressten Mitarbeiter, der gleichzeitig mit zwei Passagieren sprach und hektisch auf einen Bildschirm tippte, der aussah, als sei er noch mit Windows 95 ausgestattet. „Der Mann dort entspannt gleich gar nichts mehr. Schau dir das Chaos an!"

Sie legte mir eine Hand auf die Schulter.

„Willkommen im echten Leben, mein Lieber. Stell dir vor, das hier ist wie ein Museum. Die Technik ist ein Ausstellungsstück, und du bist der Ehrengast, der sehen darf, wie es früher war."

Ich schnaufte und sah sie an.

„Sehr witzig. Fehlt nur noch, dass sie mir einen Reiseführer in die Hand drücken: 'Willkommen an unserer Rezeption – ein Original aus dem Jahr 1973.'"

Antje lachte.

„Warum nicht? Sie könnten auch Eintritt verlangen. Der Wirrwarr hier ist schließlich einzigartig."

Hinter uns begann jemand zu schimpfen – laut und in einer Mischung aus Kroatisch und Englisch, während der Kollege an der Rezeption verzweifelt versuchte, die Kabinenzuteilung zu erklären.

„No, sir, your room is... double booked!", rief er mit einem entschuldigenden Lächeln, das so gequält wirkte, als hätte er es schon bei der Einschulung einstudiert.

Ich hörte, wie ein anderer Passagier sich einmischte und laut „Systemabsturz!" rief, in einem Ton, als könnte dieser Ausruf die IT höchstpersönlich aus dem Urlaub holen.

Hinter ihm nickte jemand und murmelte: „For sure a virus."

Ich konnte mir ein trockenes „Oder eine Art von digitalem Schluckauf" gerade noch verkneifen. „Und wenn wir jetzt keine Kabine kriegen?" fragte ich und warf Antje einen nervösen Blick zu.

„Dann schlafen wir halt unter den Sternen." Sie deutete auf das Deck. „Ist doch auch mal was. Ganz romantisch."

„Romantisch? Bei dem Wind? Bei dem Dieselgeruch?" Ich schüttelte den Kopf, während die Schlange einen weiteren Zentimeter vorrückte. „Ich hoffe, du hältst das für deine nächste Instagram-Story fest."

Antje grinste.

„Natürlich. 'Abenteuerliche Nächte auf der Adria – wie wir im Schlafsack neben dem Schiffsmotor die Sterne bewunderten.' Du bist unmöglich."

Ich lachte widerwillig, auch wenn ich immer noch genervt war.

Nach einer gefühlten Ewigkeit waren wir endlich dran.

„Room 42“, sagte der junge Mitarbeiter mit einem entschuldigenden Schulterzucken und reichte mir die Karte. „All is now resolved

„Na wunderbar.“ Ich drehte mich zu Antje um und hielt triumphierend die Schlüsselkarte hoch. „Fertig. Endlich.“

„Na siehst du“, sagte sie und zwinkerte. „Und das ganz ohne Steward mit Handschuhen. Kroatische Effizienz hat ihren eigenen Charme.“

Die Fähre setzte sich langsam in Bewegung, und ich fühlte eine Mischung aus Wehmut und Vorfreude. Kroatien lag hinter uns, Italien vor uns – ein neuer Abschnitt, ein neues Kapitel. Während die Dunkelheit uns umhüllte, dachte ich über die Worte des Kellners nach. Ich lehnte mich gegen die Reling, spürte den kalten Wind im Gesicht und sah zu den Lichtern von Split, die langsam im Dunkel verschwanden.

„Es sind nicht nur die Orte,“ murmelte ich, den Blick auf die verschwimmenden Lichter von Split gerichtet. „Es sind die Geschichten, die sie mit uns verweben. Die Menschen, die uns ihre Welt öffnen – und uns zeigen, wie unser eigenes Bild ein wenig vollständiger wird.“

BEGEGNUNGEN MIT NEUEN RHYTHMEN

Am Abend zuvor, als die Fähre Split hinter sich ließ, begrüßte uns eine steife, kalte Brise. Die Lichter der Stadt flimmerten noch schwach am Horizont, während der Wind uns ins Gesicht peitschte, fast so, als wollte er uns mit Nachdruck verabschieden. Ich zog die Schultern hoch und fragte mich, ob mein Magen für die Nacht auf hoher See gerüstet war. Der Kapitän schien jedenfalls Spaß daran zu haben, jede Welle mit Enthusiasmus mitzunehmen – vielleicht ein neues Adria-Fitnessprogramm für Passagiere, die zu viel Pasta gegessen hatten.

Am Morgen des 4. Novembers zeigte sich das Meer von seiner versöhnlichen Seite. Ein sanftes Licht schlich durch das schmale Kabinenfenster und ließ die letzte Nacht fast wie ein romantisches Abenteuer wirken. Die Sorgen, seekrank aufzuwachen oder vom Dieselgeruch aus der Kabine gejagt zu werden, waren zum Glück unbegründet gewesen. Die Fähre hatte uns in einen so tiefen Schlaf geschaukelt, dass sie fast wie ein entschuldigender Gastgeber wirkte, der sich für seinen ruppigen Empfang rehabilitieren wollte.

„Na, gut geschlafen?", fragte Antje mit einem wissenden Lächeln, während sie ihre Haare zu einem Zopf zusammenband. Ihr Blick verriet, dass sie schon ahnte, dass meine Antwort ein Hauch von Drama enthalten würde.

„Besser, als ich dachte", gab ich zu, während ich mir die Jacke überzog und die Taschen griff. „Aber wenn ich an die Color Line nach Norwegen denke... Das hier hat eher den Charme eines Campingplatzes auf hoher See."

Sie grinste.

„Tja, willkommen auf der Fähre nach Italien – keine Stewards mit weißen Handschuhen, dafür echter Abenteuer-Charme."

Ich musste lachen, während wir uns nach draußen begaben. Die Morgenluft war kühl, durchzogen von Salz und Diesel. Ancona begrüßte uns mit stählernen Kränen und ordentlich gestapelten Containern – der Pragmatismus eines funktionierenden Hafens, statt der Romantik eines italienischen Morgens.

„Und? Dein erster Eindruck?", fragte sie, während wir auf das Deck hinaustraten.

„Ich würde sagen, das hier ist weniger Italien und mehr eine Live-Ausstellung im Industriemuseum", sagte ich, während ich den Reißverschluss meiner Jacke bis unters Kinn zog. „Aber hey, wenigstens hat der Kapitän uns nicht verloren. Das ist doch schon mal was."

Sie lachte.

„Italien ist eben Italien – mal herzlich, mal chaotisch, aber immer echt."

Mit routinierten Handgriffen befestigten wir unsere Taschen an den Rädern, zogen die Gurte ein letztes Mal straff und rollten vorsichtig die schmale Rampe hinunter ins Abenteuer. Ancona empfing uns mit einer Mischung aus industrieller Betriebsamkeit und dem Hauch von Geschichte, der sich hinter den modernen Hafenanlagen verbarg. Doch die Altstadt blieb für uns unsichtbar – unsere Reise führte uns direkt weiter Richtung Pesaro entlang der Küste.

Sobald der Hafen hinter uns lag, wurden wir von einer neuen Szenerie empfangen: eine lebhafte Hauptstraße, auf der der Verkehr wie ein endloser Strom an uns vorbeizog. Der Verkehr dröhnte, und die Bahngleise, flankiert von Betonzäunen, wirkten wie ein stählerner Schutzwall, der uns den Meerblick verweigerte. Wo in Kroatien türkisfarbenes Wasser und dramatische Klippen unser Herz höherschlagen ließen, erwarteten uns hier flache Sandstrände und Strandbars, die wie stumme Zeugen der vergangenen Hochsaison wirkten.

„Die italienische Adria begrüßt uns mit Bahngleisen und Beton – ein Schutzwall gegen romantische Illusionen, so effizient wie nüchtern!", murmelte ich.

Antje warf mir ein amüsiertes Lächeln zu.

„Tja, Italien ist eben nicht Kroatien. Hier ist die Küste halt… wie sie ist."

Ich nickte.

„Oder sie macht einen auf 'Finde mich, wenn du kannst' – Verstecken spielen, aber ohne Aussicht auf einen Gewinner."

Die leeren Strände wirkten melancholisch. Verblasste Strandbars und ein paar Handwerker erinnerten an den Trubel des Sommers, während gestapelte Stühle und leere Straßen die Ruhe des Winters unterstrichen.

Mit ungläubigem Staunen entdeckten wir schließlich eine geöffnete Strandbar, wo Cappuccinos für erstaunlich moderate 1,70 Euro auf der Karte standen. Alle anderen Kaffeespezialitäten waren deutlich teurer, aber er schien – wie schon in Kroatien – die verlässlichste und preiswerteste Option zu sein, um sich mit Koffein aufzuputschen und aufzuwärmen. Ich begann mich fast wie ein selbst ernannter Cappuccino-Gourmet zu fühlen, der mit wissenschaftlicher Hingabe die Cafés entlang der Adria testet.

„Zumindest heute fühlt sich das hier fast wie ein kleiner Luxus an“, meinte Antje, als wir die Räder abstellten und uns endlich niederließen. Nach der Suche war allein das Wissen, dass wir jetzt einen Kaffee bekommen würden, Balsam für die Seele. Wir bestellten zwei, setzten uns in die spärliche Sonne und lehnten uns zurück, als ob wir jeden kostbaren Strahl aufsaugen müssten, bevor der November sie endgültig verschluckt.

„Luxus?“ Ich zog eine Augenbraue hoch und zeigte auf die geschlossenen Rollläden der umliegenden Bars. „Eine Stunde auf der Jagd nach einem Kaffee – das ist keine Pause, das ist ein Survival-Test. Und diese Preise hier? Die scheinen immer noch an den Sommer zu glauben.“

Antje lachte.

„Ach, sieh es doch mal so: Das ist der Charme der Nebensaison – keine Touristenhorden, dafür Handwerker, die die Strände in ein Freilichtmuseum der leisen Melancholie verwandeln.“

Ich schüttelte den Kopf, konnte mir aber ein Grinsen nicht verkneifen. Dabei hob ich meine Tasse und grinste.

„Auf die Geisterstrände der Adria und den unermüdlichen Geist des Cappuccino-Suchers.“

Sie hob ihre Tasse ebenfalls und zwinkerte mir zu.

„Und auf Italien – so unperfekt, dass es schon wieder perfekt ist.“

Nach mehreren Stunden Fahrt rollten wir schließlich in Pesaro ein. Die Stadt, 2024 Italiens Kulturhauptstadt, präsentierte sich wie ein gut gehütetes Geheimnis, das erst auf den zweiten Blick seinen Reiz entfaltet. Breite Straßen führten ins Zentrum, wo das warme Licht der Nachmittagssonne die pastellfarbenen Häuser zum Strahlen brachte. Der Wind trug den Duft von Meersalz und frischem Gebäck heran, während die leise Betriebsamkeit des Stadtlebens durch die Gassen schwebte.

Wir fanden uns bald auf der Piazza del Popolo wieder, dem pulsierenden Herzen Pesaros. Schon aus der Ferne lockte uns das sanfte Plätschern des Brunnens, dessen Wasser in eleganten Bögen ins steinerne Becken fiel. Wir stellten unsere Räder ab und ließen uns von der Szenerie einfangen.

Der Brunnen im Zentrum wirkte wie eine Inszenierung aus der Renaissance: Meereswesen, Musen und Fabeltiere erhoben sich majestätisch, während das Wasser sie wie ein stetiger Applaus umrahmte. Um den Brunnen gruppierten sich elegante, historische Fassaden, die mit Fensterläden in Grün und warmem Ocker wie eine Einladung zur Zeitreise wirkten. Die Piazza pulsierte vor Leben, jedoch auf eine leise, angenehme Weise. Stimmen vermischten sich mit dem leichten Klirren von Kaffeetassen, während Kinder lachend den Brunnen umrundeten und ältere Paare auf Bänken saßen, als sei die Hektik der Welt hier ein Fremdwort.

„Was denkst du?", fragte Antje, während wir uns langsam über das Kopfsteinpflaster zur Brunnenmitte bewegten.

Mein Blick wanderte über den Platz, bis er an kleinen, roten Herz-Intarsien hängen blieb, die wie heimliche Wegweiser über das Pflaster verstreut waren. Sie schienen auf eine Entdeckung zu warten, eine Art Einladung, der Geschichte dieses Ortes nachzuspüren. Fast wie kleine Pulsadern einer Stadt, die durch ihre Kunst und Musik lebt. Über uns spiegelte sich das sanfte Sonnenlicht in den Wasserkaskaden des Brunnens, während der Klang des plätschernden Wassers mit den leisen Gesprächen der Passanten verschmolz. Ich atmete tief ein, spürte die Mischung aus Salzluft und Geschichte, die den Platz erfüllte.

„Ich denke, Pesaro ist... eigenwillig", sagte ich schließlich, während ein Lächeln meine Lippen umspielte. „Nicht aufdringlich, aber doch beeindruckend. Es hat etwas... Gelassenes. Eine Schönheit, die man entdecken muss, statt dass sie sich einem aufdrängt."

Sie nickte, ließ ihren Blick über die kunstvollen Fassaden gleiten und deutete dann auf eine der Herz-Intarsien unter ihren Füßen.

„Man übersieht sie leicht, diese kleinen roten Herzen im Pflaster, als wären sie bloß Deko. Dabei tragen sie ihre Botschaft direkt unter unseren Füßen."

Ihr Finger schwebte einen Moment über dem roten Mosaik, das sich wie ein heimliches Pulsieren aus dem grauen Pflaster abhob.

„Dabei steckt in solchen Dingen oft so viel mehr. Nicht nur Arbeit oder Kunst, sondern etwas, das uns erinnern will, die Augen und das Herz zu öffnen."

Sie hob den Kopf, ihr Blick glitt über den Platz, als suchte sie nach etwas, das sich nicht sofort zeigte.

„Es lohnt sich, die Welt mit offenen Sinnen zu betrachten. Nicht nur zu sehen, sondern wahrzunehmen – mit allem, was in uns ist."

Ihre Worte hingen in der Luft, und ich spürte, wie sie etwas in mir anstießen. Wie oft laufen wir durch die Welt, abgelenkt von Gedanken, Erwartungen und einem ständigen Drang, weiterzumüssen? Wie oft trüben Stress und Routine unsere Sicht, wie Staub auf einer Brille? Dabei sind es nicht die Augen allein, die sehen. Wir nehmen die Welt über so viel mehr wahr – den Wind auf der Haut, den Duft von Kaffee, das Gewicht eines Moments. Doch was ist mit dem, was wir fühlen, mit dem, was in uns mitschwingt?

Die Umgebung schien in einem stillen Rhythmus zu pulsieren – das Knirschen der Pflastersteine unter den Schritten eines Passanten, das sanfte Plätschern eines Brunnens, das dezente Glitzern eines Mosaiks im fahlen Licht. Alles lag da, unscheinbar und doch voller Leben, als wartete es darauf, wirklich wahrgenommen zu werden. Nicht die Augen allein reichten dafür, sondern ein tieferes Lauschen, ein Loslassen der inneren Unruhe, die uns oft wie ein Schleier umgibt. Keine Hast, keine Wertung – nur ein offenes Wahrnehmen dessen, was sich zeigt.

Es geht vermutlich genau darum: sich zu öffnen, ohne zu erwarten. Sich berühren zu lassen von dem, was da ist, statt sich von dem leiten zu lassen, was man zu sehen glaubt. Die Welt spricht nicht immer laut. Manchmal flüstert sie. Aber um sie zu hören, müssen wir die Lautstärke unserer eigenen Gedanken senken.

„Das ist nicht leicht", fuhr sie leise fort, als hätte sie meine Gedanken gelesen. „Aber wer es wagt, sie so zu erfahren, entdeckt mehr, als er jemals gesucht hätte."

Ich blickte auf die Intarsien hinunter, deren kräftiges Rot sich von dem grauen Pflaster abhob, und spürte, wie Neugier in mir aufstieg.

„Das lässt mir keine Ruhe", grummelte ich, während ich mein Handy hervorzog. „Ich will herausfinden, was hinter diesen Herzen steckt."

Wenige Klicks später hatte ich die Lösung: Die Herzen waren ein Symbol für Pesaro als 'Città della Musica' – Stadt der Musik – und eine Hommage an den großen Komponisten Gioachino Rossini, der hier das Licht der Welt erblickt hatte.

„Es ist ein Tribut an Rossini", erklärte ich und hielt Antje das Handy hin. „Die Intarsien stehen für die Verbindung der Stadt zur Musik.
Sie sagen: „Musik ist unser Herz, unser Puls.""

Und scheinbar ist genau das der Punkt – Musik ist nicht nur Kunst, sie ist Leben. Sie bewegt uns, selbst wenn wir die Worte nicht verstehen. Sie ist die Sprache, die uns verbindet, unabhängig davon, woher wir kommen.

„Weißt du“, begann ich, während ich auf eine der Herz-Intarsien zeigte, „Musik ist eigentlich die ehrlichste Form von Kultur. Sie drängt sich nicht auf, sie fragt nicht nach Verständnis. Sie wirkt einfach. Selbst wenn wir die Sprache nicht sprechen, verstehen wir die Botschaft.“

Antje nickte nachdenklich.

„Das stimmt. Es ist, als ob sie uns einlädt, sie auf einer ganz anderen Ebene zu erleben – nicht mit den Augen, sondern mit dem Herzen.“

„Die Musik in Dalmatien ist eine Mischung aus Tradition und Moderne“, sagte ich schließlich. „Anfangs wirkte sie fremd, fast sperrig. Doch je länger ich hinhörte, desto mehr erkannte ich, wie sie die Region auf ihre ganz eigene Weise ausdrückte. Sie schien mich einzuladen, mit dem Herzen zu begreifen, was dem Auge verborgen blieb.“

Antje schmunzelte.

„Das ist die Stärke von Musik, oder?“, sagte sie nachdenklich. „Sie bricht jede Grenze – egal ob sprachlich, kulturell oder emotional. Sie braucht keine Worte, um uns zu bewegen. Und genau deshalb bleibt sie uns oft länger im Gedächtnis als alles andere.“

Ich ließ meinen Blick über die Piazza schweifen.

„Manchmal zeigt uns ein Ort, wie wichtig es ist, einfach langsamer zu werden“, stellte ich fest. „Stehen bleiben, genau hinschauen, zuhören und fühlen – nur so erkennen wir die Geschichten, die direkt vor uns liegen.“

Antje lächelte leicht, bevor sie antwortete.

„Du weißt, was das Problem ist? Wir alle tun so, als müssten wir die Welt ständig einholen. Aber womöglich ist es genau umgekehrt – möglicherweise wartet die Welt schon auf uns. Sie braucht unser Tempo nicht, wir aber ihres.“

Ich sah sie an, überrascht von der Tiefe ihrer Worte.

„Du meinst, wir sollten einfach stehen bleiben, weil… die Welt uns schon voraus ist?"

Sie nickte langsam und ließ ihren Blick durch die Gassen wandern.

„Genau. Stehen bleiben ist manchmal nicht das Gleiche wie anhalten. Es ist wie ein Tanz. Und manchmal muss man einfach warten, bis die Melodie einen wieder mitnimmt."

Wir schlenderten weiter, ließen die Atmosphäre auf uns wirken, bis die goldene Sonne allmählich den Schatten der Dämmerung wich. Ein leises Glitzern lenkte plötzlich meinen Blick nach oben, und ich bemerkte, wie über den Straßen schwebende Schriftzüge und Lichterketten die beginnende Dunkelheit durchbrachen. Die Häuser schienen mit Gedichten aus Licht geschmückt, ein Vorbote des nahenden Dezembers.

Ich blieb stehen, die Szene auf mich wirken lassend.

„Weihnachten fühlt sich anders an", sagte ich schließlich zu ihr. „Früher war es magisch – Schnee vor der Haustür, Plätzchen, Geschenke. Heute wirkt es oft wie eine inszenierte Freude, die ich kaum greifen kann."

Sie sah mich liebevoll an.

„Vielleicht lässt du dir einfach nicht genug Zeit, diese Magie zu finden."

Ihre Worte klangen nach, während ich darüber nachdachte, ob es an der Zeit lag oder an mir selbst – an der Schwere, die uns manchmal von der kindlichen Leichtigkeit trennt. Vielleicht war das die wahre Herausforderung: den Rhythmus der Welt wiederzufinden. Denn die Welt atmet weiter, auch wenn wir es nicht tun.

Am nächsten Morgen verabschiedeten wir uns von Pesaro. Die Straßen waren noch ruhig, die Stadt lag unter einem Schleier von Stille, den nur das Zwitschern vereinzelter Vögel durchbrach. Die ersten zaghaften Sonnenstrahlen malten goldene Konturen auf die Dächer, während wir unsere Räder beluden. Der Himmel war klar, und wir fühlten uns erfrischt – optimistisch genug, um den Tag mit kräftigen Tritten in die Pedale zu beginnen.

Unser Weg führte uns entlang der Küste, die im sanften Licht des Morgens glitzerte. Der Wind war mild, das Meer ruhig, und die Szenerie lud uns zu einem kurzen Halt ein: vor der beeindruckenden Skulptur 'Sphere Within Sphere'. Die Kugel schimmerte im Licht, als wollte sie uns daran erinnern, wie zerbrechlich und gleichzeitig komplex die Welt ist. Zahnräder ragten wie ineinander verschlungene Gedanken aus ihrem Inneren.

„Es ist seltsam", begann Antje nachdenklich, „wie klein wir eigentlich sind. Ein Staubkorn im Universum, unscheinbar und leicht zu übersehen. Aber wenn eines dieser Zahnräder hier fehlt, kommt das ganze System ins Wanken."

Ich nickte, ohne den Blick von der Skulptur zu lösen.

„So wie beim Fahrrad. Es sind die kleinen Teile, die dafür sorgen, dass es läuft – auch wenn wir sie meistens gar nicht bemerken."

„Ein bisschen wie wir", fügte sie hinzu. „Wir denken oft, wir seien nur kleine Zahnräder in einem riesigen System. Aber vielleicht ist es gerade unsere Aufgabe, unserem Leben die Richtung zu geben, die uns einzigartig macht."

„Oder mehr als Sand im Getriebe", fügte ich grinsend hinzu. „Manche Leute scheinen ja auch zu denken, dass sie die Hauptrolle im Universum spielen – aber hey, irgendwer muss die Räder ja ölen."

Antje lachte.

„Oder blockieren. Ich meine, es gibt auch Leute, die sich für besonders wichtig halten, aber am Ende nur Krach machen."

„Das stimmt", sagte ich. „Unser Leben ist in der Ewigkeit nur ein kurzes Aufblitzen. Kaum wahrnehmbar, wenn man das große Ganze betrachtet. Und doch... es ist da. Es hat eine Bedeutung. Und vielleicht ist genau dieses Bewusstsein die Einladung, unser Leben aktiv zu gestalten – es bewusst zu leben. Nicht einfach vor uns hinzurollen wie ein schlecht geöltes Fahrrad."

Sie sah mich an und legte kurz ihre Hand auf meinen Lenker, als wollte sie die Gedanken anhalten, die zwischen uns rollten.

„Aber aktiv heißt nicht, dass wir ständig in Bewegung sein müssen, oder?"

„Oder zumindest nicht immer im Leerlauf zu treten", erwiderte ich. „Es ist gerade unsere Vergänglichkeit, die unserem Leben Bedeutung verleiht. Das größte Geschenk, das wir bekommen haben, ist die Zeit, die uns bleibt – so kurz sie auch sein mag. Wir sollten versuchen, es glücklich zu leben – nicht für andere, sondern für uns selbst. Und dabei vielleicht nicht vergessen, dass das Leben auch Pausen hat."

Antje ließ ihren Blick wieder über die Skulptur schweifen, während ich mich fragte, wie oft ich selbst das Wesentliche übersehen hatte.

„Es klingt so einfach", sagte sie, „aber oft vergessen wir, was wirklich wichtig ist."

Ihre Worte hallten in mir nach, als ob sie nicht nur zu mir, sondern zu sich selbst sprach.

Ich lachte.

„Manchmal reicht es, innezuhalten und die kleinen Mechanismen zu pflegen, die unser Leben im Gleichgewicht halten. Ein wenig Aufmerksamkeit hier und da – womöglich ist genau das die wahre Kunst des Lebens."

Antje grinste.

„Du meinst, Leben ist wie Fahrradfahren – wenn's quietscht, stimmt was nicht?"

„Genau!"

Ich zeigte auf die Skulptur. „Und wenn wir irgendwann mal durch sind, will ich bitte glänzen wie diese Kugel. Poliert vom Leben – und hoffentlich nicht von der Werkstatt des Universums zurückgegeben."

Die Gedanken an das Kunstwerk begleiteten uns, während wir uns wieder auf die Räder schwangen. Die Zahnräder in meinem Kopf ratterten noch, während sich vor uns die Küste wie ein unendlich langes Band ausbreitete.

Die Küste war unser ständiger Begleiter, aber mit jedem Tritt in die Pedale wechselte die Kulisse – von der Weite des Meeres hin zu den Spuren des Massentourismus.

Die ersten Anzeichen dafür, wie belebt und touristisch diese Gegend im Sommer sein musste, wurden mit jedem Kilometer deutlicher. Hunderte von Badehütten standen in akkurater Reihenfolge da, wie bunte Bauklötze, die jemand ordentlich am Strand aufgestellt hatte. Daneben Cafés, Volleyballfelder und hier und da ein paar verblasste Sonnenliegen, die aussahen, als würden sie nur darauf warten, wieder in den Sommertrubel geworfen zu werden. Zur Linken reihten sich Hotels an Restaurants, fast wie in einem unendlichen Spiel aus 'Wer bietet mehr?' Zur Rechten lag das Meer – ruhig, glitzernd und scheinbar unberührt von der Betriebsamkeit der Küste.

Ich sah Antje an und konnte mir ein Grinsen nicht verkneifen.

„Weißt du, das hier ist wie eine riesige Massenabfertigung. Rechts Sonne und Bier tanken, links schlafen und das Bier... 'wegbringen'."

Sie lachte und schüttelte den Kopf.

„Du hast wirklich eine poetische Ader heute Morgen."

„Manche mögen hier ankommen – und das ist wunderbar. Aber ich? Mir fehlt das echte Erleben. Sonne, Sand, Essen, Schlafen... das wirkt eher wie eine Pause als ein Erlebnis."

Vielleicht seht ihr das anders – vielleicht ist genau diese Art von Ruhe der Schlüssel zu einem erfüllten Leben. Ich weiß es nicht. Für mich fühlt es sich an, als würde ich mehr verpassen, als ich gewinnen könnte. Es ist keine Kritik, nur ein Gedanke – der mir ganz allein gehört. Denn jeder hat sein eigenes Verständnis von Urlaub, und eventuell gehören zu einem glücklichen Leben auch genau diese Tage am Strand. Aber für mich? Für mich war das zu... ordentlich. Wie ein Urlaub, der in Excel organisiert wurde: Planbar, aber ohne Überraschungen.

Ein paar Meter weiter schauten wir auf die verlassenen Strandbars. Es wirkte ein bisschen so, als hätte jemand die Pause-Taste gedrückt. Stühle waren gestapelt, Sonnenschirme lagen wie Soldaten nach einer Schlacht zusammengerollt, und Möwen schritten unbeeindruckt durch den Sand. Hin und wieder huschte ein streunender Hund vorbei, schnupperte neugierig an den leeren Tischen und setzte seinen Weg fort – ein leises Echo von Leben inmitten der Stille.

„Ich glaube, ich würde mich hier im Sommer völlig verloren fühlen", meinte ich schließlich.

Antje nickte zustimmend.

„Es ist schon beeindruckend, wie so ein Ort sich verändert. Jetzt sieht es fast aus wie eine Filmkulisse."

„Es ist wie der Morgen nach einer wilden Party – der DJ ist weg, die Lichter sind aus, und die Luft riecht noch nach Feuerwerk. Aber die leeren Gläser stehen bereit, als hätten sie die Hoffnung noch nicht aufgegeben, dass die Feier irgendwann weitergeht."

Mit einem letzten Blick auf die endlose Reihe von Strandbars setzten wir unsere Fahrt fort. Die milden Morgenstunden begleiteten uns, und obwohl die Szenerie für mich nicht besonders inspirierend war, hatte sie doch etwas Beruhigendes. Möglicherweise lag es an der Einsamkeit des Winters, die diesem Ort eine seltsame Mischung aus Stille und Lebendigkeit verlieh.

In Cesenatico hielten wir an einem Mahnmal für die Seefahrer, einem stillen Zeugnis für die Tapferkeit derer, die einst die Wellen bezwangen. Die schlichte Form des Denkmals sprach für sich – ein Anker, fest verankert im Boden, wie ein Symbol für die Standhaftigkeit und den Mut, trotz aller Widrigkeiten hinaus in die Ungewissheit zu stechen.

„Weißt du", begann ich leise, „Mut ist nicht, keine Angst zu haben. Mut ist, es trotzdem zu tun. Auch wenn die Wellen höherschlagen, als man erwartet."

Sie nickte.

„Aber Mut ist auch nicht Leichtsinn", sagte sie nachdenklich. „Die Seefahrer damals wussten um die Gefahren. Sie hatten keine Illusionen, aber sie folgten ihren Träumen – vielleicht, weil Träume nichts anderes sind als die Sehnsüchte unseres tiefsten Selbst."

Ich sah auf das Mahnmal und ließ ihre Worte auf mich wirken.

„Vielleicht ist es das, was uns antreibt – nicht nur zu überleben, sondern z[illegible] dazu gehört manchmal, sich der Angst zu stellen und trotzdem weiterzufahren."

„Oder einfach weiter zu strampeln", lachte Antje.

Die Fahrt führte uns weiter zu einem idyllischen Kanal, der den Charme vergangener Zeiten atmete. Die alten Fischerboote mit ihren kunstvoll bemalten Segeln schienen wie Relikte einer anderen Ära. Die Segel waren in warmen Gelb- und Brauntönen gehalten, einige verziert mit einfachen, symbolhaften Motiven wie der Sonne oder einer Biene. Die Boote selbst, mit ihren abgenutzten Holzplanken und den handgeknüpften Seilen, erzählten von jahrelanger Treue zum Meer. Sie schaukelten sanft im ruhigen Wasser, als würden sie von einem unsichtbaren Taktgeber geführt, während sich ihre Reflexionen leicht verzerrt im Kanal widerspiegelten.

Die Promenade war gesäumt von schlichten, pastellfarbenen Häusern mit Fensterläden in Grün und Blau, die den Ort in eine ruhige, beinahe malerische Atmosphäre tauchten. Eine leichte Brise ließ die Seile an den Masten klappern und füllte die Luft mit einem Hauch von Nostalgie. Hier und da zogen Kinder fröhlich ihre Kreise, während einige Touristen ihre Kameras auf die Boote und die stimmungsvolle Kulisse richteten.

Antje blieb vor einem der Boote stehen, dessen Segel in kräftigem Gelb mit einer filigranen Biene darauf leise im Wind flatterte. Ihr Blick blieb lange auf den Bewegungen des Bootes ruhen, fast so, als versuchte sie, seinem sanften Schaukeln zu folgen.

„Weißt du", begann ich nachdenklich, während ich mich leicht nach vorne lehnte, „diese Boote erinnern mich daran, wie man mit dem Wind des Lebens schwimmt. Nicht gegen die Wellen kämpfen, sondern ihren Rhythmus annehmen. Sie zeigen, wie man die Balance hält, selbst wenn das Wasser aufgewühlt ist."

Sie drehte sich zu mir um, ein nachdenkliches Lächeln auf den Lippen.

„Genau das, oder? Nicht starr verharren, aber auch nicht ziellos treiben lassen. Es geht darum, den Rhythmus zu spüren und den Kurs bewusst zu setzen."

Ihre Worte schienen mit dem ruhigen Plätschern des Wassers zu verschmelzen. Die Boote, die uns umgaben, wirkten wie stille Wächter des Ortes – Zeugen einer Zeit, in der das Leben vielleicht weniger hektisch, aber dafür umso lebendiger war.

Ich nickte, mein Blick folgte dem sanften Wiegen der Boote.

„Die Kunst ist wohl, die Herausforderungen anzunehmen und dabei die Leichtigkeit zu bewahren – den Wellen zu folgen, ohne sich treiben zu lassen. Eventuell ist genau das der wahre Balanceakt des Lebens."

Die Wolken verdichteten sich langsam, während wir die Küstenlinie hinter uns ließen und uns ins Landesinnere bewegten. Die Balancias spannten ihre Netze wie riesige Spinnweben über die Flüsse, still und zugleich bedrohlich. Ihre Stahlträger ragten in den grauen Himmel, während die Netze in der nebligen Luft zu schweben schienen.

„Nachhaltigkeit sieht anders aus", raunte ich und hielt an, um die Szenerie auf mich wirken zu lassen. Die Flüsse schlängelten sich träge durch die Landschaft, während eine Balancia nach der anderen über das Wasser gespannt war – wie ein endloser Spießrutenlauf für die Fische und Krebse. Ich fragte mich, wie sich wohl ein Fisch fühlen würde, der diesen Konstruktionen ausgeliefert war. Jeder Flussarm schien überwacht, jede Möglichkeit zur Flucht versperrt. Das war keine freie Natur, sondern ein künstlich erschaffenes System, das den Anschein erwecken wollte, es wüsste besser, was zu tun sei.

„Vielleicht fühlen sie sich wie wir, wenn wir durch Flughafenkontrollen gehen", sagte Antje trocken. „Nur dass es hier keine Duty-Free-Läden gibt."

Ich musste lachen.

„Stimmt. Kein Parfüm, kein überteuerter Kaffee – nur ein Netz, das entscheidet, wer weiterdarf."

Die Szene hatte etwas Gespenstisches. Überall ragten die riesigen Träger aus Stahl empor, wie die Skelette vergangener Industrien. Doch je länger ich die Balancias betrachtete, desto mehr schien sie mir nicht nur von Kontrolle zu erzählen, sondern auch von dem menschlichen Drang, die Natur unbedingt beherrschen zu wollen.

„Diese Netze dominieren alles“, sagte ich. „Ein Versuch, die Natur zu kontrollieren. Aber wer entscheidet, was bleibt?“

Sie ließ ihren Blick schweifen.

„Die Natur braucht keine Regeln. Sie kennt nur Gleichgewicht – das ist ihre Stärke.“

„Und wir meinen, wir könnten ihre Regeln verbessern“, ergänzte ich. „Aber ist das nicht ein Irrtum – dieser Glaube, dass wir immer besser wissen, was richtig ist?“

Antje schwieg für einen Moment.

Dann sagte sie: „Manchmal frage ich mich, ob wir die Netze spannen, um uns selbst zu beruhigen. Als wollten wir beweisen, dass wir die Dinge unter Kontrolle haben, selbst wenn wir es längst nicht mehr tun.“

Ihre Worte beschäftigten mich noch eine ganze Weile, während wir langsam weiterfuhren. Die melancholische Atmosphäre hielt an, doch plötzlich änderte sich die Landschaft. Der Fluss öffnete sich zu einem weitläufigen See, und wir hielten abrupt an, als wir etwas Unerwartetes entdeckten.

„Flamingos!“, rief Antje erstaunt und deutete auf die rosa Flecken, die sich in der Entfernung auf dem Wasser bewegten.

„Ehrlich, die müssen ihr Navi falsch programmiert haben. Das hier ist doch keine Flamingo-Heimat“, sagte ich und lachte, während ich den Anblick auf mich wirken ließ.

„Sie sind wohl auf Bildungsreise“, meinte Sie und schmunzelte. „Ein bisschen italienische Kultur und Kulinarik – wer kann da schon widerstehen?“

Ich lachte laut auf.

„Oder sie machen ein Anti-Massentourismus-Statement. „Kommt uns nicht zu nah, wir sind nicht wie die Möwen.““

Wir stiegen von den Rädern, um näher heranzugehen und Fotos zu machen. Die Flamingos standen da, elegant und beinahe surreal, als hätten sie sich verlaufen, aber beschlossen, einfach das Beste daraus zu machen. Der See war in ein mystisches Licht gehüllt, das die Vögel wie Gestalten aus einer anderen Welt erscheinen ließ. Ihre rosa Gefieder hoben sich gegen das graue Wasser ab, ein stilles Schauspiel, das fast zu schön war, um real zu sein.

„Ihr Anblick beruhigt mich. Sie zeigen, dass sich nicht alles kontrollieren lässt."

Antje lächelte.

„Oder dass das Leben immer einen Weg findet – egal, wie viele Netze wir spannen.'"

Wir blieben noch einen Moment stehen, um die Umgebung auf uns wirken zu lassen. Die Flamingos glitten langsam durch das Wasser, als wollten sie uns dazu einladen, ihrem Vorbild zu folgen – uns zu entschleunigen und den Moment einfach so anzunehmen, wie er war: rosa, still und voller unerwarteter Magie.

Als wir wieder auf die Räder stiegen und uns langsam von diesem Anblick entfernten, fühlte ich mich fast ein wenig versöhnt mit der Landschaft. Die Balancias hatten mir das Gefühl von Kontrolle und Enge gegeben, doch die Flamingos hatten etwas in mir geweckt – eine Ahnung davon, dass nicht alles geplant und vorherbestimmt sein muss.

Als die ersten Vororte von Ravenna auftauchten, wandelte sich die Umgebung: Breite Felder und stille Kanäle wichen allmählich niedrigen Wohnhäusern, Verkehrsschildern und dem vertrauten urbanen Dröhnen.

Es war, als hätte die Natur sich verabschiedet und gesagt: „Ab hier seid ihr auf euch gestellt."

Der Nebel, der uns den ganzen Tag begleitet hatte, begann sich zu lichten, doch die feuchte Luft klebte immer noch an uns wie ein zu enges Trikot nach einem Marathon.

Ich spürte plötzlich, wie kalt mein Rücken war – ein klammes, unangenehmes Gefühl, das sich unbemerkt in meine Knochen geschlichen hatte.

„Mir ist kalt", murmelte ich, mehr zu mir selbst als zu Antje.

Doch sie warf mir nur einen kurzen Blick zu und nickte in Richtung eines kleinen Cafés, dessen hell beleuchtete Fenster wie eine warme Einladung wirkten.

„Komm, das ist doch die perfekte Gelegenheit, um uns aufzuwärmen", schlug sie vor und schwang sich mit einem geübten Schwung vom Rad. Ohne Zögern folgte ich ihr, froh, der feuchten Kälte draußen zu entkommen. Das Café war klein, fast schon winzig, und doch strahlte es eine Gemütlichkeit aus, die man nur in solchen versteckten Orten findet. Der Duft von frisch gebrühtem Kaffee und warmen Croissants umarmte uns regelrecht, während ein leises Klirren von Kaffeetassen und das gedämpfte Murmeln der Gäste den Raum erfüllten.

Wir bestellten zwei Cappuccinos und ließen uns an einem kleinen Tisch nieder, nah genug an der Heizung, um die Kälte aus unseren Knochen zu treiben. Antje blätterte in einer zerlesenen Speisekarte, während ich mich zurücklehnte und mich von der Wärme einlullen ließ.

Meine Gedanken drifteten ab, schon weit hinaus in die Straßen Ravennas, zu den historischen Gebäuden und der Mosaikkunst, für die die Stadt weltberühmt ist. Diese Vorfreude baute sich in mir wie eine wachsende Welle auf, bis ich es plötzlich nicht mehr zurückhalten konnte.

Ohne Vorwarnung setzte ich zu einer theatralischen Geste an, die meinen Cappuccino gefährlich nahe an den Rand des

Überschwappens brachte: „Die Mosaike – diese Farben! San Vitale sieht aus, als hätte jemand einen Farbtopf über die Wände geschüttet. Und die Sternenkuppel im Mausoleum? Einfach wahnsinnig schön – fast schon Größenwahn!"

Ich lehnte mich zurück und nippte an ihm, während ich einen Moment innehielt.

„Ich meine, wenn das nicht die Definition von 'Beeindruckend' ist, dann weiß ich auch nicht. Vielleicht sollte ich mal ein paar Glitzersteine in unser Badezimmer kleben, damit wir uns auch so fühlen, als wären wir im Himmel."

Antje hob eine Augenbraue und grinste.

„Du meinst, so wie jetzt? Mit deinem kleinen Milchtraum in der Hand und dem Gesichtsausdruck eines Archäologen, der gerade ein ganzes römisches Bad ausgegraben hat?"

Ich lachte.

„Tja, wer weiß – vielleicht ist das mein Element. Cappuccino und Kulturschock. Ich werde es auf meine Visitenkarte schreiben."

Sie hob den Blick von der Karte und schmunzelte nachsichtig, als hätte ich gerade einen besonders süßen, aber etwas übermotivierten Welpen adoptiert.

„Ganz ruhig, mein Lieber", sagte sie mit einem leichten Lächeln. „Morgen haben wir genug Zeit, um Ravenna zu erkunden. Wir bleiben zwei Nächte hier, also keine Panik. Nichts entgeht dir."

Ich zuckte mit den Schultern und nippte an meinem Latte-Schaum-Genuss. Die heiße Flüssigkeit breitete sich in meinem Inneren aus wie ein kleiner Kamin in einer frostigen Hütte. Antjes Pragmatismus hatte wie immer eine beruhigende Wirkung, doch ein Teil von mir konnte es kaum erwarten, diese Stadt zu entdecken – und zwar jetzt, sofort.

Als wir das Café verließen, begrüßte uns das erste Schild zur Innenstadt von Ravenna, und mit jedem Meter, den wir uns der Innenstadt näherten, wurde die Atmosphäre dichter – und zwar im ganz wörtlichen Sinne. Der Nebel war fast verschwunden, dafür schien die Luft von hupenden Autos, knatternden Mopeds und dem allgemeinen Geräuschpegel einer italienischen Vorstadt erfüllt. Der Verkehr nahm zu, Autos schossen hupend an uns vorbei, und es fühlte sich an, als wären wir mitten in einem italienischen Sinfonieorchester gelandet. Jedes Hupen schien eine eigene Note zu spielen: mal ein kurzer, gereizter Ton, mal ein langgezogener Brummbass von einem heranrasenden Moped, das offenbar nur hupte, um sicherzustellen, dass es nicht übersehen wurde. Doch trotz des Chaos spürte ich etwas Unerwartetes: Hier waren wir Radfahrer kein Fremdkörper – wir waren Teil dieses orchestralen Wahnsinns, willkommen im Konzert des Verkehrs.

„Ich glaube, es ist Zeit für unsere 'Landebahnbeleuchtung'", rief ich zu ihr hinüber, die sich konzentriert durch das Chaos manövrierte. Ich zeigte auf die kleinen, grellen Blinklichter, die wir an unseren Gepäcktaschen montiert hatten. Sie waren so hell, dass ich sicher war, sie könnten notfalls auch einen Jumbojet sicher zur Landung leiten.

Sie seufzte und warf mir einen leicht genervten Blick zu.

„Schon wieder anhalten? Na gut, aber wenigstens sehen die Autofahrer dann, dass wir keine Deko sind."

Ich drückte die Schalter, und schon blinkten unsere Taschen in einem pulsierenden Rhythmus. Es war, als hätten wir unsere eigene mobile Disco auf den Straßen Ravennas eröffnet. Praktisch, sicher und – das musste ich zugeben – verdammt effektiv. Doch im Vergleich zu den anderen Radfahrern, die uns entgegenkamen, fühlte ich mich fast wie ein Sicherheitsbeauftragter auf zwei Rädern. Die meisten radelten ohne jegliche Beleuchtung, als wäre es eine Frage des Stolzes, im Dunkeln zu fahren. Ein paar E-Bikes mogelten sich unter die anderen, mit minimalem Licht ausgestattet, aber immer noch besser als nichts.

„Ist das Mut oder Wahnsinn?", murmelte ich und schüttelte den Kopf. „Kein Licht, kein Helm – ich frage mich, ob ich einfach zu übervorsichtig bin?"

Sie sah mich an und lachte laut.

„Eindeutig. Aber weißt du was? Ich bin froh, dass du es bist. So müssen wir uns wenigstens nicht vorwerfen, dass wir unsichtbar waren, falls etwas passiert."

„Stimmt, wenn schon Chaos, dann sollen sie uns wenigstens leuchten sehen. Leuchttürme der Vernunft, könnte man sagen."

Antje grinste und deutete auf einen Radfahrer vor uns, der wagemutig ohne Licht durch den Verkehr schlängelte, während ein Auto hupend in haarsträubender Nähe an ihm vorbeizog.

„Ich wette, der denkt, er hat die Reflexe einer Katze. Oder er vertraut einfach darauf, dass die Autofahrer irgendwann bremsen."

„Vertrauen in den italienischen Verkehr ist Übungssache", rief ich. „Hupen heißt hier: 'Ich bin da!' oder: 'Ich fahr los – halt dich fest!'

Trotz des Wirrwarrs merkte ich, dass die italienischen Autofahrer im Vergleich zu Kroatien tatsächlich rücksichtsvoller wirkten. Hupen war hier eher eine Kommunikationsform als ein Ausdruck von Wut. In Kroatien hingegen schien es oft so, als hätten viele vergessen, dass Fahrräder überhaupt existieren. Wahrscheinlich lag es daran, dass der Radsport in Italien einfach einen anderen Stellenwert hatte. Auf dem Weg entlang der Flüsse waren uns Mountainbike-Gruppen und Rennradfahrer begegnet, die in geschlossenen Formationen wie kleine, sportliche Armeen unterwegs waren. Ich konnte mir vorstellen, dass die Autofahrer hier deshalb ein Grundwissen über Fahrräder hatten – zumindest genug, um sie nicht als Hindernis zu betrachten.

Doch bei aller vermeintlichen Rücksicht war der Verkehr so dicht, dass ich mich immer wieder daran erinnerte, warum ich Antje immer zu greller Beleuchtung überredete. War ich zu ängstlich? Zu überfürsorglich? Ich wusste es nicht. Aber lieber ein blinkendes Spektakel als ein übersehenes Risiko, dachte ich und klopfte auf das Licht an meiner Gepäcktasche.

Die Straßen wurden breiter, die Häuser wuchsen höher, und erste Zeichen von Ravenna flimmerten wie Andeutungen eines Traumes am Rande meines Blickfelds. Ein schlichter Kirchturm hob sich gegen den grauen Abendhimmel ab, ein Mosaik glitzerte im Licht der Straßenlaternen – und alles schien uns zuzuflüstern: „Ihr seid fast da." Der Verkehr, laut und lebendig, war wie eine Ouvertüre, die den großen Auftritt Ravennas ankündigte. Während ich Antjes Rückenlicht nicht aus den Augen ließ, konnte ich die Vorfreude in mir spüren – ein leises Flüstern, dass wir morgen etwas Besonderes entdecken würden.

Doch trotz der magischen Anziehungskraft der Stadt erinnerte mich der Verkehr daran, dass wir uns noch mitten im Getümmel befanden. Das letzte Stück bis zur Unterkunft fühlte sich an wie ein kleiner Triumph über die Hektik – und über meine eigenen nervösen Gedanken. Morgen würde Ravenna uns gehören, mit all ihrer Geschichte, ihrer Kunst und ihren Geschichten. Heute gehörte uns nur die stille Zufriedenheit des Ankommens – und unsere blinkenden Taschen, wie kleine Leuchtfeuer in der Dunkelheit.

Am Morgen zog ein verlockender Duft von frisch gebrühtem Kaffee durch das offene Fenster unserer kleinen Parterrewohnung. Es war einer dieser Düfte, die Erinnerungen wachrufen, an müßige Sonntage oder das heimelige Gefühl, wenn draußen die Welt erwacht. Er mischte sich mit der kühlen Novemberluft, die sanft über den Tisch strich, an dem Antje bereits zwei dampfende Tassen platziert hatte.

Die Wohnung selbst hatte ihren eigenen Charme – ein bisschen wie ein wohlwollender älterer Onkel: leicht müffelnd, aber gemütlich. Zwei winzige Fenster über der Küchenzeile ließen den Blick auf vorbeihastende Füße und gelegentlich ein Kinderwagenrad zu, als würde die Welt da draußen uns eine stumme Einladung schicken, sie zu entdecken. Mit ihren 68 Quadratmetern war die Unterkunft ein kleiner Luxus für sich, der mit ihrem Preis still um Vergebung für die dunklen Ecken bat.

„Heute lassen wir uns einfach treiben", sagte Antje und reichte mir ein Stück getoastetes Brot.

Ich lächelte und hob meine Tasse an, als würden wir damit auf einen Tag ohne Taktgeber anstoßen. Keine gehetzten Kilometer auf dem Rad, kein festes Programm – nur wir, eine Stadt, die uns willkommen hieß, und Zeit, die wir formen konnten.

Draußen auf den stillen Straßen spürten wir Ravennas sanften Puls. Der Weg ins Zentrum war kurz, vielleicht ein Dutzend gemütliche Schritte hintereinander, doch jeder davon schien zu sagen: „Nur keine Eile."

Selbst der graue Himmel hatte hier etwas von einem weichen Schleier statt einer drückenden Last. Es war, als ob die Zeit in diesen Gassen ihren eigenen, gelassenen Takt schlug.

Unser Spaziergang führte uns an der Festung Branca Leone vorbei. Von außen weiträumig und imposant, zeigte sie doch deutliche Spuren der Zeit: bröckelnde Mauern, fehlende Türme und fleißige Handwerker, die mitten in der Wiederbelebung ihres Erbes steckten. Auf einem Infostand prangte eine historische Skizze – einst musste diese Festung nahezu uneinnehmbar gewesen sein, doch nun blieb davon nur die Ahnung vergessener Stärke.

Ich hielt an der kleinen Holzbrücke, die über einen seichten Wassergraben führte, und betrachtete die Bauarbeiten.

„Weißt du", begann ich, „es heißt, der ursprüngliche Baumeister habe sein Werk nie vollendet. Er soll sich unsterblich verliebt haben und für die Liebe nach Venedig durchgebrannt sein."

Antje legte ihre Stirn in Falten und lächelte amüsiert.

„Die Baustelle einfach liegenlassen, weil das Herz woanders schlägt? Eine unfertige Festung als Denkmal für ein Gefühl, das größer war als jede Mauer?"

Ich grinste.

„Offenbar dachte er, der Feind könne warten, aber die Liebe nicht. Vielleicht fand er, dass es Wichtigeres gibt als perfekte Mauern."

„So wie wir manchmal Pläne über den Haufen werfen, weil uns etwas Schönes dazwischenkommt?", fragte sie kichernd.

„Genau. Manches bleibt eben ein Bauplatz – ob eine Festung oder unsere Lebensentwürfe. Solange wir uns nicht im Schutt verlieren, ist alles gut."

Sie lachte leise.

„Heißt das, wenn ich jetzt entscheide, anstatt weiterzuradeln lieber eine Gondelfahrt in Venedig zu machen, würdest du mich ziehen lassen?"

Ich tat empört.

„Kommt darauf an, ob du mich mitnimmst. Dann könnte ich meine markanten Seiten auch ein bisschen zurechtfeilen – so wie die Handwerker hier die alten Steine."

Ein vorbeigehender Arbeiter sah uns kurz neugierig an, als würde er sich fragen, ob wir der Festung neue Legenden andichteten. Wir nickten ihm zu und gingen weiter, Ravennas gelassene Stimmung im Rücken.

„Also", sagte ich, als wir uns von Branca Leone entfernten, „merken wir uns: Nicht alles muss makellos sein, um wertvoll zu sein. Manchmal ist es mutiger, Pläne zu ändern oder unerfüllt zu lassen. Im Leben brauchen wir keine perfekte Burgmauer, sondern ein Gespür für das Wesentliche – auch wenn an manchen Stellen ein paar Steine bröckeln. Ich meine, ich habe damals meine Ausbildung nach dem ersten Jahr abgebrochen, um zu studieren. Es war kein perfekter Plan, aber die Entscheidung habe ich bis heute nicht bereut."

Ich schmunzelte.

„Und ein guter Cappuccino schadet dabei auch nicht."

Sie stupste mich leicht an.

„Unbedingt."

Mit diesem Gedanken im Hinterkopf lösten wir uns vom Anblick der Festung. Im Rücken das leise Hämmern der Handwerker, vor uns die Stadt, die uns mit jedem Schritt ein neues Kapitel andeutete. Wir bogen in eine schmale Straße ein, ließen die unfertigen Mauern hinter uns, und bald schwirrte uns wieder der Duft von Oliven und frischem Brot um die Nase. Wie ein sanfter

Wegweiser führte Ravenna uns weiter – diesmal in Richtung ihres Marktherzens, dem Mercato Coperto.

Als wir um eine Ecke bogen, tauchte plötzlich ein Turm vor uns auf – schief und trotzig in den Himmel ragend.

„Fast wie in Pisa, oder?", meinte Antje schmunzelnd, während ich mich fragte, ob dieser schiefe Turm vielleicht ein Geheimnis hütete oder einfach beschlossen hatte, nicht so recht mitzumachen bei der architektonischen Perfektion.

Ein lokaler Passant zwinkerte uns zu, als wollte er sagen: „Ja, wir haben unseren eigenen schiefen Star – ganz ohne großen Rummel."

Er blieb hinter uns zurück, als wir weiter in das innere Geflecht der Stadt eintauchten. Es war ein Labyrinth aus Gassen, in denen die Zeit zu stehen schien – eine Kulisse, die von der Vergangenheit erzählte. Plötzlich erinnerte mich der Duft nach frisch gebackenem Brot an die jahrhundertealte Tradition der lokalen 'Piadina', dem flachen Brot, das einst die Speise der Fischer und Bauern war und heute als stolzes Symbol der Region Emilia-Romagna gilt. Es war, als würden nicht nur die Bauten, sondern auch die Aromen dieser Stadt Geschichten von ihrer bewegten Historie erzählen

Jede neue Ecke, jedes Straßenschild mit seinem kunstvoll gearbeiteten Mosaik sagte: „Schau genauer hin."

Ravenna erzählte sich nicht in großen Gesten, sondern in kleinen Details – wie in den verborgenen romanischen Türbögen, die plötzlich in einer unscheinbaren Seitenstraße auftauchen, oder den schlichten Backsteinfassaden, die in der stillen Würde vergangener Jahrhunderte verweilen. Besonders beeindruckend ist die Symbiose von Vergangenheit und Gegenwart: Hinter modernen Cafés leuchtet plötzlich eine byzantinische Kuppel auf, und zwischen den engen Gassen findet sich ein Hauch venezianischer Eleganz, der an die Zeit erinnert, als sie Teil der Serenissima war.

Ein paar Gassen weiter umfing uns eine wohltuende Wärme – wir waren beim Mercato Coperto angekommen. Hinter den Türen warteten nicht nur Lebensmittel, sondern ein Stück unverfälschtes Alltagsleben, duftend und farbenfroh.

Schon beim Eintreten umarmte uns der frische Duft von Kräutern, Gebäck und Obst. Zwischen Ständen voller Pasta, Käse und Wein herrschte ein lebhaftes Durcheinander aus Sprachen und Gesten. Verkäufer priesen ihre Waren an, Kunden diskutierten fachkundig über die beste Sorte Tomaten, während wir uns von Stand zu Stand treiben ließen.

Ein Mann hinter einem Pasta-Stand zog unsere Aufmerksamkeit auf sich: Er hatte Mehl auf der Schürze, ein breites Grinsen im Gesicht und einen Teller frisch geformter Gnocchi in der Hand. Mit einer ausladenden Geste winkte er uns heran, als hätte er uns gerade im Lotto gewonnen.

„Ah, signore, signora! Gnocchi? Molto buoni! Salvia, burro... very easy!"

Dabei rollte er das „r" so ausgiebig, dass ich meinte, seine Gnocchi würden gleich abheben.

Antje warf mir einen amüsierten Blick zu, und ich versuchte es mit meinen paar spanischen Restkenntnissen: „¿Muy fácil, si?" – Vielleicht half das ja, denn Spanisch ist ja auch irgendwie eine romanische Sprache.

Der Verkäufer lachte, als hätte ich einen besonders guten Witz gemacht.

„Sì, sì! Gnocchi con salvia e burro, molto semplice. You take butter, salvia... how do you say... äh, sage! Yes, sage!"

Er nickte begeistert, als hätte er gerade das Rätsel des Sprachturms zu Babel gelöst.

Antje, eher auf Englisch setzend, lächelte.

„So we just boil them, then butter and sage?"

Der Mann legte den Kopf schief, als müsse er diese neue Sprache erst einordnen. Dann klopfte er mit dem Finger auf einen imaginären unsichtbaren Zettel vor sich, als notiere er einen geheimen Code: „Boil Gnocchi, drain, butter, sage... add parmesan... ecco! Perfetto!"

Ich versuchte mit einem deutschen Wort einzustreuen, in der Hoffnung, irgendetwas würde bei ihm auch Klick machen: „Ganz einfach, oder?" Zu meiner Überraschung lachte er wieder.

„Ganz einfach, ja! Wunderbar!"

Damit hatte er sogar einen Platz in meiner persönlichen Hall of Fame italienisch-deutscher Gastfreundschaft sicher.

Ein kurzer Moment der Stille – dann fuhr er fort, als hätte er sich an etwas erinnert: „You buy now? Fresh Gnocchi, very fresh!"

Er wedelte mit einer kleinen Tüte, in der weiße, flaumige Gnocchi lagen, als hätte er uns ein Stück vom Paradies eingefroren.

Sie hob die Hände und versuchte vorsichtig die nächste Erklärung: „Later, we come back later. We don't want to carry them all day."

Er zog eine gespielte Schnute, als wolle er uns tadeln.

„Later? Ma perché? You must promise! Promise you come back!"

Ich hob beide Hände theatralisch, als schwöre ich einen Eid: „Promesso! We return." Zur Sicherheit fügte ich noch ein „Versprochen!" hinzu, während Antje lächelnd nickte.

Der Verkäufer schien zufrieden, als hätte er soeben einen heiligen Pakt geschlossen. Er legte seine Hand auf seine Brust, dann auf meine Schulter, als wollte er sagen: „Ich zähl auf euch!"

Mit ernster Miene, aber funkelnden Augen erhob er den Zeigefinger: „No forget! Gnocchi waiting for you. Con calma, con gusto!"

Dann setzte er ein strahlendes Lächeln auf, als würde er uns in eine feine Gesellschaft einführen, die nur aus Kennern besteht.

Während wir weiter durch die Marktgasse schlenderten, klang das fröhliche „Ganz einfach, ja!" des Händlers noch in meinen Ohren nach. In Gedanken sah ich schon den kleinen Küchentisch in unserer Souterrainwohnung vor mir, gedeckt mit dampfenden Kartoffelklößen, die in Butter und Salbei dufteten. Ein einfaches Mahl, das durch die Vorfreude zu etwas Besonderem wurde.

Mit einem Lächeln verließen wir den Markt. Die Leichtigkeit des Augenblicks begleitete uns weiter durch Ravennas Gassen, die keinen pompösen Auftritt benötigten, sondern ihre Magie leise entfalteten. Hier schien alles eine Einladung zum Entdecken zu sein: keine Eile, kein schweres Gepäck – nur Eindrücke, die sich in der Stille wie von selbst entfalteten.

Nach ein paar weiteren kleinen Straßen öffnete sich ein weiter Platz vor uns. Säulen mit steinernen Figuren, deren Mienen Gelassenheit ausstrahlten, thronten auf den Sockeln. Eine Tafel verriet, dass es sich um die Schutzpatrone der Stadt handelte. Ihre Gesichter schienen von Zeit und Witterung gezeichnet, doch sie trugen diese Spuren mit Würde – als wollten sie sagen, dass die Zeit keine Last, sondern ein natürlicher Teil des Lebens sei.

Während wir über den Platz schlenderten, fesselten uns die kleinen Details: der elegante Schwung eines kunstvoll gearbeiteten Bogens, eine Säule mit filigranen Ornamenten, die still Geschichten erzählten. Unser Blick blieb an einem Palazzo hängen, dessen verzierte Bögen und steinerne Treppen das Zusammenspiel verschiedener Jahrhunderte widerspiegelten. Nicht makellos, doch genau darin lag sein Zauber – die Spuren der Zeit schienen dem Gebäude Charakter zu verleihen, anstatt es zu entstellen.

Als wir weitergingen, zog ein zarter Duft unsere Aufmerksamkeit auf sich. Antje blieb vor einem Schaufenster stehen, aus dem die Verlockung von Mandelteig, Butter und Zucker strömte. Hinter der Scheibe drängten sich Tartes, Torten und Kekse in bunter Vielfalt. Jedes Gebäck wirkte wie ein kleines Kunstwerk, als hätte die Backstube beschlossen, Geschmack und Ästhetik in Einklang zu bringen.

Ohne ein Wort zu wechseln, traten wir ein. Drinnen wirkte die Konditorei wie eine Bühne: Vier Konditorinnen und mehrere Verkäuferinnen wirbelten mit einer spielerischen Leichtigkeit umher. Ihre Bewegungen erinnerten an Tänzerinnen, die zwischen Backblechen und Teigschüsseln hin- und herschwebten. Hinter der Theke bot sich ein Blick in die Backstube, wo altes Backgerät und moderne Rührmaschinen Seite an Seite arbeiteten – ein harmonisches Zusammenspiel von Tradition und Gegenwart.

Wir bestellten ein paar Gebäckstücke 'per portar via' – zum Mitnehmen. Während wir warteten, beobachteten wir das geschäftige Treiben: Eine Konditorin prüfte den Teig einer 'Torta Mandorla e Pignatta', während eine andere vorsichtig Eisschnee auf einen Mürbeteigboden strich. In der Luft lag eine Mischung aus warmem Gebäckaromen und dem Klang von Stimmen, die sich scherzhaft über Zutaten und Rezepte austauschten.

Antje lächelte, als sie die Tüten entgegennahm.

„Findest du nicht“, sagte sie leise, „dass dieser Laden ein bisschen wie Ravenna selbst ist: eine Mischung aus Altem und Neuem, aus Handwerk und Leidenschaft?“

Ich nickte, biss in ein noch warmes Gebäckstück und ließ den buttrigen Geschmack auf der Zunge zergehen.

„Wie der schiefe Turm, der Marktverkäufer mit seinen Gnocchi – alles fügt sich zusammen.“

Sie stupste mich an.

„Und alles schmeckt besser, wenn man sich Zeit nimmt, es zu genießen.“

Ich grinste.

„Genauso ist es. Lass uns weiterziehen. Wer weiß, was hinter der nächsten Ecke auf uns wartet?"

Schließlich verließen wir die Konditorei, beladen mit süßen Schätzen, die in Papiertüten raschelten wie geheime Botschaften. Der Geschmack des warmen Gebäcks begleitete uns durch die Gassen, und der Duft verblasste nur langsam, wie eine leise Erinnerung.

Ravenna hatte uns an diesem Tag gezeigt, wie viel sich entdecken lässt, wenn man den Blick für die kleinen Dinge öffnet. Jede Straße, jeder Platz, jedes Gebäude war wie ein Teil eines unsichtbaren Mosaiks – geformt von den Epochen, die die Stadt geprägt hatten. Von den Goten über die Byzantiner bis hin zur Renaissance war sie ein Treffpunkt für Künstler, Architekten und Gelehrte. Selbst an den unscheinbarsten Mauern ließen sich Spuren dieser Geschichte erkennen: ein gotischer Bogen hier, eine byzantinische Säule dort, ein venezianischer Balkon, verborgen hinter modernem Verputz. All diese Elemente fügten sich leise zu einem Gesamtbild zusammen, nicht durch große Gesten, sondern durch die Feinheit der Details.

Während wir uns von Ravennas Strömung treiben ließen, umgab uns die Stadt mit einer leisen Melodie aus Farben, Aromen und Geschichten. Jede schmale Gasse war wie ein Kapitel, jeder Duft ein Vers, jede Fassade ein Gedicht. Wir folgten diesen Hinweisen, manchmal aufmerksam, manchmal nur aus dem Augenwinkel, bis wir an einen Ort gelangten, wo sich Vergangenheit und Gegenwart auf besondere Weise verbanden: zur letzten Ruhestätte eines Mannes, dessen Name wie ein ewiger Akkord über die Jahrhunderte klingt – Dante Alighieri.

Dantes Grab lag eingebettet in die schlichte Würde eines Ortes, der seine Bedeutung in Zurückhaltung fand. Neben der Basilica di San Francesco, deren unauffällige Fassade fast absichtlich Bescheidenheit ausstrahlte, befand sich das Mausoleum des Dichters. Die Kirche selbst schien geschaffen, um etwas Besonderes zu verbergen – und genau das offenbarte sich, als wir eintraten.

Im Inneren enthüllte sich ein stilles Geheimnis: Unter dem Altar der Basilica lag eine Krypta, deren Boden von klarem Wasser bedeckt war. Die spiegelnde Oberfläche reflektierte die Säulen und Gewölbe, als würde die Zeit selbst darin ruhen. Auf dem Grund funkelten Münzen, die von Reisenden über die Jahrhunderte hinweg hineingeworfen wurden – jeder von ihnen mit einem Wunsch, einer Hoffnung oder einem Gedanken an das, was ihnen wichtig war.

Wir standen schweigend vor der Szene, als ein älterer Herr gemessenen Schrittes nähertrat. Er war schlank, in einen dunklen Mantel gehüllt, und seine Haltung hatte etwas Würdevolles, fast Zeitloses. Mit einem Lächeln, das zwischen freundlich und wissend schwebte, sprach er uns an – in makellosem Deutsch.

„Ein faszinierender Ort, nicht wahr?“ Seine Stimme war ruhig, beinahe so, als wolle er die Atmosphäre des Raumes nicht stören. „Dieses Wasser hier unten ist weit mehr als Grundwasser. Es ist ein Symbol – für Reinheit, Wandel und das Leben selbst. Viele Pilger haben diesen Ort besucht, nicht nur wegen der Architektur, sondern weil er eine tiefe spirituelle Bedeutung trägt.“ Er machte eine kurze Pause und deutete auf die spiegelnde Oberfläche. „Sehen Sie, wie sich die Säulen im Wasser brechen? Es ist, als ob sich die Ebenen von oben und unten vermischen. Das Wasser wird hier zu einer Grenze – und gleichzeitig zu einer Verbindung. Eine Art Brücke zwischen dem Irdischen und dem Transzendenten. Vielleicht hat Dante, der große Dichter, genau das gespürt, als er in Ravenna lebte.“

Antje sah den Mann neugierig an, ihre Stirn in leichter Skepsis gerunzelt. „Ich dachte immer, er wäre der Typ Dichter, der eher in Florenz groß war."

Der Herr lächelte, wie jemand, der diese Frage schon oft gehört hat.

„Das stimmt, Dante stammt aus Florenz, aber er starb hier in Ravenna. Er war ein Getriebener, ein Exilant, der nie wieder in seine Heimat zurückkehren durfte. Doch gerade hier, in der Stille dieser Stadt, fand er die Muße, seine 'Göttliche Komödie' zu vollenden. Ein Werk, das nicht nur literarisch, sondern auch spirituell einzigartig ist. Er führte uns durch die Hölle, das Fegefeuer und schließlich ins Paradies – eine Reise, die jeden von uns betrifft. Ob wir es wissen oder nicht."

Ich sah in das Wasser hinab, das still die Gewölbe spiegelte.

„Glauben Sie, er hat sich hier inspirieren lassen? Ich meine, hat er wirklich in diesen Spiegel gesehen und… etwas verstanden, das wir vielleicht übersehen?"

Der Mann nickte langsam.

„Möglich. Ravenna war für ihn ein Ort der Reflexion. Und wissen Sie, was besonders ist?" Er machte eine Pause, als wolle er die Spannung erhöhen. „Die Symbolik des Wassers war Dante nicht fremd. In der 'Göttlichen Komödie' gibt es immer wieder Übergänge, Brücken zwischen den Ebenen der Existenz. Hier, in dieser Krypta, spiegelt sich genau das: die Grenze zwischen oben und unten, zwischen Diesseits und Jenseits."

Antje legte den Kopf leicht schräg und fragte mit einem schelmischen Grinsen: „Und die Münzen? Sind die auch Teil des großen Plans? Oder einfach nur Touristen, die ihre Wünsche loswerden wollten?"

Er lachte leise, aber herzlich.

„Vielleicht beides. Die Münzen sind Wünsche, ja, aber sie sind auch Erinnerungen. Jeder, der sie hier hineinwirft, hinterlässt ein Stück von sich selbst. Und genau das ist es, was Dante uns lehren wollte: Dass wir alle Reisende sind, auf der Suche nach etwas – nach Sinn, nach Erkenntnis, nach einem Ort, an dem wir ankommen können."

Während er sprach, schien das Plätschern des Wassers unter dem Altar die Zeit auf eine merkwürdige Art aufzubrechen. Ich betrachtete die Reflexionen, die Säulen, die sich verdoppelten, als ob Vergangenheit und Gegenwart ineinanderflossen.

„Und was hat Dante gefunden?", fragte ich schließlich.

Der Mann sah uns an, mit einem Blick, der mehr sagte, als Worte es je könnten.

„Vielleicht das, was wir alle suchen: ein Zuhause, das nicht an einen Ort gebunden ist, sondern in uns selbst liegt."

„Und Sie? Haben Sie Ihr zu Hause gefunden?", fragte ich.

Er hielt inne, und sein Blick wanderte zum Wasser hinunter.

„Das habe ich", sagte er schließlich, „aber es war ein langer Weg. Ein Weg voller Irrwege." Seine Stimme wurde leiser, beinahe vertraulich. „Ich bin in einem sehr strengen Elternhaus aufgewachsen. Mein Vater..." Er hielt inne, als suche er die richtigen Worte. „... war ein Mann, der Perfektion erwartete. Fehler wurden nicht toleriert, Gefühle... waren Schwäche. Ich habe Jahre damit verbracht, zu fliehen – vor ihm, vor mir selbst."

Seine Augen schienen die Reflexionen im Wasser zu suchen. „Ich habe es mit allem versucht: Alkohol, Drogen, sogar mit... sagen wir, zwielichtigen Gesellschaften und fragwürdigen Nächten. Immer in der Hoffnung, irgendwo oder in etwas diese Leere zu füllen. Es war ein schneller, lauter, blendender Rausch – aber wissen Sie, was ich dabei gelernt habe?" Er hob den Blick und sah uns mit einer Mischung aus Trauer und Klarheit an. „Egal, wie weit man sinkt oder wie laut man sich betäubt – man trägt sich selbst immer mit. Und dieser Ballast wird nur schwerer, je mehr man versucht, ihn zu ignorieren."

Antje und ich blieben still. Es war, als hätte die Krypta ihre eigene Magie, die Worte wichtiger machte, die sonst leicht überhört werden könnten.

„Der Wendepunkt?" Er lächelte, dieses Mal ein wenig wärmer. „Der kam, als ich nichts mehr hatte. Kein Geld, keine Freunde, keine Zukunft. Da war eine Frau, eine ehrenamtliche Helferin in einer Suppenküche. Sie hat mich gesehen, wirklich gesehen. Ohne Vorurteile, ohne diesen Blick, den man so oft bekommt, wenn man am Boden liegt." Seine Stimme klang weicher. „Sie hat mich behandelt, als wäre ich wertvoll – nicht, weil ich etwas leistete, sondern einfach, weil ich ein Mensch war. Das war neu für mich. Und das hat mich gerettet."

„Hat sie Ihnen geholfen, aufzuhören?" fragte Antje.

Er nickte. „Ja. Aber nicht, indem sie mich zwang oder predigte. Sondern indem sie mir gezeigt hat, was Mitgefühl und Nächstenliebe wirklich bedeuten. Ich habe in ihr das gefunden, was ich mein Leben lang gesucht hatte: Gott. Nicht in einem strafenden Vater, sondern in einem gütigen, vergebenden Herzen."

Seine Worte hingen eine Weile in der Luft. Ich spürte, wie die Spiegelungen im Wasser plötzlich nicht mehr nur Steine und Säulen zeigten, sondern etwas Tieferes, etwas Persönliches. Und ich fragte mich: Wie oft ziehen die Abbilder unseres eigenen Lebens an uns vorbei, ohne dass wir sie wirklich wahrnehmen? Wie oft suchen wir im Außen nach etwas, das eigentlich tief in uns selbst verborgen liegt?

„Und heute?", fragte ich schließlich. „Haben Sie Ihre Heimat gefunden?"

Er sah uns mit einem stillen, friedlichen Lächeln an.

„Heimat", sagte er langsam, „ist kein Ort. Heimat ist, wenn du erkennst, dass du nichts mehr suchen musst. Weil du gelernt hast, in dir selbst zu ruhen – egal, wo du bist."

Die Glocken der Kirche begannen in der Ferne zu läuten, und mit jedem Schlag schien sich etwas zu klären. Heimat, hatte der Mann in der Krypta gesagt, sei ein Ankommen in sich selbst. Kein Ort, kein Haus, sondern ein Gefühl. Seine Worte hallten nach, und unwillkürlich dachte ich an Luka und Vera in Sveti Juraj. Für sie war Heimat ein Ort – ihr Haus, das sie Stein für Stein aufgebaut hatten. Dort hatten sie ihre Geschichten verankert, ihre Erinnerungen und Hoffnungen. Für den Mann hier war Heimat jedoch etwas anderes: ein innerer Zustand, unabhängig von Mauern oder Geografie.

Wie oft suchen wir draußen, was nur in uns liegt? Wir reisen, entdecken, begegnen – und doch tragen wir uns selbst immer mit. Rastlosigkeit – dieses ständige Unterwegssein, nicht nur auf Reisen, sondern auch in Gedanken. Vielleicht ist das, was wir Heimat nennen, tatsächlich das Ankommen bei uns selbst – ein Ort, der keine Landkarte braucht, weil er in uns liegt.

Die Glocken verklangen langsam, aber ihre Resonanz blieb. Ich sah Antje an, die neben mir stand, ruhig und mit diesem Ausdruck in den Augen, der sagte: Alles ist gut, so wie es ist. Plötzlich wurde mir klar: Heimat kann beides sein – ein Ort wie Sveti Juraj oder ein Gefühl, wie es der Mann beschrieb. Beides verbindet jedoch eines: Es ist ein Ankommen, ein Zustand des Friedens.

„Du weißt schon", sagte ich schließlich mit einem Lächeln. „Ich glaube, ich bin zu Hause."

Sie erwiderte mein Lächeln, und wir setzten unseren Weg fort – ohne ein bestimmtes Ziel, einfach im Fluss der Stadt. Die Altstadt Ravennas war wie ein Mosaik aus Farben und Geschichten. Hinter jeder Ecke wartete ein neuer Stein, der das Bild vervollständigte: ein Innenhof, ein leuchtendes Wandgemälde, der Duft alter Bücher aus den kleinen Antiquariaten. Und dann waren da die Kirchen, die selbst ohne die berühmten Mosaike mit ihrer Architektur beeindruckten.

Die Basilica di Sant'Apollinare in Classe zum Beispiel, mit ihrem schlichten Inneren und der fast meditativen Atmosphäre, schien die Essenz der Stadt einzufangen: ein Ort, an dem man die Verbindung von Geist und Geschichte fast greifen konnte. Alles fügte sich mühelos zusammen.

Die Altstadt wirkte unerschöpflich – als hätte Ravenna beschlossen, jedem Besucher eine ganz eigene Version von sich zu offenbaren.

Als der Nachmittag immer weiter in den Abend überging, meldete sich schließlich ein anderer, weitaus lauterer Protagonist: unser Hunger. Ein leises Knurren, das schnell lauter wurde, erinnerte uns an die nächste Etappe: den Mercato Coperto und den charismatischen Händler.

Sein Gesicht leuchtete auf, als er uns entdeckte.

„Ah! You're back! Promesso, eh? Lo sapevo!"

Seine Begeisterung war so echt, dass es schien, als hätte er auf nichts anderes gewartet, als uns diese Gnocchi zu verkaufen.

„Fresh, just like I said – fresco, come ho detto!! Sage, Butter, Parmesan... tutto perfetto!"

Wir lachten und nickten, während er uns die Tüte mit den zarten, weißen Klößen überreichte, als wären sie ein Schatz.

Doch wir brauchten mehr als nur sie für den perfekten Abend. Im integrierten Supermarkt suchten wir nach dem perfekten Begleiter für die Gnocchi – und fanden ihn: 'Lambrusco Grasparossa di Castelvetro', ein Rotwein, der genauso unkompliziert und charmant war wie unser Tag.

Zurück in der kleinen Wohnung legte sich eine angenehme Ruhe über den Abend. Aus dem Radio tönte sanft Italo-Pop, die vertrauten Klänge von Künstlern wie Eros Ramazzotti und Laura Pausini füllten den Raum. Antje deckte den kleinen Küchentisch mit einer karogemusterten Tischdecke, während ich mich an die Zubereitung des Essens machte.

Die Küche war winzig, aber sie hatte alles, was ich brauchte: eine Pfanne für die Butter, die langsam schmolz, bis sie goldbraun wurde, und ein Topf, in dem die Gnocchi sanft an die Oberfläche stiegen wie kleine, fluffige Wolken. Der Duft von Salbei und Butter füllte den Raum und mischte sich mit der Musik – ein Aroma, das selbst den Löwen in meinem Magen besänftigte.

Antje beobachtete mich, ein halbvolles Weinglas in der Hand, und lächelte.

„Ich glaube, du könntest in Italien eine Karriere als Koch starten."

Ich lachte und schwenkte die Pfanne, sodass die Gnocchi die Butter aufsogen, während ich Parmesan über die Pasta hobelte.

„Nur wenn du meine Sous-Chefin wirst", erwiderte ich.

Wenig später saßen wir am Tisch, der nur von einer kleinen Tischlampe beleuchtet wurde. Der Duft des Essens und des Weins erfüllte den Raum und brachte alles um uns herum zum Innehalten. Der erste Bissen war ein wahrer Genuss: zart, vollmundig und perfekt abgeschmeckt. Der Wein, mit seiner angenehmen Frische, ergänzte das Gericht ideal – der perfekte Abschluss für einen gelungenen Abend.

Während wir dort saßen, die leeren Teller vor uns und das Glas Wein in der Hand, blickte ich Antje an.

„Morgen geht es nach Ferrara", sagte ich und hob mein Glas. „Eine Stadt ebenfalls voller Geschichte, Kanäle und… Überraschungen."

Sie lachte laut.

„Überraschungen? Na dann – auf die Abenteuer, die auf uns warten!"

Wir stießen mit unseren Gläsern an, der Klang hallte leise in der kleinen Wohnung wider, während draußen die Nacht die Gassen sanft umhüllte.

Ravenna hatte uns an diesem Tag gezeigt, wie die wahren Schätze oft in den unscheinbaren Momenten verborgen liegen. Es war, als ob wir durch ein lebendiges Mosaik gegangen wären, bei dem jedes kleine Detail – eine duftende Tasse Kaffee, ein schiefer Turm, ein Lächeln am Marktstand – seinen Platz hatte. Und erst, als wir den Tag im Rückblick betrachteten, sahen wir das ganze Bild: ein Werk aus Farben, Aromen und Geschichten, das uns daran erinnerte, wie sehr die Schönheit im Detail liegt – und wie großartig das Ganze wird, wenn man die kleinen Momente wertschätzt.

Als wir den letzten Schluck Wein tranken und das Kerzenlicht die Schatten an den Wänden tanzen ließ, wurde mir klar, dass Ravenna nicht nur eine Stadt war, sondern eine Lektion: das Leben als Mosaik zu sehen – unperfekt, bunt, und genau darin vollkommen.

DIE KUNST DER AUGENBLICKE

Der Nebel hing schwer über der Stadt, als wir an diesem Morgen Ravenna verließen. Die Novemberkälte schlich, wie ein unsichtbarer Dieb in jede Ritze unserer Kleidung, während die ersten Pedaltritte unsere Körper langsam in Gang brachten. Vor uns lag der Parco Regionale del Delta del Po – ein Naturparadies, dass wir uns als friedliche, fast meditative Etappe vorgestellt hatten. Dieses weitläufige Gebiet, durchzogen von stillen Lagunen, dichtem Schilf und einer schier endlosen Vielfalt an Vogelarten, war nicht nur ein Zufluchtsort für die Tierwelt, sondern sollte auch uns ein Stück Ruhe und Gelassenheit schenken. Die Wege führten, so hatte ich gelesen, entlang verschlungener Wasserkanäle, durch feuchte Wälder und über schmale Dämme, die Wasser und Land nur vage voneinander trennten.

Doch mit der Umdrehung wich die Vorfreude auf ein idyllisches Naturerlebnis der Erkenntnis, dass die letzten Regenfälle ihre Spuren hinterlassen hatten – und zwar überall. Der aufgeweichte Boden verwandelte die Wege in glitschige, unberechenbare Rinnen. Was wir als ruhige Pfade durch die Natur erwartet hatten, glich nun einem Schlachtfeld aus Matsch und Hindernissen. Schon die ersten Meter waren ein Balanceakt, und es wurde schnell klar: Dieser Tag würde uns fordern.

Meine Reifen rutschten immer wieder seitlich weg, mein schwer beladenes Rad wankte wie ein Schiff im Sturm.

Baumwurzeln, unsichtbar unter der Schlammschicht verborgen, warteten wie heimtückische Fallen auf den Moment, in dem sie uns aus dem Gleichgewicht bringen könnten. Der Schlamm spritzte bei jedem Pedaltritt höher, bis meine Beine aussahen, als hätte der Boden selbst beschlossen, sie zu verschlingen. Vor mir fuhr Antje, scheinbar gelassen, auch wenn ihre Hose bereits mit braunen Spritzern übersät war. Ihre Ruhe, so bewundernswert sie auch war, verstärkte nur meine eigene aufkeimende Frustration.

„Das ist doch kein Radweg, das ist eine Schlammschlacht!", rief ich nach vorne, als mein Vorderrad in einer besonders tiefen Rinne stecken blieb und ich gefährlich ins Schlingern geriet.

Antje drehte sich um, ein breites Grinsen auf den Lippen.

„Na, vielleicht solltest du mal an deiner Geländetauglichkeit arbeiten!", entgegnete sie trocken.

Ihr Humor war ein kleiner Lichtblick inmitten des Chaos, auch wenn ich es in dem Moment nicht ganz zu schätzen wusste. Stattdessen konzentrierte ich mich darauf, irgendwie die Balance zu halten. Der Nationalpark, so wunderschön er auch war, schien sich verschworen zu haben, uns zu prüfen. Und während ich mich durch den glitschigen Pfad kämpfte, fragte ich mich kurz, ob wir uns das 'Naturparadies' vielleicht doch etwas zu romantisch ausgemalt hatten.

Ich biss die Zähne zusammen und konzentrierte mich wieder auf den Weg – gerade rechtzeitig, um eine tiefe Pfütze zu übersehen. Mein Vorderrad blieb abrupt stecken, mein Gleichgewicht verabschiedete sich, und ich landete mit einem lauten Platschen mitten im Matsch. Für einen Moment war alles still. Dann hörte ich ihr Lachen, das sich wie ein Echo im Nebel ausbreitete.

„Du siehst aus, als wärst du aus der Erde herausgezogen worden!", stieß sie hervor, während ich mich mühsam aufrichtete. Der Schlamm klebte an meinem Helm, meinen Armen und sogar an meinem Gesicht. Ich versuchte, mit den ebenfalls verschlammten Händen zumindest meine Augen frei zu wischen, doch es war zwecklos.

„Sehr witzig", murmelte ich und richtete mein Rad wieder auf. „Wenn der Park noch mehr solcher Überraschungen für uns bereithält, fahre ich direkt auf der Straße weiter."

Sie nickte mit einem Anflug von Verständnis, doch auch sie war merklich genervt. Wir hatten noch über 100 Kilometer bis Ferrara vor uns, und jede Minute, die wir hier im Schlamm kämpften, fühlte sich wie verlorene Zeit an.

Nach einigen weiteren glitschigen Kilometern führte der Weg uns tiefer in den Park hinein. Der Nebel hing wie ein grauer Vorhang über der Landschaft, und plötzlich tauchten aus der Dämmerung Gestalten auf. Jäger. Sie standen in kleinen Gruppen um knisternde Lagerfeuer, ihre Silhouetten in dicke Jacken gehüllt. Der Geruch von verbranntem Holz mischte sich mit der feuchten Luft. Neben den Feuern stapelten sich schwarze Müllsäcke, prall gefüllt mit Abfall, den sie offenbar aus der Umgebung gesammelt hatten. Ein seltsames Bild – eine Mischung aus rustikaler Jagdromantik und pragmatischem Umweltschutz.

Einer von ihnen, ein stämmiger Mann mit buschigem Schnurrbart, winkte uns heran.

„Ciao, amici! State attraversando il parco? Very brave with this weather!", rief er mit rauer, aber herzlicher Stimme.

Bevor ich antworten konnte, fügte ein anderer Jäger lachend hinzu: „Be careful, don't end up like wild boars. Today is hunting day!"

Das schallende Gelächter der Männer hallte durch die feuchte Luft.

Antje blieb stehen und nickte dem Schnurrbart-Jäger freundlich zu, während die Flammen des Lagerfeuers zwischen uns flackerten.

Er musterte uns mit einem breiten Lächeln und rief hinüber: „Buona fortuna! But be careful. The park can be tricky."

Sein rauer, aber herzlicher Ton hing in der kühlen Luft, während wir uns mit einem kurzen Gruß wieder auf den matschigen Weg machten. Wir verabschiedeten uns schließlich und fuhren weiter, die düstere Warnung der Jäger im Hinterkopf. Doch die Strecke wurde nicht besser. Der Matsch schien unendlich, und jedes Mal, wenn ich mein Rad wieder durch eine besonders tiefe Rille zog, fühlte es sich an, als ob der Park selbst uns bremsen wollte.

„Antje, das bringt nichts", sagte ich schließlich, als wir an einem besonders schlammigen Abschnitt Halt machten. „Wir verschwenden hier nur Zeit. Lass uns auf die Schnellstraße wechseln."

Nach kurzem Zögern stimmte sie zu, und wir schoben unsere Räder zur SS309.

Die Fernstraße verschluckte uns wie ein riesiger, gieriger Schlund. Der Nebel war nicht nur dicht, er lebte – ein zäher Schleier, der jede Kontur verschlang. Die LKWs brachen plötzlich aus der grauen Wand hervor, wie unberechenbare Riesen, die ihre Wucht mit ohrenbetäubendem Dröhnen ankündigten. Ihre Scheinwerfer blitzten grell auf, warfen gespenstische Schatten, und in der nächsten Sekunde waren sie wieder verschwunden, als hätte der Nebel sie verschluckt. Der Platz auf dem schmalen Seitenstreifen war kaum mehr als eine trügerische Illusion von Sicherheit, und jeder Windstoß, der uns von den massiven Fahrzeugen entgegengewirbelt wurde, zerrte bedrohlich an uns.

„Mach die Lichter an!“, schrie Antje über den ohrenbetäubenden Lärm hinweg, ihre Stimme scharf vor Anspannung. Ohne ein Wort griffen wir beide hektisch nach unserer 'Landebahnbeleuchtung', und befestigten sie zusätzlich an unseren Gepäcktaschen. Sie blitzten grellweiß im Takt, als ob sie verzweifelt um Aufmerksamkeit kämpften – und genau das war auch unsere Hoffnung.

Der Nebel verschluckte die Scheinwerfer der LKWs, ließ sie nur kurz als geisterhafte Lichter aufflackern, bevor sie im Grau verschwanden. Jede Bewegung wurde zur Geduldsprobe, jedes Geräusch zur Bedrohung. Der Luftdruck, den die vorbeirasenden Kolosse erzeugten, riss jedes Mal an mir, als wolle er mich endgültig aus dem Gleichgewicht bringen. Die feuchte Kälte, die sich in meine Kleidung geschlichen hatte, war längst vergessen – ich fühlte nur noch die brennende Anspannung, die uns durchdrang.

Plötzlich tauchte am Straßenrand eine riesige, leuchtende Warntafel auf. In grellem Rot stand dort nur ein einziges Wort: 'Nebbia', gefolgt von einem blinkenden Warnzeichen. Die Buchstaben wirkten im diffusen Grau des Nebels wie ein Hilfeschrei, der sich verzweifelt Gehör verschaffen wollte. Doch die Lichter kämpften ebenso wie wir – mühsam und mit wenig Erfolg – gegen die allumfassende Dichte der grauen Wand an. Es war absurd: Wer brauchte bei diesem Wetter noch eine Warnung? Der Nebel war nicht nur sichtbar, er war alles, was uns umgab. Ich musste unwillkürlich lachen, ein trockenes, nervöses Lachen.

„Na super“, brummte ich, „jetzt wissen wir's offiziell.“

Aber der Witz hing in der Luft wie der Nebel, tonnenschwer und unlustig. Antje schnaubte leise und starrte mit einer Mischung aus Unbehagen und Konzentration nach vorne, die Hände fest um den Lenker gekrallt.

Die Diskussionen, die wir in der Vergangenheit über Sicherheit im Straßenverkehr geführt hatten, spielten plötzlich keine Rolle mehr. Ob Antje sich sonst gerne auf ihren Instinkt verließ oder ich auf vermeintlich gute Planung bestand – hier gab es nur eine Wahrheit: Wir waren einer Meinung. Der Verkehr war ein Feind, der uns beide gleichermaßen verschluckte. Es war ein Moment, der jede Diskussion überflüssig machte. Sicherheit war kein Thema für Kompromisse mehr.

„Das ist Wahnsinn!", schrie ich, doch meine Worte vergingen im Lärm der Motoren. Ein besonders nah vorbeirauschender LKW ließ die Luft um mich vibrieren und mein Herz für einen Moment aussetzen. Die Räder unter mir wackelten gefährlich, und ich musste meine ganze Kraft aufbringen, um das Gleichgewicht zu halten. Antje fuhr nur wenige Meter vor mir, ihr Rücken angespannt, der Blick starr nach vorne gerichtet. Ihre sonstige Gelassenheit war verschwunden – hier gab es keine Gelassenheit, nur blanke Anspannung.

Jede Sekunde dehnte sich zur Ewigkeit, und mit jedem überholenden Laster schien der graue Nebel uns ein Stück mehr zu vertilgen. Die Geräusche waren ein wütendes Crescendo: Motorenlärm, das Zischen der Luft, das ohrenbetäubende Donnern der Reifen. Und wir mittendrin, wie winzige Figuren in einem überdimensionalen, unbarmherzigen Schachspiel.

Dann, endlich, tauchte das Schild nach Sant'Alberto auf. Die Worte wirkten wie eine Erlösung, ein leises Versprechen von Sicherheit. Wir bogen ab, und in dem Moment, in dem unsere Räder den Seitenstreifen der Schnellstraße verließen, fiel eine fast greifbare Stille über uns. Der ohrenbetäubende Lärm verstummte, und nur das leise Knirschen des Kieswegs unter unseren Reifen blieb zurück.

Der Kontrast war überwältigend. Statt des dröhnenden Verkehrs umhüllte uns nun eine Stille, die fast greifbar war. Der Wind strich sanft durch das Schilf und brachte einen Hauch von feuchtem Holz und Erde mit sich. Es roch nach Moos, nach frischem Wasser und einem Hauch von Salz, der von der nahen Küste herrührte. Das leise Rascheln der Blätter wurde von einem fernen Vogelruf unterbrochen, ein einzelner Klang, der die Weite der Lagune nur noch betonte.

Die Valle di Magnavacca schimmerte schemenhaft im Dunst, die Konturen von Schilfgürteln und Wasserflächen wirkten wie aus einem unwirklichen Traum. Die Luft war durchdrungen von einem Duft nach feuchtem Holz und Moos, und jede Bewegung schien im leisen Rauschen des Wassers widerzuhallen. Nutrias huschten wie Schatten durchs Wasser, ihre Bewegungen kaum hörbar. Reiher erhoben sich lautlos in die Luft, ihre Flügel schwerelos gegen das Grau des Himmels, und Rehe, kaum erkennbar im Nebel, verharrten reglos, ihre Augen wachsam auf uns gerichtet.

Die Lagune war wie ein lebendiger Atemzug – still und doch voller Bewegung. Der Nebel schluckte das Rauschen der Ferne, brachte aber die Nähe zum Flüstern: das Tropfen von Wasser, das Knistern der trockenen Schilfstängel, das leise Schlagen von Flügeln. Es war, als ob die Natur einen Moment innegehalten hätte, nur um uns ihre Geheimnisse anzuvertrauen.

Das leise Tropfen von Wasser, das sanfte Knistern der trockenen Schilfstängel – alles wirkte intensiver, als ob die Lagune uns ihre Geheimnisse zuflüstern wollte.

„Das ist... mystisch", flüsterte Antje und hielt an, ihre Augen suchten die Umrisse der Landschaft, als wollte sie die Szene in sich aufsaugen. Ihre Stimme war kaum mehr als ein Hauch, und doch schien sie das fragile Gleichgewicht dieser Stille nicht zu stören.

Einmal hielten wir an, um eine besonders große Nutria zu beobachten, die sich gemächlich an einem glitschigen Baumstamm hinaufarbeitete. Ihr nasses Fell glänzte im fahlen Licht des

Morgens, und sie bewegte sich mit einer Beharrlichkeit, die uns beide faszinierte.

„Wenn die jetzt anfängt zu sprechen, drehe ich um", murmelte ich und versuchte, ernst zu klingen. Sie lachte laut auf, ein Klang, der sich warm und lebendig in die kühle Stille fügte.

Es war, als hätte die Lagune beschlossen, uns nach der Härte und dem Lärm der Schnellstraße Trost zu spenden. Die Strapazen des Tages rückten für einen Moment in den Hintergrund, und ich spürte, wie diese Szenerie uns umarmte – sanft und unaufdringlich, wie ein stiller Begleiter.

Die Valle di Magnavacca lag hinter uns, und mit jedem Tritt in die Pedale veränderte sich die Landschaft. Der Nebel lockerte sich langsam und gab den Blick auf eine Region frei, die in ihrer Weite beeindruckte – und gleichzeitig melancholisch stimmte. Felder dehnten sich bis zum Horizont, durchbrochen von kleinen Dörfern, in denen die Zeit stillzustehen schien. Die Straßen waren holprig, oft nur grobe Kieswege, und es fühlte sich an, als radelten wir durch eine Region, die sich nicht entscheiden konnte, ob sie die Vergangenheit bewahren oder die Gegenwart akzeptieren sollte.

Am Wegesrand tauchte ein altes Schulgebäude auf, dessen Anblick uns innehalten ließ. Die Fenster waren zerschlagen, die Farbe blätterte in großen Fetzen von den Wänden, und ein verwittertes Schild mit der Aufschrift 'Scuola Elementare' hing schief an der Eingangstür. Im überwucherten Garten stand eine alte Schaukel, die schief in der Erde steckte, als hätte sie jahrzehntelang auf jemanden gewartet, der sie wieder in Bewegung setzt.

Antje hielt an und schien einen Moment lang tief in Gedanken versunken.

Ihre Stimme war leise, fast nachdenklich, als sie sagte: „Ich frage mich, wie es hier einmal gewesen sein muss. Kinder, die auf dem Schulhof spielten, Eltern, die sie morgens brachten... und jetzt ist alles verlassen.“ Sie blickte mich an, ein schwaches Lächeln umspielte ihre Lippen. „Manchmal glaube ich, wir sind so sehr auf das konzentriert, was vor uns liegt, dass wir übersehen, was hinter uns bleibt.“

Ich ließ ihren Gedanken einen Moment Raum, während wir beide in die Richtung des verfallenen Gebäudes blickten. Schließlich stieg ich ab, lehnte mein Rad an einen Zaun und ließ den Blick schweifen. Die Leere war greifbar – wie ein Echo vergangener Stimmen, das niemals verstummt, sondern in den Mauern widerhallt.

„Vielleicht sind sie in die Städte gegangen“, antwortete ich schließlich, mehr zu mir selbst als zu ihr. „Dorthin, wo es Arbeit gibt. Wo es Ärzte, Schulen, öffentliche Verkehrsmittel gibt. Möglichkeiten, eine Zukunft aufzubauen.“

Sie hielt inne, ihr Blick ruhte auf dem zerfallenen Haus, dessen Fenster wie leere Augenhöhlen in die Landschaft starrten.

„Weißt du“, sagte sie leise, „ich kann verstehen, warum die Leute hier weggehen. Aber... es fühlt sich an, als wäre es nicht nur die Suche nach einer besseren Zukunft. Es ist auch ein Abschied von etwas, das vielleicht gar keine Chance hatte.“ Sie schwieg kurz, dann fügte sie hinzu: „Ich frage mich, wie es wäre, hier zu bleiben – in dieser Stille. Ob es Frieden wäre oder nur Einsamkeit.“

Die Ruinen, die wir passierten, erzählten von einer Zeit, die längst verblasst war. Zerbrochene Fenster, einst prunkvolle Villen mit zerfallenen Fassaden, deren Gärten inzwischen vom Unkraut zurückerobert worden waren. Doch zwischen all der Stille gab es auch Spuren von Leben: ein älterer Mann, der uns freundlich zunickte, während er einen Hühnerstall ausbesserte. Ein Traktor, der knatternd über ein Feld fuhr. Überbleibsel einer Gemeinschaft, die sich dem Vergehen widersetzte – oder einfach keine andere Wahl hatte.

„Dieses Bild – leere Dörfer, verlassene Häuser – ist kein italienisches Phänomen", sagte ich, während wir durch die stillen Straßen rollten. „Auch in Deutschland zieht es die Menschen in die Städte. Sie suchen Arbeit, Schulen, Ärzte, Möglichkeiten. Aber während einige Orte wachsen, verblassen andere. Ist das ein Preis, den wir bereit sind zu zahlen?" Meine Gedanken schweiften ab: Gibt es eine Möglichkeit, diese Balance wiederherzustellen, ohne den Fortschritt zu verlieren?

„Es ist ein ungleiches Spiel", ergänzte sie nachdenklich. „Die Städte werden immer größer, ziehen alles an. Und hier bleibt... nichts. Nicht genug, um zu bleiben."

Ich nickte langsam, während ich die Gedanken sortierte, die mir durch den Kopf gingen.

„Effizienzsteigerung durch Fokussierung", sagte ich schließlich. „Ein Prinzip, das nicht nur in der Industrie zu greifen scheint. Es zieht sich durch unser ganzes Leben, wie ein roter Faden."

Mein Blick verlor sich auf dem schmalen Kiesweg vor uns, doch in Gedanken war ich woanders. Ich erinnerte mich an die Raffinerie, die wir vor einigen Tagen passiert hatten – ein riesiges Metallkonstrukt, das mit seinen leuchtenden Rohren und Schornsteinen fast wie ein eigenes Wesen wirkte. Die Luft dort war stickig, der Boden schwarz, und doch schien der Ort vor Leben zu pulsieren, nur nicht im traditionellen Sinne. Menschen arbeiteten dort in Schichten, konzentriert und routiniert, um Rohstoffe in den Fluss der globalen Wirtschaft zu schleusen. Alles war darauf ausgelegt, das Maximum aus jedem Tropfen Öl herauszuholen – ohne Umwege, ohne Verluste. Effizienz pur.

Damals hatte ich ihr gesagt: „Das hier ist die Essenz der modernen Welt. Alles dreht sich darum, wie wir mehr aus weniger machen können."

Sie hatte genickt, aber dabei still auf die kilometerlange Rohrleitung geschaut, die sich schnurgerade bis zum Horizont erstreckte. Es war ein Bild, das zeigte, wie nachhaltig Effizienz sein konnte, wenn sie Ressourcen schont und Verschwendung vermeidet – und gleichzeitig, wie erdrückend es sein kann, immer weiter zu reduzieren, ohne innezuhalten. Denn irgendwann bleibt von diesem 'Weniger' so wenig übrig, dass die Frage unausweichlich wird: Wieviel ist genug?

Das Gespräch war im Rattern unserer Räder untergegangen, doch die Raffinerie war geblieben – als stilles Symbol für eine Welt, die sich selbst antreibt, oft ohne zu hinterfragen, wohin sie eigentlich will. Jetzt, auf diesem einsamen Weg durch verlassene Dörfer und Felder, kehrte das Bild zurück.

Antje schaute mich an, ihre Stirn leicht in Falten gelegt.

„Vermutlich ist es nicht nur der Preis", sagte sie schließlich. „Anscheinend ist es auch eine Entscheidung, die wir unbewusst treffen. Immer wieder."

Ich sah zurück auf das verfallene Dorf hinter uns. Es war ein stiller, eindringlicher Moment, der uns zwang, uns dieser Frage zu stellen – was wir opfern, um zu wachsen.

Die Frage hing unausgesprochen in der Luft. Diese Leerstellen – die verödeten Landschaften – wirkten wie Schatten eines Lebens, das an anderen Orten weitergegangen war. Vielleicht gehörten sie dazu, unvermeidlich in einer Welt, die immer weiter auf Effizienz drängt. Doch irgendwo blieb die Frage: Könnten sie eines Tages wieder Leben in sich tragen?

Die Räder knirschten über den Kies, und die verlassenen Häuser und Dörfer wurden zu stummen Begleitern. Ihre leeren

Fenster starrten uns an, als wollten sie uns erinnern: an das, was war, und an das, was bleiben könnte. Vielleicht lag genau darin die Geschichte dieser Orte – eine, die noch erzählt werden musste, eine, die wir auf unserer Reise zu verstehen hofften.

Es war ein Anblick, der nachhallte, lange über diesen Tag hinaus. Irgendwo in diesem Spagat zwischen Fortschritt und Verlust lag eine Frage verborgen, die sich nicht so leicht beantworten ließ. Eine Frage, die unweigerlich in den Kopf kroch und leise mitschwang, während wir weiterrollten: Wie findet man eine Balance zwischen dem, was war, und dem, was werden soll?

Als wir Ferrara am späten Nachmittag erreichten, war die Sonne bereits dabei, sich hinter den Horizont zurückzuziehen, und ein kühler Wind zog durch die Straßen. Unsere Ankunft hätte kaum kontrastreicher zu dem Tag verlaufen können, der hinter uns lag – ein Tag voller Matsch, Nebel, LKW-Lärm und knirschender Kieswege. Doch Ferrara empfing uns mit einem unerwarteten Highlight: dem imposanten Castello Estense.

Das Schloss thronte vor uns wie ein Relikt vergangener Zeiten, majestätisch und uneinnehmbar. Die Wassergräben, einst ein Bollwerk der Verteidigung, waren nun mit imposanten Wasserspielen ausgestattet, die das historische Bauwerk in Szene setzten. Ich hielt inne, fasziniert von dem harmonischen Zusammenspiel aus Geschichte und moderner Ästhetik.

„Das ist ja riesig“, staunte ich, während Antje neben mir ebenfalls beeindruckt den Kopf in den Nacken legte.

„Damit hatte ich gar nicht gerechnet.“

Die abendliche Beleuchtung des Schlosses spiegelte sich im dunklen Wasser und verlieh dem Anblick eine fast romantische Atmosphäre. Doch lange verweilten wir nicht, denn unsere Gedanken waren nur bei einer Sache: einer heißen Dusche und einem warmen Zimmer.

Ferrara empfing uns mit einer Mischung aus alter Pracht und modernem Chaos. Während das Castello Estense uns für einen Moment in seinen Bann zog, brachten uns die letzten Meter zu unserer Unterkunft schnell zurück in die Gegenwart: Pflastersteine lagen aufgerissen am Straßenrand, Kabeltrommeln blockierten den Weg, und Arbeiter gestikulierten, dass wir umkehren sollten.

„Das darf doch nicht wahr sein", stöhnte ich, während Antje skeptisch die Szenerie musterte. Arbeiter standen am Durchgang zur Gasse und wimmelten uns mit energischen Handbewegungen ab, als wir versuchten, mit den Rädern durchzukommen. Gleichzeitig huschten einzelne Fußgänger durch die Baustelle – Anwohner offenbar, die ohne Probleme durchgelassen wurden.

„Wir müssen da durch", sagte ich entschlossen. Doch der Arbeiter am Posten deutete uns, die Parallelgasse zu nehmen und auf der anderen Seite erneut in die Gasse einzubiegen. Widerwillig folgten wir der Anweisung, doch als wir auf der anderen Seite ankamen, ging das Spiel von vorne los. Wieder wurden wir abgewiesen, wieder hieß es, wir sollten zurück auf die andere Seite. Es reichte. Der Tag hatte genug Nerven gekostet, und ich war nicht gewillt, mich wie ein Pingpongball hin und her schicken zu lassen.

Ich zog mein Handy heraus, öffnete den Google-Übersetzer und tippte eine Nachricht ein, die es in sich hatte.

„Was soll das? Ihr schickt uns hin und her, während andere durchgelassen werden! Wir müssen da rein, basta!"

Ich las die übersetzte Version laut vor, wobei mein Tonfall so deutlich war, dass keine Missverständnisse aufkommen konnten. Der Arbeiter sah mich an, zunächst überrascht, dann leicht wütend. Mit einem gemurmelten Fluch, den ich nicht verstand, schob er zwei kleine Kabeltrommeln zur Seite und machte uns mit einer Geste widerwillig Platz.

„Na also", sagte ich triumphierend, während wir uns mit den Rädern durch die Baustelle zwängten. Sie grinste schief.

„Du hast echt Talent, Leute auf charmante Weise aus der Reserve zu locken."

Ich zuckte die Schultern.

„Manchmal muss man eben klare Worte finden. Und siehe da, es funktioniert."

Als wir die Gasse hinter uns ließen und endlich vor unserer Unterkunft standen, fiel die Anspannung des Tages spürbar ab.

„Ich hoffe, die Dusche ist heiß", sagte Antje, während wir unsere Räder abstellten. Doch als ich schließlich unter dem heißen Wasser stand und der Schlamm, die Kälte und der Stress des Tages von mir abflossen, wurde mir klar, dass selbst solche kleinen Erfolge – wie das Überwinden einer Baustelle – irgendwie zu dieser Reise gehörten.

Später, frisch geduscht und mit einem leichten Lächeln auf den Lippen, liefen wir durch die abendlichen Straßen Ferraras. Das Schloss leuchtete weiterhin majestätisch in der Dunkelheit, und die kühle Nachtluft fühlte sich plötzlich erfrischend an.

„Weißt du", sagte ich zu Antje, „irgendwie war das heute wieder so ein Tag, den ich nie vergessen werde. Ein bisschen Wahnsinn, ein bisschen Abenteuer – und am Ende steht man doch wieder vor einem Schloss."

Antje lachte leise.

„Und vor Kabeltrommeln", fügte sie hinzu. „Das macht die besten Geschichten."

Wir hatten Lust auf Pizza – unkompliziert, sättigend und ideal, um die erschöpften Energiereserven wieder aufzufüllen. Als wir durch die Straßen schlenderten, stießen wir auf eine kleine Pizzeria mit einem funkelnden, roten Pizzaofen und freundlichem Personal, das uns bereits von außen freundlich zuwinkte. Die Preise auf der Karte vor dem Eingang waren mehr als fair: ab acht Euro für eine Pizza – das klang vielversprechend.

Als wir vor der Pizzeria standen und auf Deutsch beratschlagten, ob wir hereingehen sollten, bemerkte uns einer der Kellner durch die Scheibe. Mit einem breiten Lächeln trat er nach draußen und rief uns in charmant holprigem Englisch entgegen: „Buonasera! Come in, best pizza in town!"

Antje und ich sahen uns amüsiert an.

„Wenn er es schon so überzeugt anpreist, dann muss sie ja gut sein", sagte sie grinsend.

Ich nickte, und schon fanden wir uns im gemütlichen Innenraum wieder, wo uns der Duft von frisch gebackenem Teig und geschmolzenem Käse förmlich umarmte.

Der Kellner führte uns zu einem kleinen Tisch nahe dem großen, roten Ofen, der wie ein funkelnder Rubin im Raum wirkte. Die Speisekarte war schnell durchstöbert, und wir entschieden uns für zwei Klassiker: eine Capricciosa für mich und eine Funghi mit Prosciutto für sie.

Kurz darauf landeten zwei dampfende, perfekt gebackene Pizzen vor uns. Die goldbraunen Ränder waren knusprig, die Zutaten leuchteten frisch und einladend. Neben Messer und Gabel lag eine goldfarbene Küchenschere für jeden von uns auf dem Tisch.

„Was soll das denn?", fragte ich skeptisch, während Antje schmunzelte.

Der Kellner grinste: „La forbice! For cutting pizza! Molto semplice!"

„Mit einer Schere?", fragte ich ungläubig, während Antje sich vor Lachen kaum halten konnte. „Das ist ja mal… originell."

Ich probierte es aus – die Schere schnitt mühelos durch den Teig.

„Effizienter als Wiener Etikette", säuselte ich.

„Effektiv", ergänzte sie schmunzelnd. „Und ehrlich gesagt, irgendwie genial. Viel besser als dieses Herumgekämpfe mit stumpfen Messern!"

Während wir noch diskutierten, probierten wir die Technik aus. Die Schere glitt mühelos durch den Teig und hinterließ saubere Stücke, die wir bequem auf die Gabel spießen konnten. Es war tatsächlich unglaublich praktisch. Doch der Humor ließ uns nicht los.

„Stell dir vor, dass in Wien", sagte ich schließlich und konnte mir ein Grinsen nicht verkneifen. „Da hätten sie uns wahrscheinlich entsetzt die Tür gezeigt. Schere? Aber bitte, das gehört sich nicht!'"

Sie brach in schallendes Gelächter aus, während sie ein Stück Pizza abschnitt.

„Wiener Etikette und italienische Pragmatik – was für ein Kontrast! Warum kompliziert, wenn es auch einfach geht?"

Die Szene hatte ihren eigenen Charme.

Der Kellner schien zufrieden mit unserem Amüsement und brachte uns später sogar Nachschub an Getränken, während er bemerkte: „Ah, now you love forbice, no?"

Am Ende war diese kleine, simple Idee nicht nur praktisch, sondern auch ein kleines Highlight des Abends. Manchmal, dachte ich, liegt der Schlüssel zum Glück wirklich in der Einfachheit.

Ferrara hatte uns nicht nur mit seinem Schloss überrascht, sondern auch mit einem weiteren Kapitel voller unerwarteter Herausforderungen, die uns einmal mehr zeigten, dass jede Reise aus genau diesen Momenten besteht – den kleinen, den chaotischen und den triumphalen.

Zurück in unserem Zimmer, während wir die letzten Handgriffe vor der Nachtruhe machten, fiel mein Blick auf die Wetter-App. Ein kleines Symbol flackerte auf dem Bildschirm – Nebel.

Und nicht nur ein bisschen. Ein dichter, schwerer Schleier, der für den gesamten nächsten Tag angekündigt war.

„Das wird ja spannend", flüsterte ich, doch Antje hatte es gehört.

„Was jetzt?", fragte sie, während sie ihre Sachen für den nächsten Tag zurechtlegte.

„Morgen erwartet uns...", ich hielt inne, um die genaue Formulierung zu lesen, „... eine 'herausfordernde Sichtweite'."

Sie zog eine Augenbraue hoch.

„Herausfordernd? Das klingt nicht gerade nach einem gemütlichen Start."

„Vor allem nicht in der Po-Ebene", fügte ich hinzu und schaltete das Handy aus.

Wir versuchten, uns nicht zu viele Gedanken darüber zu machen, aber die Worte blieben wie ein Echo im Raum hängen. 'Herausfordernde Sichtweite'. Ich konnte förmlich spüren, wie der Nebel sich um unsere morgigen Pläne zu legen begann, und ein leises Unbehagen breitete sich aus.

„Morgen früh sehen wir weiter", sagte Antje schließlich und klopfte mir auf die Schulter. „Was soll schon passieren?"

Ich nickte, doch die Vorahnung blieb, als ich schließlich die Augen schloss. Und während der Nebel draußen vor den Fenstern langsam dichter wurde, träumte ich von verschwommenen Wegen, von Wasser und von einem endlosen Grau, das alles verschluckte.

Der Morgen begann mit einem dumpfen Trommeln auf der Fensterscheibe, als hätte die feuchte Luft beschlossen, uns sanft aus dem Schlaf zu wiegen. Die Welt draußen war ein grauer Schleier – schwer, still und undurchdringlich. Selbst die Straßenlaternen hatten aufgegeben, ihren Schein durch diese dichte Suppe zu schicken, die alles verschluckte, was mehr als drei Meter entfernt war.

„Na, großartig", raunte ich, während ich meine Nasensprayflasche schüttelte. „Mein Immunsystem hat wohl beschlossen, heute Urlaub zu machen."

Meine Nase war ein einziges Schlachtfeld, mein Hals fühlte sich an, als hätte ich Schmirgelpapier geschluckt, und meine Stimme klang wie die einer rostigen Türscharniere.

Antje zog ihre Jacke an und musterte mich mit einer Mischung aus Skepsis und Sorge.

„Willst du wirklich fahren? Du siehst aus, als hätte dich ein Bus überfahren."

„Wenn wir nicht fahren, sitze ich morgen immer noch hier wie ein Schluck Wasser in der Kurve", entgegnete ich und versuchte, mein erschöpftes Gesicht in ein halbwegs optimistisches Lächeln zu verwandeln. „Außerdem: Ein bisschen frische Luft ist die beste Medizin, oder?"

„Frische Luft?“ Antje blickte durch das Fenster hinaus, wo das Grau sich dicht an die Scheiben drückte. „Das Zeug da draußen ist keine Luft. Das ist Nebelsuppe mit einem Schuss Erkältungsgarantie.“

Draußen umfing uns die Stille wie eine unsichtbare Decke. Der Weg führte uns auf den Damm, der sich entlang des Po schlängelte. Der mächtige Fluss, Italiens Lebensader, zeigte sich von seiner düsteren Seite. Nur ein leises Surren der Reifen und das rhythmische Knarzen der Ketten begleiteten uns, während die Landschaft im Nichts verschwand. Es fühlte sich an, als hätte uns der Nebel aus der Welt der Lebenden entrückt und in einen surrealen Raum ohne Konturen versetzt.

Antje brach die Ruhe schließlich mit einem leisen Lachen.

„Irgendwie fühlt sich das hier an wie eine Fahrt durchs Nirgendwo.“

„Oder wie eine besonders schlechte Szene aus einem Horrorfilm“, ergänzte ich und schniefte leise. Meine Erkältung machte jeden Atemzug zu einer Herausforderung, während die feuchte Luft die Kälte noch tiefer in meine Knochen trieb.

Links und rechts des Weges reihten sich Bäume in seltsamer Perfektion aneinander, wie Soldaten in Reih und Glied. Keine krummen Äste, keine chaotischen Wurzeln – nur sterile Eintönigkeit. Es waren nüchterne Pappeln und Weiden, die hier für die Aufforstung der Überschwemmungsgebiete des Po gepflanzt wurden. Sie sollten den Boden stabilisieren, verhindern, dass die Fluten ihn abtragen und das Land noch weiter zurückfordern. Doch diese Aufgabe hatte ihnen jeden Hauch von Wildheit und Lebendigkeit genommen.

„Das sieht aus wie ein Freiluftgefängnis“, bemerkte sie trocken. „Als hätte der Fluss selbst entschieden, wo die Menschen sich aufhalten dürfen.“

Ich nickte, zu erschöpft für eine kluge Antwort. Meine Beine waren schwer, meine Gedanken schleppten sich hinterher. Der Strom war ein stummer Triumphator – wir nur Figuren in seinem Spiel. Und er? Er verschob uns mühelos, wie er wollte.

Die Stille zwischen uns wurde schwerer, während wir weiterfuhren. Plötzlich, ohne Vorwarnung, endete der Radweg auf dem Damm und führte uns hinab in das Überflutungsgebiet. Vor uns breitete sich eine glatte Wasserfläche aus, die den Weg in zwei Hälften zerschnitt.

Sie hielt an und stieg ab, die Hände in die Hüften gestemmt.

„Na super. Und jetzt?"

Ich folgte ihrem Blick. Das Wasser war trügerisch ruhig, doch es war klar, dass wir hier nicht durchkommen würden.

„Das war's dann wohl", brummte ich und schob mein Rad ein Stück zurück.

Sie drehte sich zu mir um, die Augenbraue skeptisch nach oben gezogen.

„Runter da? Ins Wasser?"

Die unausgesprochene Frage schwebte in der Luft, als hätte sie schon beschlossen, was die Antwort sein sollte.

Ich ließ meinen Blick über die spiegelnde Wasseroberfläche gleiten, die den Radweg komplett verschluckt hatte. Es war unmöglich zu sagen, wie tief das Wasser war. Vielleicht knöchelhoch, vielleicht auch knietief – oder noch schlimmer. Ich stellte mir vor, wie wir mit unseren Rädern darin versanken, die Füße kalt und klatschnass, während ich mir eine weitere Erkältungsschicht einfing.

„Definitiv nicht", entschied ich schließlich. „Die einzige Schwimmflügel, die ich dabeihabe, sind meine halb leeren Reifen, und das reicht nicht."

Ich zog mein Handy hervor und tippte auf das Display.

Während ich die Karte überprüfte, sah ich mich um. Das Wasser breitete sich vor uns aus wie eine stille, unüberwindbare Barriere. Der verlassene Bauernhof am Rand des Weges wirkte wie ein Mahnmal – ein Zeugnis der unbändigen Natur, die sich mit jedem Hochwasser ein Stückchen mehr zurückholte.

„Es gibt einen Umweg. Ein paar Kilometer mehr, aber besser als hier durchzuwaten."

Sie nickte, und ich wusste, dass sie recht hatte. Doch während ich mein Rad wendete, meldete sich mein Körper mit aller Deutlichkeit zu Wort. Die Erschöpfung kroch wie ein zäher Schleier durch meine Glieder, schwer und unbeirrbar. Mein Immunsystem hatte sich längst mit weißer Fahne ergeben und schien still zu flüstern: „Mach ohne mich weiter." Jeder Atemzug brannte, jeder Schritt fühlte sich an, als würde ich gegen einen unsichtbaren Strom laufen. Mein Körper wollte nur eines – aufgeben. Ich hatte das ungute Gefühl, dass nicht mal eine heiße Suppe mich wieder zusammenflicken könnte. Aber unser Zeitplan war unerbittlich – die Rückflüge fest gebucht, die Kilometer nicht verhandelbar. Schwäche war ein Luxus, den ich mir nicht leisten konnte.

„Einverstanden. Aber wenn wir in Mantua ankommen, will ich eine riesige Pizza."

„Mit oder ohne Schere?", fragte Antje trocken, und ich musste trotz allem lachen.

Der Umweg führte uns tiefer in die Po-Ebene, und mit jedem Kilometer schien sich die Landschaft in einer endlosen Schleife zu wiederholen. Die Baumreihen standen wie ein stilles Versprechen für endlose Wiederholung. Kein Ast ragte heraus, keine Wurzel durchbrach das geordnete Bild. Es war, als hätte die Natur beschlossen, sich für diesen Teil der Po-Ebene in ein Gefängnis aus Symmetrie zu fügen – eine Symmetrie, die uns mit jeder Minute tiefer in ihre Trostlosigkeit zog. Felder, die von den Fluten gezeichnet waren wie eine Leinwand voller feiner Risse, breiteten sich in alle Richtungen aus. Darüber spannte sich ein grauer Himmel, der wie ein unbarmherziger Deckel die gesamte Szenerie unter sich begrub.

Es war, als hätte die Natur selbst beschlossen, uns ihre Macht in steter Wiederholung vor Augen zu führen – bis wir sie nicht mehr nur sahen, sondern spürten.

Die Stunden vergingen, doch die Szenerie blieb gleich. Die Monotonie wurde zu einer leisen Melancholie, die uns in ihrem Bann hielt. Der Po bestimmte das Spiel, ohne uns je die Regeln zu verraten.

Dann tauchte sie aus dem Nebel auf – eine Baustelle, mitten im Nichts, wie ein Hindernis, das uns herausfordern wollte. Die Signalorange leuchtenden Absperrgitter wirkten wie Warnschilder vor einem verbotenen Gebiet, und die Bänder, die im feuchten Wind tanzten, erinnerten an ein improvisiertes Gefängnis. Ein dumpfes Dröhnen vibrierte in der Luft, als würden Titanen im Inneren der Erde gegen ihre Ketten schlagen. Dazu das grelle Aufblitzen von Baumaschinenscheinwerfern, die aus dem Nebel hervorbrachen, wie Augen von Monstern, die uns beobachten. Die Geräusche waren ohrenbetäubend, metallisch und unbarmherzig. Es klang, als würde die Erde selbst gefoltert.

Antje blieb stehen und sah mich mit diesem typischen Ausdruck an, der keine Worte brauchte und mir nur allzu vertraut war.

„Sag bitte, dass das ein schlechter Scherz ist."

Ich seufzte.

„Leider nicht. Der Radweg führt genau hier entlang – zumindest laut Navi."

„Wirklich? Und was schlägt dein glorreiches Navi vor? Dass wir durch den Morast waten oder einen Monstertruck bestechen, uns mitzunehmen?"

Ihre Stimme tropfte vor Sarkasmus, und ihr Blick hätte selbst den Nebel durchbohren können.

„Vielleicht", entgegnete ich mit einem schwachen Lächeln, obwohl mir selbst nicht nach Lachen zumute war. „Aber ich dachte eher daran, dass ich vorgehe und einen Weg suche."

„Ach, du willst also wieder ins Chaos stürzen und mich mit den Rädern allein lassen?"

Ihre Worte klangen vorwurfsvoll, doch ich kannte sie zu gut. Trotz ihrer Abneigung gegen Matsch würde sie folgen – wenn auch murrend.

„Es ist nur ein bisschen Schlamm", versuchte ich sie zu beschwichtigen, während ich die Umgebung genauer inspizierte. Rechts von uns war keine Chance herumzukommen – der Boden war aufgeweicht und durchzogen von tiefen Furchen, die von Maschinen hinterlassen worden waren. Links? Dort verschwanden die Lichter der Baustelle im Dunst, begleitet von einem ohrenbetäubenden Lärm, der sich wie die Trompeten der Apokalypse anhörte.

„Ich gehe vor und erkunde", sagte ich schließlich. „Nur ein kurzer Blick. Eventuell gibt es einen Weg durch."

„Das sagst du immer", stöhnte sie und schob das Rad an den Wegesrand. „Und am Ende sind wir beide mitten im Chaos."

Ich ignorierte ihren Kommentar und stapfte los, bewaffnet mit meinem Handy zur Orientierung und einer gehörigen Portion Optimismus, die mir wahrscheinlich gleich im Morast versinken würde. Der Boden war rutschig, matschig und an manchen Stellen so weich, dass ich fast knöcheltief einsank. Ich hielt die Balance, zumindest, und lauschte dem immer lauter werdenden Grollen der Baustelle. Schemenhaft tauchte vor mir ein gigantischer Volvo-Truck auf, der sich wie ein moderner Titan durch die Landschaft schob. Seine Scheinwerfer schnitten durch den Grauschleier, blendeten mich kurz, und ich sprang geistesgegenwärtig in die nächste Fahrspur, bevor er mich als zusätzlichen Baustellenschmuck hätte einsammeln können.

„Alles in Ordnung?", schrie Antje von hinten, ihre Stimme klang fast besorgt – aber eben nur fast.

„Alles gut!", rief ich zurück. „Außer, dass ich fast als Kühlerfigur für diesen Riesen-LKW geendet wäre." Mein Puls hämmerte, aber ich bemühte mich um ein lockeres Grinsen – schwierig, wenn man mit einem Schuh im Matsch versinkt.

Der Lärm wurde markerschütternd, während ich mich durch den Schlammlabyrinth kämpfte. Es war, als hätte die Baugrube beschlossen, sich mit aller Gewalt gegen Eindringlinge zu wehren.

Nach Minuten, die sich wie Stunden anfühlten, erreichte ich das Ende des Areals. Die orangefarbene Absperrung leuchtete wie ein Licht am Ende des Tunnels. Doch der Weg dorthin war eine Herausforderung, die selbst Indiana Jones zum Schwitzen gebracht hätte. Der Modder war zäh, die Fahrspuren knietief, und mein Handy zeigte zwar den Radweg an, aber hier war nichts von einem Weg zu sehen.

Als ich zurück zu Antje kam, berichtete ich knapp: „Wir können durch, aber…"

„Aber?"

Sie sah mich an, ihre Augen schmal vor Misstrauen.

„Wir müssen die Taschen vorweg tragen. Mit den beladenen Rädern kommen wir da nicht lang."

„Das ist doch nicht dein Ernst!"

Sie schnappte nach Luft, als hätte ich gerade vorgeschlagen, durch ein Minenfeld zu laufen.

„Die Taschen schleppen? Durch diesen Dreck? Ich hasse Baustellen. Und ich hasse es, dass meine Schuhe jetzt aussehen wie ein frisch gepflügtes Kartoffelfeld!"

„Ich weiß, ich weiß", sagte ich beschwichtigend und hob die Hände in Verteidigung. „Aber wir haben wirklich keine andere Option. Zurückfahren würde uns über eine Stunde kosten, und der nächste Weg ist wahrscheinlich genauso schlimm."

„Keine andere Option?"

Ihre Augen funkelten, und sie deutete auf den schlammigen Boden. „Wir könnten hier campen, die Nacht abwarten und hoffen, dass der Po uns morgen verschont!"

„Klar, super Idee", sagte ich trocken. „Romantisches Camping mitten im Morast, mit Baustellenlärm als Einschlafhilfe. Klingt doch fast zu gut, um wahr zu sein."

Antje warf mir einen vielsagenden Blick zu, der keine weiteren Kommentare duldete, und griff dann nach Ihren Taschen. Ohne ein weiteres Wort stapfte sie los, ihre Schritte so entschlossen, dass selbst der Schlamm keinen Widerstand zu leisten wagte.

Ich folgte ihr, ebenfalls bepackt, und bahnte mir vorsichtig einen Weg durch das verzweigte Geflecht der Spurrillen. Der dröhnende Krach der Baustelle umgab uns wie eine Wand aus Chaos – schwere Maschinen kreischten und pochten, als wollten sie uns herausfordern. Doch mit jedem Schritt setzten wir dem Trubel unsere eigene kleine Entschlossenheit entgegen.

„Ich schwöre dir", zischte sie zwischen zusammengebissenen Zähnen, während sie versuchte, über eine besonders tiefe Spur zu balancieren, „wenn ich hier ausrutsche, ziehe ich dich mit rein."

„Ach komm, du bist doch viel zu elegant, um…"

Genau in dem Moment rutschte sie aus. Ihr Fuß glitt weg, und mit einem überraschend lauten Fluch landete sie im Modder. Die

Taschen flogen ein Stück zur Seite, und Antje saß da, schmutzig, wütend – und irgendwie komisch.

„Alles in Ordnung?", fragte ich, während ich mich bemühte, nicht laut loszulachen.

„In Ordnung? Ich sitze im Dreck! Ich bin ein wandelnder Schlammklumpen!"

Ich half ihr hoch und konnte mir ein Grinsen nicht verkneifen.

„Na ja, immerhin hast du dir nichts gebrochen. Und schau, der Matsch steht dir."

„Sehr witzig", grummelte sie, aber ein kleines Lächeln blitzte durch ihren Ärger. „Hilf mir lieber mit dem Gepäck."

Gemeinsam trugen wir Stück für Stück unsere Sachen über das Baufeld, die Räder folgten später. Es war ein Kraftakt, ein schmutziges, anstrengendes Abenteuer, das uns an den Rand der Geduld brachte. Doch als wir endlich die andere Seite erreichten, dreckig, erschöpft, aber irgendwie triumphierend, atmeten wir beide tief durch.

„Geschafft", stöhnte ich, während ich mich mit einer letzten Anstrengung neben meinem Rad auf den Boden sinken ließ. Meine Beine fühlten sich an wie Blei, mein Atem kam stoßweise, und ich war mir sicher, dass der Dreck in meinen Haaren für Wochen bleiben würde. Aber trotzdem – wir hatten es durchgezogen. Der Gedanke, dass wir endlich auf festem Boden standen, ließ mich fast lachen.

„Der abenteuerlichste Umweg unseres Lebens", sagte ich und sah zu Antje, welche sich, ebenfalls erschöpft, auf die andere Seite des Weges plumpsen ließ.

Antje warf mir einen Blick zu und schüttelte den Kopf.

„Du schuldest mir eine Pizza. Eine verdammt große Pizza. Und nein, diesmal ohne Schere."

Wir lachten beide, und für einen Moment war der ganze Frust vergessen. Es war eine dieser Situationen, die man nur auf Reisen erlebt – chaotisch, verrückt, anstrengend, aber am Ende irgendwie unvergesslich.

Doch wir konnten nicht lange verweilen. Der Tag war noch nicht zu Ende, und Mantua lag immer noch etliche Kilometer entfernt. Mit einem tiefen Seufzer zogen wir die Räder wieder auf den asphaltierten Weg. Der Untergrund wurde fester, und das rhythmische Surren der Reifen kehrte zurück, wie ein vertrauter Begleiter. Die Landschaft begann sich allmählich zu verändern – die endlosen Felder und Baumreihen wichen kleinen Dörfern, deren Lichter wie verstreute Sterne am Horizont aufflackerten.

Die Stunden vergingen, und mit jedem Kilometer wurde die Dunkelheit dichter. Es war, als würde die Nacht uns einhüllen, uns zwingen, die letzten Kräfte zu mobilisieren. Meine Erkältung machte sich wieder bemerkbar, und jeder Atemzug fühlte sich an, als würde ich gegen eine unsichtbare Barriere ankämpfen. Antje wirkte ebenfalls erschöpft, sprach kaum noch, und das Gewicht der Stille lastete schwer auf uns beiden.

Plötzlich sahen wir in der Ferne ein grelles Licht. Erst nur ein blasses Glimmen, doch dann wurde es heller, durchdrang die Dunkelheit wie ein riesiger Leuchtturm. Der Himmel über Mantova war in ein grelles Licht getaucht, das die Nacht durchdrang und mit seinem kühlen Flutlicht die Stille des Abends zerschlug. Dazu das ferne, aber unüberhörbare Grollen der Fußballfans, das wie ein gewaltiges Echo durch die leeren Straßen hallte.

„Großartig", murmelte Antje, die mit müden Augen auf ihren Tacho starrte. „105 Kilometer. Und wir sind noch immer nicht da."

Ihre Stimme klang erschöpft, und ich konnte es ihr nicht verdenken – nach diesem Tag war jeder von uns bereit, einfach nur anzukommen.

Die Hauptstraße in die Altstadt schien zunächst frei. Doch als wir die letzte Kreuzung erreichten, tauchten sie vor uns auf: die leuchtend gelben Absperrgitter und das Blau der blinkenden Polizeiwagen, die wie Wachhunde vor der Innenstadt postiert waren.

„Ich wette, das ist wegen des Spiels", sagte ich und nickte in Richtung der Absperrung, wo eine Gruppe von Polizisten in reflexartig koordinierten Bewegungen Autos anhielt.

Sie seufzte.

„Meinst du, sie lassen uns mit den Rädern durch?"

Ich trat an einen der Beamten heran, das Fahrrad an der Seite, und fragte höflich.

Der Mann schüttelte nur entschieden den Kopf: „No entry."

„And where exactly should we go now?", fragte ich und spürte, wie mein Geduldsfaden zu reißen drohte.

Er deutete mit einer nachlässigen Handbewegung nach links: „200 metres."

Antje schnaufte.

„Zweihundert Meter? Klingt wie eine dieser typisch italienischen Notlügen."

Ich versuchte, den Unmut herunterzuschlucken.

„Wahrscheinlich meinen sie damit eher drei Kilometer."

„Oder fünf", ergänzte sie trocken.

Wir traten in die Pedale, folgten der beschriebenen Strecke und stellten schnell fest, dass unsere Vermutung nicht falsch war. Zweihundert Meter verwandelten sich in einen Umweg, der uns einmal an das andere Stadtende führte, bevor wir endlich wieder in die Nähe der Altstadt kamen. Der Weg zog sich gefühlt endlos hin.

„Ich glaube, sie wollten uns einfach nur loswerden", schnaufte Antje. Ihre Müdigkeit wich kurzzeitig einem Schub aus Frustration.

Endlich erreichten wir die Altstadt. Die engen Straßen, beleuchtet von alten Laternen, die ein warmes, goldenes Licht warfen, wirkten wie aus einer anderen Zeit. Wir schoben unsere Räder durch einen Teil der Fußgängerzone. Um uns herum war es stiller geworden, die Fans blieben hinter den Grenzen des Stadions zurück. Nach fünf Minuten standen wir endlich vor unserer Unterkunft.

„Hier ist es", sagte ich und wischte mir den Schweiß von der Stirn.

Sie nickte nur, sichtlich erleichtert, dass die Suche vorüber war.

Wir standen vor einer großen, dunkelbraunen Holztür und blickten uns um. Die Gasse war still, nur das gedämpfte Rauschen der Stadt im Hintergrund war zu hören. Ich kramte mein Handy hervor und schrieb dem Vermieter noch einmal eine Nachricht. Vor etwa einer Stunde hatte ich ihm bereits unsere ungefähre Ankunftszeit durchgegeben, aber jetzt wollte ich sicher sein, dass alles funktionierte.

Nach wenigen Augenblicken vibrierte mein Handy in der Hand. Seine Antwort war kurz und präzise: „Mein Sohn ist in zehn Minuten da, um euch einzuchecken." Antje seufzte leise und lehnte sich gegen die Tür.

„Dann hoffen wir mal, dass es wirklich zehn Minuten sind und nicht zehn italienische Minuten."

„Vielleicht sind es diesmal wirklich zehn Minuten", erwiderte ich, obwohl ich selbst daran zweifelte.

Die Minuten zogen sich. Aus zehn wurden zwanzig. Dann dreißig. Schließlich parkte ein kleiner Fiat direkt vor der Tür, die Warnblinkanlage noch an, als der Sohn des Vermieters ausstieg.

Er war etwa Mitte dreißig, ein locker geschwungener Schal um seinen Hals und ein sportlich-elegantes Sakko, das ihn wie aus einem Modekatalog wirken ließ. Mit großen Augen musterte er uns.

„You davvero came here con le biciclette?", fragte er, fast ungläubig, während er unser Gepäck und die Räder betrachtete.

„Yes", sagte ich und grinste. „Over 1000 kilometres."

„Mille?" Er schüttelte den Kopf, als hätte ich ihm erzählt, wir wären aus der Zukunft gereist. „The maximum I ever cycled was forty kilometers. Last summer. Around here. But with all this baggage? No, non sarebbe per me."

„For today we are done, too", murmelte ich trocken und schenkte ihm ein erschöpftes Lächeln.

Er öffnete die schwere Holztür und führte uns zur Wohnung, die im ersten Obergeschoss lag. Die Treppenstufen knarrten unter dem Gewicht unserer trägen Beine. Doch als wir endlich in der Unterkunft standen, uns hinsetzten und tief durchatmeten, wussten wir: Wir hatten es geschafft. Mantua lag uns zu Füßen, und morgen würde ein neuer Tag warten – mit all seinen Überraschungen und Herausforderungen.

Doch bevor der morgige Tag seine Geschichten schrieb, rief uns die Gegenwart in Form eines unüberhörbaren Hungergefühls zurück. Nach einer kurzen, aber wohltuenden Dusche und dem Luxus frischer Kleidung wagten wir uns erneut in die kalte, neblige Nacht. Die Stadt schlummerte nicht – sie atmete. Die alten Gemäuer und gepflasterten Straßen wirkten in der Dunkelheit beinahe lebendig, der Nebel legte sich wie ein Schleier über Mantua und verstärkte die Mystik ihrer jahrhundertealten Geschichte.

„Man könnte meinen, wir sind in einem Gemälde gelandet", sinnierte Antje, während wir durch eine schmale Gasse liefen. Über uns spannten sich die Bögen der Arkaden, und das warme

Licht der Laternen malte tanzende Schatten an die Hauswände. Der Klang unserer Schritte hallte gedämpft wider.

Ich nickte und blickte nach oben, wo die Silhouette des Uhrturms in den Nebel ragte.

„Wusstest du, dass diese astronomische Uhr dort oben im 15. Jahrhundert von einem gewissen Bartolomeo Manfredi entworfen wurde? Sie zeigt nicht nur die Zeit, sondern auch die Mondphasen und die Sternbilder."

Ich erinnerte mich daran, wie ich ein paar Tage zuvor, abends kurz vor dem Schlafengehen, noch in Vorfreude auf die Städte, die unseren Weg kreuzen würden, genau das gegoogelt hatte. Ein kleines Stück Vorfreude, das jetzt greifbar vor uns lag.

Antje zog die Schultern enger an sich und lächelte.

„Und was zeigt sie jetzt? Dass wir dringend etwas essen sollten?"

Ich lachte leise.

„Wahrscheinlich. Aber ich schätze, sie verrät uns auch, dass Mantua viel mehr als nur eine Durchgangsstation ist."

Der Duft von Tomaten, Knoblauch und frischem Basilikum hing in der kühlen Abendluft und zog uns unwiderstehlich über die Piazza hinweg. Es war, als hätte die Trattoria am Ende der schmalen Seitenstraße ihre unsichtbaren Arme nach uns ausgestreckt.

Vor der Tür stand eine Tafel, auf der normalerweise Pizzen und andere Klassiker zu finden waren. Doch diesmal lasen wir in geschwungener, beinahe künstlerischer Schrift: 'Pasta fatta in casa' – Hier gibt es nur handgemachte Pasta.

Antje und ich tauschten einen Blick, den nur hungrige Reisende verstehen konnten. Ein kurzes Schmunzeln, eine stumme Übereinkunft.

„Na gut“, sagte ich schließlich mit einem Grinsen. „Aus der versprochenen Pizza wird heute Pasta.“

Sie nickte, und die Entscheidung war getroffen.

Wir traten ein, und drinnen umfing uns eine warme, einladende Atmosphäre. Holztische mit rotkarierter Tischwäsche, der leise Klang italienischer Gespräche, das Klirren von Besteck – es war, als hätte die Stadt uns mit offenen Armen empfangen.

Die Kellnerin begrüßte uns mit einem freundlichen „Buonasera“ und führte uns zu einem Tisch in der Ecke.

Antje bestellte einen großen gemischten Salat – „Vitamine gegen den Tag“, wie sie es nannte – und ich entschied mich für Lasagne. Dazu ein Glas Rotwein, das wie flüssige Wärme durch meinen angeschlagenen Körper floss.

„Es ist wirklich ein besonderer Ort“, sagte ich zu ihr nach der ersten Gabel meines Salats. „Hast du gewusst, dass sie auf drei Seiten von Seen umgeben ist? Diese wurden im Mittelalter künstlich angelegt, um die Stadt zu schützen.“

Antje nickte, während sie die erste Schicht der Lasagne mit der Gabel zerteilte.

„Die Gonzaga-Familie hat das alles aufgebaut. Sie haben die Stadt in der Renaissance zu einem kulturellen Zentrum gemacht. Künstler, Dichter, sogar der Vatikan – alle waren hier.“

Antje lehnte sich zurück, ihr Glas in der Hand.

„Es ist faszinierend. Die Stadt hat so viel erlebt und wirkt trotzdem lebendig. Nicht wie ein Museum, sondern wie ein Ort, der seine Vergangenheit atmet.“

Ich betrachtete die Flasche Rotwein, die zwischen uns auf dem Tisch stand.

„Das mag an den Bewohnern liegen. Sie halten ihre Geschichte am Leben, aber sie lassen sie nicht über ihre Gegenwart herrschen. Sie sind beides – modern und verwurzelt.“

Ein Lächeln huschte über ihr Gesicht, bevor sie wieder in ihre Lasagne stach.

„Und wir sind hier, mittendrin, obwohl wir heute Morgen noch in einer Baustelle feststeckten und uns durch Matsch kämpften."

„Das nennt man Fortschritt", sagte ich und hob mein Glas, das in der weichen Beleuchtung des Restaurants aufleuchtete wie ein kleines Feuer. „Auf uns und auf Mantua."

Antje stieß an, und die Gläser klangen, als würden sie ein stilles Einverständnis besiegeln. Für einen Moment herrschte zwischen uns eine Stille, die nicht leer war, sondern erfüllt von der Wärme des Augenblicks. Draußen verblassten die Rufe der Stadt, und das Klirren der Gläser vermischte sich mit dem sanften Murmeln der Trattoria – ein Moment, der sich ins Gedächtnis einbrennen würde.

Als wir unsere Teller geleert hatten und der letzte Tropfen Rotwein in unseren Gläsern verschwunden war, lehnte ich mich zurück und ließ den Tag still Revue passieren. Von den monotonen Baumreihen am Po bis zur zähen Baustellenpassage, von der Frustration an der Straßensperre bis zum Ankommen in der Altstadt – trotz aller Widrigkeiten war der Abend von einer ruhigen Geborgenheit geprägt, die uns den schwierigen Tag in einem milderen Licht erscheinen ließ.

„Weißt du", begann ich und sah Antje an, während die letzten Reste Rotwein in meinem Glas schimmerten, „wenn ich an den heutigen Tag zurückdenke, bin ich stolz auf uns. Andere würden sich an einem Strand sonnen, vielleicht Cocktails trinken und nichts tun. Aber wir? Wir stecken im Schlamm fest, fahren durch Nebel und kommen am Ende in einer Stadt an, die uns so viel mehr gibt als nur einen Ort zum Schlafen."

Sie lächelte und zog die Schultern leicht hoch, ein Anflug von Zufriedenheit in ihrem Gesicht.

„Es stimmt, wir hätten uns auch einfacheres suchen können. Aber morgen, sagst du, kommt die Sonne wieder?"

„Ja", antwortete ich und hob mein Glas noch einmal, als wolle ich es gegen die Dunkelheit draußen richten. „Und dann wartet Cremona – die Stadt der Geigenbauer. Vielleicht wird der Tag so melodisch wie eine gut gestimmte Saite."

„Ich hoffe nur", erwiderte sie trocken, während sie sich zurücklehnte, „dass es keine Baustellenmusik wird. Und jetzt lass uns zurück zur Unterkunft gehen. Ich brauche Schlaf, um den morgigen Tag zu überstehen."

Draußen umfing uns der kalte Dunst, doch dieses Mal schien er wie ein sanfter Schleier, der Mantuas Geheimnisse bewahrte, anstatt uns abzuschrecken. Die gepflasterten Straßen glitzerten im matten Licht der Laternen, und das leise Knirschen unserer Schritte klang fast tröstlich. Mantua hatte uns willkommen geheißen – nicht laut, aber herzlich – und die Aussicht auf einen sonnigen Tag schien uns mit jedem Schritt leichter zu machen.

Die Stadt schien uns zu sagen: „Erholt euch. Morgen beginnt ein neues Abenteuer."

SÜßE VERSUCHUNGEN

Mantua hüllte uns in einen Morgen, der sich anfühlte wie ein stummes, frostiges Adieu. Die Luft schnitt mit der Kälte eines Wintervorboten, und die feuchte Stille der Gassen schien jeden unserer Schritte zurückzuwerfen. Es war ein Morgen, der keinen Trost bot, sondern nur die leise Aufforderung, weiterzugehen – und die Frage, ob wir überhaupt wollten.

Der Nebel verschluckte die Geräusche der Stadt und legte sie in eine träge, fast melancholische Stille. Es war kein Morgen, der zum Verweilen einlud, sondern einer, der uns sanft, aber bestimmt auf den Weg schickte. Die historische Kopfsteinpflasterstraße unter unseren Füßen glänzte feucht im diffusen Licht, das die wenigen Laternen spendeten. Es war, als wollte die Stadt uns noch ein wenig festhalten, bevor wir uns auf den Weg machten.

„Das ist wohl die Art des Winters, uns „Guten Morgen" zu sagen", bemerkte Antje trocken, während sie ihre Handschuhe festzog und das Rad auf das glänzende Kopfsteinpflaster schob.

Ihr Ton war sachlich, aber ich konnte die leichte Resignation in ihrer Stimme hören. Ihre Stimme hallte gedämpft von den alten Fassaden wider, die wie schweigende Zeugen vergangener Epochen über die stillen, nebligen Gassen wachten.

„Die Wettervorhersage hat doch Sonne versprochen", antwortete ich und pustete in meine Hände, um sie aufzuwärmen. „13 Grad am Nachmittag, stell dir das vor. Fast schon T-Shirt-Wetter."

Antje warf mir einen skeptischen Blick zu, ihre Augen schmal vor Kälte und Müdigkeit.

„Und bis dahin? Frostbeulen und Nebelsuppe?“

„Geduld“, erwiderte ich mit einem schiefen Grinsen, auch wenn die klamme Luft selbst in meine optimistische Haltung kroch. „Wir haben schon schlimmeres überstanden.“

Unsere Räder klapperten und rumpelten auf dem störrischen Kopfsteinpflaster, als würden sie eine Melodie spielen, die nur die altehrwürdigen Gassen von Mantua verstehen konnten. Es war kein harmonisches Abschiedslied, sondern ein holpriger Takt, der uns an die Unvollkommenheit eines jeden Anfangs erinnerte. Mantua selbst wirkte wie eine verschlafene alte Dame, die sich in ihren viel zu schweren Morgenmantel gehüllt hatte und uns mit halbgeschlossenen Augen beobachtete. Die Stille war nicht bedrückend, sondern fast zärtlich – eine leise Aufforderung, die Stadt ohne viel Aufsehen hinter uns zu lassen.

Die wenigen Passanten, die uns begegneten, huschten wie Schatten durch die Gassen, ihre Mäntel fest an den Körper gedrückt, während sie sich gegen die feuchte Kälte stemmten. Kein Lachen, kein Gespräch – nur das monotone Surren unserer Reifen und das gelegentliche Klackern der Pedale brachten Bewegung in die Szene. Die Straßen wurden breiter, und mit jedem Meter entfernten wir uns von Mantuas schläfriger Umarmung, während die umliegende Landschaft uns schweigend willkommen hieß.

Draußen wirkte die Welt wie eingefroren, als hätte die feuchte Luft nicht nur die Stadt, sondern auch die Natur in einen Mantel aus Schweigen gehüllt. Der Fluss, der sich träge durch die Landschaft schlängelte, war kaum mehr als ein schimmernder Schatten in der Ferne.

„Es hat etwas Unheimliches, oder?“, fragte Antje leise, als wir den schmalen Weg entlangfuhren, der uns tiefer in die neblige

Ebene führte. „Wie eine Welt, die auf uns wartet, aber nicht sicher ist, ob sie uns wirklich reinlassen will."

„Oder eine Welt, die uns testen will", erwiderte ich und zog die Schultern hoch. „Mal sehen, ob sie uns die Sonne wirklich gönnt."

Die Wettervorhersage versprach für den Nachmittag blauen Himmel und eine wärmende Sonne, aber bis dahin war es noch ein weiter Weg. Die dichten Schwaden des Nebels schienen jeden Sonnenstrahl zu verschlucken, bevor er überhaupt den Boden berühren konnte. Doch irgendwo in der Ferne, ganz am Horizont, zeichnete sich ein zarter, heller Streifen ab – ein leises Versprechen, dass der Tag mehr zu bieten hatte als nur kalte Finger und neblige Stille.

„Ich wette, er wird uns noch bis zur Brücke begleiten", sagte ich. „Aber dahinter..."

Ich ließ den Satz offen, eine unausgesprochene Hoffnung, die im gleichmäßigen Surren unserer Reifen mitschwang.

Antje nickte nur und zog die Kapuze enger um ihr Gesicht.

Der Weg schlängelte sich durch eine Landschaft, die der Nebel noch fest umarmt hielt, als wollte er sie vor der Welt verstecken. Die feuchte Erde funkelte im schrägen Licht der Sonne, während die Pappeln wie stumme Wächter mit langen, knochigen Fingern über den Po wachen. Es war, als würde die Natur uns ihre Geschichten zuflüstern, leise, geduldig, wie ein alter Erzähler, der sicher ist, dass wir eines Tages zuhören würden.

Die Umgebung strahlte eine stille, fast ehrfürchtige Schönheit aus, die von der Vergänglichkeit des Lebens erzählte. Alte Bauernhöfe, deren bröckelnde Mauern sich im schimmernden Wasser des Flusses spiegelten, wirkten wie Zeugen einer Zeit, in der das Leben langsamer, aber nicht weniger fordernd war. Hier schien die Welt stillzustehen, weit weg von moderner Hektik, und es war, als hätte der Fluss den Menschen seine eigenen Regeln auferlegt – Regeln, denen sie sich mit Beharrlichkeit und Einfallsreichtum fügten.

Inmitten dieser Kulisse schälte sich die Brücke langsam aus dem grauen Dunst, ein wackeliges, aber ehrwürdiges Bauwerk, das von Mut und Pragmatismus gleichermaßen erzählte. Es war, als ob die Landschaft selbst innehielt, um dieses Relikt vergangener Zeiten zu würdigen. Die Luft war erfüllt von einer unaufdringlichen Spannung, die den Moment aufzuladen schien, während wir uns näherten.

„Ist das…?"

Antje hielt plötzlich an, ihre Augen fest auf das Bauwerk vor uns gerichtet. Die 'Ponte di Barche di Torre d'Oglio' war mehr als nur ein Übergang – sie war ein Denkmal menschlicher Anpassungsfähigkeit, gebaut in einer Zeit, in der der Fluss nicht nur Hindernis, sondern auch Lebensader war. Dort, wo der Oglio träge, aber unberechenbar durch die Ebene floss, hatten die Menschen eine Brücke geschaffen, die nicht starr war, sondern flexibel – ein Band aus Holzplanken, getragen von schmalen Booten, die im Rhythmus des Wassers schaukelten.

Sie streckte sich wie ein schmaler Grat über das Flussbett, jede Planke ein Balanceakt zwischen Vertrauen und Vorsicht. Unter uns wippten die Boote sanft, als wollten sie uns einladen, weiterzugehen – oder uns warnen, mit jedem Schritt bedacht zu sein. Ihr leises Ächzen schien eine Art Sprache zu sprechen, eine Mischung aus Einladung und Mahnung, die in meinen Gedanken nachhallte.

Heute steht diese Brücke als stilles Denkmal da, eine Hommage an die Fähigkeit der Menschen, sich den Launen der Natur anzupassen, ohne sich ihr vollständig zu ergeben. Jedes Knarren und Zittern unter unseren Reifen erinnerte daran, dass sie nicht nur gebaut wurde, um Menschen und Güter zu tragen, sondern auch um Geschichten zu bewahren – Geschichten von denjenigen, die sich auf ihr wagten, damals wie heute.

„Das sieht ja stabil aus", sagte Antje trocken, ihr Blick auf das Verkehrsschild gerichtet, das LKWs aus gutem Grund verbot. „Zu schwer – kein Wunder."

„Stabil?" Ich runzelte skeptisch die Stirn und betrachtete die schmalen Planken, flankiert von rot-weißen Absperrungen. „Das Ding sieht aus, als würde es bei einem scharfen Nieser zusammenbrechen."

Antje schmunzelte und schob ihr Rad entschlossen näher.

„Du hast doch gesagt, das wird ein guter Tag", erinnerte sie mich mit einem herausfordernden Seitenblick.

Bevor ich antworten konnte, war sie bereits losgefahren, das Rad fest im Griff, während die Brücke unter ihren Schritten protestierend knarzte.

Das erste Geräusch unter ihren Reifen ließ mein Herz kurz aussetzen. Die Planken wippten unter ihrem Gewicht, als wollten sie uns auslachen. Ich schluckte schwer. Ein tiefer Atemzug.

Ein Blick in die ruhigen Wellen, die uns zu sagen schienen: „Eile nicht. Alles kommt zu seiner Zeit."

Diese Reise war mehr als nur eine Aneinanderreihung von Zielen; sie war eine Lektion darin, loszulassen – das Gewicht der Sorgen, die Schwere der Angst.

Die Brücke war nicht nur ein Übergang – sie war ein Stück Geschichte. Ein Zeugnis der menschlichen Kreativität und des Pragmatismus, mit denen unsere Vorfahren die Natur herausforderten. Ich fragte mich, wie viele Menschen wohl vor uns dieselben Ängste und dieselbe Ehrfurcht gespürt hatten. War es nicht immer ein Balanceakt, sowohl auf der Brücke als auch im Leben? Unsicherheiten zu akzeptieren und dennoch voranzugehen?

Und während ich die Brücke betrat, spürte ich diese Lektion mit jeder wackelnden Planke unter mir: Manchmal muss man vertrauen, auch wenn es keinen Grund dafür gibt.

Jeder Meter fühlte sich an wie ein kleiner Triumph über die Gesetze der Physik. Sie schwang sanft mit jeder Bewegung, ein elastisches Knarren begleitete uns, als ob die Holzboote sich über unsere Unsicherheit amüsierten. Die Brücke sprach mit jedem stöhnenden Laut, den sie unter meinen Reifen von sich gab, eine uralte Sprache. Es war, als ob sie ihre Geschichte in das rhythmische Ächzen des Holzes sich webte: von den Jahrhunderten, in denen sie den Oglio trotzte, den schwer beladenen Pferdekarren, die einst über ihre wankenden Holzboote rollten, und den Händlern, die ihr Leben auf diesen Brettern riskierten, um Waren zu tauschen. Die Feuchtigkeit des Morgennebels, die in kleinen Perlen auf den Planken glitzerte, schien nicht nur ein Relikt der Nacht zu sein – sie war das kondensierte Gewicht der Vergangenheit, ein stiller Zeuge all jener, die diese Brücke vor mir überquert hatten.

Während ich vorsichtig weiterfuhr, die Augen fixiert auf jede einzelne Bohle vor mir, spürte ich, wie meine Furcht zu einem Dialog mit der Brücke wurde.

„Wie viele haben sich wohl gefragt, ob du sie sicher trägst?“, dachte ich, während die Reifen einen kurzen Moment ins Rutschen gerieten.

Es war, als antwortete die Brücke mit einem warnenden Zittern, einer Mahnung, die besagte: „Vertraue – aber nur so weit, wie du es dir leisten kannst.“

Jeder Meter fühlte sich an wie ein stiller Dialog zwischen meiner Angst und ihrem Widerstand. Und irgendwo dazwischen lag eine Erkenntnis: Diese Balance zwischen Vertrauen und Furcht war kein Hindernis, sondern eine Essenz dieser Reise.

Während ich mein Gewicht vorsichtig verlagerte, zog ein Gedanke durch meinen Kopf, der mich nicht losließ: Diese Reise hatte schon einige brenzlige Momente bereitgehalten. Der Adrenalinschub, als ich auf der Küstenstraße in Kroatien knapp einem LKW entkam, war noch immer frisch in meiner Erinnerung. Ich sah mich förmlich wieder, wie ich auf dem Schotterstreifen der Straße zum Stehen kam, das Meer unter mir und die steilen Klippen nur wenige Zentimeter entfernt. Es war dieser eine Augenblick gewesen, in dem ich mir sicher war, dass mein Schutzengel alle Hände voll zu tun hatte – und ich betete inständig, dass er heute nicht gerade abgelenkt auf ein Croissant oder eine andere Aufgabe schaute.

„Sieh dir das an! Sie hat eindeutig ihre eigene Choreografie", rief Antje, ihr Lachen scharf wie die Kälte in der Luft. „Das ist wie ein Freestyle-Tanz – nur mit schlechter Bodenhaftung."

Ich konnte nicht anders, als zurückzulachen, auch wenn meine Schritte alles andere als tanzend waren. Es fühlte sich eher an, als würde ich auf einer riesigen Holzwippe mein Gleichgewicht suchen. Ihr Lachen hallte über den Fluss, während ich mich fragte, ob die Brücke es ebenso lustig fand wie sie. Mein Humor jedenfalls lag irgendwo auf dem Flussboden, direkt neben meinem Selbstbewusstsein.

„Das ist wie Radfahren auf einem wackeligen Floß."

„Danke für das Bild", murmelte ich, während ich verzweifelt versuchte, die aufsteigende Nervosität wegzuatmen – ein Unterfangen, das genauso effektiv war wie ein Regenschirm bei einem Hurrikan. Mein Blick wanderte zur schmalen Kante der Planken, die wie eine unsichtbare Trennlinie zwischen mir und dem Fluss fungierte, der nur darauf zu warten schien, mich samt Gepäck zu verschlingen.

„Sehr beruhigend", fügte ich trocken hinzu, wobei meine Stimme den sarkastischen Unterton kaum verbergen konnte.

Ein plötzliches Ruckeln unter meinen Reifen ließ mein Herz kurz stolpern.

„Wirklich beruhigend", murmelte ich erneut und dachte dabei, dass ich in diesem Moment wohl besser in eine dicke Schaumstoffrolle gewickelt wäre – oder gleich in einen Gummiring. Aber nein, natürlich musste ich hier auf einer wackeligen Brücke stehen, die offenbar Spaß daran hatte, mich an meine Grenzen zu bringen.

„Weißt du, ich glaube, Sie hat Humor. Sie trägt uns, aber sie will uns auch ärgern", sagte Antje mit einem Grinsen, das zwischen Unsicherheit und Abenteuerlust pendelte. „Oder sie will testen, wie gut wir zusammenarbeiten können."

Ich lachte kurz, doch ihr Kommentar blieb hängen – vielleicht war sie ja tatsächlich klüger als ich. Die Brücke sprach nicht nur mit ihren knarrenden Planken, sondern auch mit der Art, wie sie uns zu Komplizen in diesem Abenteuer machte.

Jedes Schwanken war wie eine stumme Mahnung, dass Sicherheit oft nur eine Illusion ist – sei es auf einer wackeligen Passage oder im Leben selbst. Mit jedem Meter fühlte ich mich wie ein Krieger, der sich Schritt für Schritt die Balance erkämpft. Das Ächzen unter meinen Reifen wurde zu einem unbarmherzigen Taktgeber, während der Fluss unter uns wie ein geduldiger Beobachter jede meiner Bewegungen zu analysieren schien. Jeder geschaffte Meter war ein stiller Triumph über das eigene Zögern und die fragilen Elemente, die uns zu testen schienen.

Die grauen Wellen unter uns glitten träge dahin, doch ich konnte mir lebhaft vorstellen, wie sie in einem unachtsamen Moment zur bedrohlichen Gefahr würden. Wie oft im Leben balanciert man auf solchen unsichtbaren Brücken – zwischen Angst und Mut, zwischen Risiko und Sicherheit? Ein leises Lächeln schlich sich auf meine Lippen, als ich an die vielen verrückten Situationen dieser Reise dachte und leise hoffte, dass mein Schutzengel heute nicht gerade abgelenkt war.

Antje hielt plötzlich an und blickte über die Schulter.

„Kommst du?", rief sie, ihr Ton halb ermutigend, halb herausfordernd.

„Bin schon da", keuchte ich, obwohl ich erst auf halber Strecke war. Mein Puls raste, und ich war mir sicher, die Brücke genoss das. Bei jedem Schritt knarzte sie lauter, wie ein bockiges Kind, das Aufmerksamkeit suchte.

„Mach nur weiter," murmelte ich ihr zu, „ich werde nicht nachgeben."

Ein Streit mit einer Brücke? Willkommen in meinem Leben.

Als wir wieder festen Boden unter den Füßen hatten, spürte ich, wie die Anspannung langsam von mir abfiel. Vor uns lag der Weg nach Cremona, und irgendwo dort warteten süße Versuchungen und vielleicht eine Spur von Leichtigkeit – oder die nächste wackelige Verbindung, die uns das Leben zu bieten hatte.

Ich drehte mich noch einmal um und betrachtete die Querung, die wie ein schmaler Schatten aus dem Nebel aufragte – unscheinbar, aber nicht ohne eine leise Drohung in ihrer Stille. Sie hatte uns sicher über den Fluss gebracht, jedoch nicht, ohne uns daran zu erinnern, dass selbst das Harmloseste manchmal die größte Herausforderung sein kann.

Die Sonne schob sich zögerlich durch die grauen Schleier, als wolle sie uns für das überstandene Abenteuer belohnen. Doch in meinem Hinterkopf nagte die Frage: War das schon die größte Prüfung des Tages – oder nur ein kleiner Vorgeschmack?"

„Weißt du", sagte ich zu Antje, „manchmal frage ich mich, wie lange mein Schutzengel diese Reise noch durchhält."

Sie lachte und warf mir einen amüsierten Seitenblick zu.

„Hoffentlich noch bis Cremona. Aber ganz ehrlich – wenn ich er wäre, hätte ich längst einen Sabbatical-Antrag gestellt." Antje grinste und blieb stehen, das Rad an ihrer Seite. „War doch gar nicht so schlimm, oder?"

„Wenn du mit nicht schlimm meinst, dass ich die nächsten Nächte von wackelnden Planken träume und bei jedem Knarzen zusammenzucke, dann ja", entgegnete ich und stützte mich kurz auf den Lenker.

Mein Blick wanderte zurück zur Brücke, die jetzt harmlos und fast sanft im Nebel verschwand.

Sie schüttelte den Kopf und schmunzelte.

„Das macht es doch erst interessant. Und außerdem: Wir sind trocken geblieben. Nenn das ruhig einen Sieg."

Ich ließ mich von ihrem Lächeln anstecken und nickte langsam.

„Ja, ein Sieg. Aber ich bin mir sicher, sie hat mich trotzdem auf dem Kieker."

„Na, dann komm", sagte sie und stieg wieder auf ihr Rad. „Vielleicht wartet die Nächsten ja mit einem roten Teppich auf dich."

Ich schüttelte den Kopf und schmunzelte, während ich ihr hinterherfuhr. Die Sonne gewann zunehmend an Stärke und vertrieb die letzten Reste der nächtlichen Kälte aus der Luft. Vor uns erstreckte sich der Weg nach Cremona – voller Möglichkeiten, Überraschungen und, wer weiß, vielleicht sogar der nächsten Herausforderung, die uns ein Lächeln entlocken würde.

Die Landschaft veränderte sich, als hätte die Welt beschlossen, ihr nebliges Kostüm gegen ein sonnendurchflutetes Bühnenbild zu tauschen. Die Sonnenstrahlen brachen langsam durch das Grau des Morgens und tauchten die Felder und Dörfer in ein warmes, goldenes Licht. Auf einmal wirkte alles lebendig – oder zumindest so lebendig, wie es die stillen, verschlafenen Straßen eines italienischen Herbsttages zuließen. Es war, als hätte die Natur ihren zweiten Akt eröffnet, mit sanfter Wärme und leuchtenden Farben.

Die kleinen Dörfer, die wir passierten, schienen direkt aus einem anderen Jahrhundert zu stammen. Die alten Häuser, oft von Weinranken umschlungen oder mit Moos bedeckt, trugen ihre bröckelnden Fassaden mit einer Würde, die man sonst nur von alten Familienfotos kennt.

„Es ist fast so, als hätte sich die Gegend entschieden in Würde zu altern", sagte ich, mehr zu mir selbst als zu Antje. „Kein Streben nach Perfektion, keine makellosen Fassaden – einfach nur die Schönheit der Vergänglichkeit."

Antje warf mir einen kurzen Blick zu, während sie gleichmäßig neben mir in die Pedale trat.

„Du bist heute aber poetisch", bemerkte sie mit einem Schmunzeln. „Aber ich gebe dir recht. Hier wird nicht neu gebaut – höchstens erhalten, wenn überhaupt. Es hat Charme, aber auch etwas… Melancholisches."

Ich nickte und ließ meinen Blick über ein besonders verfallenes Bauernhaus schweifen, dessen Dach nur noch von einer Handvoll morscher Balken gestützt wurde.

„Man kann es entweder als romantisch sehen – oder als dringend renovierungsbedürftig. Je nachdem, wie man drauf ist."

Ein leises Lachen begleitete uns, während wir weiter durch die sanften Hügel fuhren. Die Straßen wurden schmaler, das Pflaster unebener. Alte Bauernhöfe säumten den Weg, einige von ihnen halb verborgen hinter Hecken oder Bäumen, deren Äste sich weit über die Wege streckten. Der Duft von feuchter Erde und herbstlichem Laub lag in der Luft, und ab und zu wehte ein Hauch von Holzrauch zu uns herüber – ein Zeugnis der wenigen, die sich in diesen Gegenden noch am Kamin wärmten.

Plötzlich stießen wir auf den Radweg der 'Ciclovia Mantova Sabbioneta'. Eine alte Karte, befestigt an einem verwitterten Holzpfahl, zeigte die Region in erstaunlicher Detailgenauigkeit. Die Farben waren ein wenig ausgeblichen, und eine Ecke war eingerissen, doch die Linien der Wege zogen sich wie Lebensadern durch die Landschaft.

„Die Radwege hier sind wie ein Geheimtipp", stellte Antje fest, während sie mit dem Finger einer Route folgte. „Gut beschildert, ruhig, und manchmal fühlt es sich an, als würde man durch die Geschichte radeln."

„Ja", erwiderte ich, während ich die Karte studierte. „Man fragt sich, wie viele Erlebnisse und Abenteuer auf diesen Wegen verborgen liegen – und wie viele davon niemand mehr erzählt."

Ich deutete auf eine kleine Markierung, die eine historische Kirche symbolisierte.

„Vielleicht sollten wir ein paar davon ausgraben."

Antje nickte, und wir setzten uns wieder in Bewegung. Die Sonne wärmte inzwischen unsere Gesichter, und die Herbstlandschaft, durch die wir fuhren, wirkte wie ein Gemälde, das extra für uns geschaffen worden war. Ein friedlicher Moment, eingefangen zwischen Vergangenheit und Gegenwart, zwischen Geschichte und Genuss.

Kurz vor Cremona änderte sich die Szenerie erneut. Die Felder öffneten sich, und am Horizont deuteten Kirchtürme auf das nächste Dorf hin. Auf einer kleinen Anhöhe, direkt am Radweg, begegneten wir zwei älteren Damen, die genauso wie wir die Sonne genossen. Eine von ihnen hielt plötzlich inne und sprach uns an. Ihre Worte klangen wie ein Echo, das von der Vergangenheit herüberwehte – in einem charmanten, leicht holprigen Deutsch.

„Woher kommen Sie? Deutschland, ja?“, fragte sie, während ihr Lächeln warm und einladend war.

„Ja“, antwortete ich, überrascht, aber freundlich. „Hamburg.“

Ich wählte die Hansestadt, da ich mir sicher war, dass Berkenthin bei Lübeck, wo wir eigentlich herkommen, hier wohl niemandem ein Begriff sein dürfte. Hamburg hingegen – zweitgrößte Stadt Deutschlands – hatte doch hoffentlich ein wenig mehr Bekanntheit. Oder etwa nicht?

Doch der fragende Blick der Dame ließ mich an meiner Wahl zweifeln.

„Hamburg?“ Sie runzelte die Stirn, schüttelte langsam den Kopf und wiederholte: „Nein, das kenne ich nicht.“ Eine kurze Pause, dann strahlte sie plötzlich. „Aber Stuttgart, das kenne ich! War ich mal da. Sehr schön.“

Ich musste innerlich grinsen. Stuttgart. Natürlich Stuttgart. Irgendetwas an dieser Stadt schien Italienern ein Gefühl von Vertrautheit zu geben – war es der Wein, die Autos oder schlicht die Idee einer Stadt, die gleichzeitig Bodenständigkeit und Präzision verkörpert? Stuttgart war wie das deutsche Äquivalent zu einem guten Espresso: beständig und zuverlässig. Und doch fragte ich mich, wie viele Italiener wohl überhaupt wussten, dass Hamburg nicht nur weiter nördlich liegt, sondern auch einen eigenen, ganz eigenen Charme besitzt.

Während ich höflich nickte, wanderte mein Gedanke weiter. Woran hat sie eigentlich erkannt, dass wir Deutsche sind? Es war nicht das erste Mal, dass uns das passierte. Schon in Kroatien, in Crikvenica, wurden wir am Supermarkt angesprochen und sofort als Deutsche enttarnt.

Lag es an der Haltung? Der Kleidung? Oder war es ein unsichtbares Schild, das über unseren Köpfen blinkte: „Achtung, Deutsche unterwegs!“ Wahrscheinlich waren es auch nur unsere

Helme, die im Ausland immer ein bisschen zu funktional wirken, oder ein Hauch von Sonnencreme und Brötchenduft, der uns verriet. Die Vorstellung, dass man uns schon von weitem als Radfahrer-Klischee erkennen konnte, ließ mich gleichzeitig schmunzeln und ein wenig zusammenzucken.

Ich lächelte höflich.

„Stuttgart ist auch schön. Aber unsere Reise hat in Kroatien begonnen – in Zagreb."

Ihr Blick verriet, dass der Name Zagreb ebenso keine Assoziationen weckte.

„Zagreb?" Sie überlegte kurz, bevor sie den Kopf schüttelte. „Nein, kenne ich nicht. Aber Italien ist schön, ja? Ich war immer in Sardinien. Sommer. Urlaub. Sehr warm dort."

Antje warf mir einen wissenden Blick zu und trat dabei leicht auf der Stelle. Ich konnte förmlich hören, wie sie dachte: Süditalien ist immer die Antwort.

Die Dame nickte, als würde sie einen verlorenen Faden wieder aufnehmen.

Dann hellte sich ihr Gesicht auf, und mit einer theatralischen Geste verkündete sie: „Wissen Sie, heute in Cremona gibt es das 'Torrone-Festival'! Sehr lecker, sehr gut! Sie müssen probieren!" Ihre Stimme klang fast wie eine Verheißung.

Antje sah mich an, und ich konnte das Grinsen in ihrem Gesicht sehen.

„Torrone? Süßigkeiten? Das klingt nach einem Plan."

Wir unterhielten uns noch ein paar Minuten – über Sardinien, die Wärme des Südens und das Leben in den Dörfern – bevor sie uns mit einem herzlichen „Buona giornata!" und einem leichten Winken verabschiedete. Es war, als hätte sie uns ein kleines Stück italienischer Herzlichkeit mit auf den Weg gegeben. Die Damen zogen weiter, die Arme verschränkt, ihre Stimmen verloren sich bald in der Weite der Felder. Wir blieben kurz stehen, und ich sah Antje an.

„Ich glaube, sie war fast enttäuscht, dass wir Sardinien noch nicht besucht haben," sagte ich trocken.

„Dann haben wir wohl was nachzuholen", erwiderte sie lachend, bevor sie wieder in die Pedale trat.

Die Landschaft begann sich zu verändern, während die Sonne ihren Bogen langsam vollendete und das Licht weicher wurde. Die Felder, die zuvor in warmem Gold erstrahlt hatten, zogen nun einen Hauch von Rot und Orange über sich, als hätten sie sich einen Mantel für die kühle Nacht umgelegt. Die Bäume warfen lange, dunkle Schatten auf die schmalen Wege, und die Luft wurde schwerer – gesättigt mit dem Geruch von Erde, Laub und einem Hauch von Holzrauch aus fernen Kaminen. Es war, als ob die Natur selbst innehalten würde, um den Tag gebührend zu verabschieden.

Unsere Räder rollten mit einem gleichmäßigen Rhythmus, begleitet vom leisen Summen der Ketten und dem sanften Knirschen des Kieses unter unseren Reifen. Die Stille der Landschaft wurde nur durchbrochen von den Rufen vereinzelter Vögel, die sich auf den Weg zu ihren Nestern machten. Die Zeit schien sich zu dehnen, jeder Moment fühlte sich wie ein gemalter Augenblick an – eine Symphonie aus Farben, Licht und Stille, die sich in uns einbrannte.

Dann, mit einem letzten sanften Anstieg, lag sie vor uns: Cremona. Eingebettet in das schwindende Licht der Dämmerung, strahlte die Stadt eine fast magische Wärme aus. Die ersten Lichter in den Fenstern blinkten wie kleine Sterne, während die mächtige Silhouette des Doms am Horizont auftauchte. Die Geräusche der Stadt – das ferne Murmeln von Stimmen, das Klirren von

Geschirr, das Hupen eines Autos – mischten sich mit der friedlichen Stille der umliegenden Felder.

Antje hielt kurz an, richtete sich auf und ließ ihren Blick über die Szene schweifen.

„Es sieht aus wie ein Gemälde", sagte sie leise, während die Abendluft uns beide einhüllte. Ich nickte, unfähig, etwas zu erwidern. Cremona in der Dämmerung war mehr, als Worte beschreiben konnten.

Unsere Räder fanden schließlich ihren Platz in einem kleinen Innenhof, und wir traten ein – in ein Reich, das irgendwo zwischen Fantasie und Skurrilität schwebte. Das 'Castle Home', wie es sich selbst nannte, hatte seinen Namen nicht aus einer Laune herausgewählt. Die Eingangstür war mit einem kunstvollen, aber leicht kitschigen Wappen verziert, und der Flur empfing uns mit einer Fülle von Details, die die Grenze zwischen Charme und Überfluss verschwimmen ließen. Verschnörkelte Wandleuchter warfen weiche Schatten an die Wände, deren Muster an mittelalterliche Textilien erinnerten. Ein Kronleuchter – vielleicht eine Nummer zu groß für den Raum – hing von der Decke und schien zu behaupten, er hätte in Versailles gehangen, bevor er in dieses Ferienappartement verbannt wurde.

„Ein Schloss für die Nacht", kommentierte Antje trocken, als sie ihre Taschen auf einen plüschigen Sessel warf, dessen Füße in Form von Löwenpranken geschnitzt waren. Ihre Stimme war nüchtern, aber ich erkannte das kleine Funkeln in ihren Augen, dass sie nur dann zeigte, wenn etwas gleichzeitig absurd und faszinierend war.

Ich schmunzelte, während ich meinen Helm ablegte und mich umsah. Die Wände waren mit Tapeten in einem satten Rot verkleidet, durchsetzt mit goldenen Ornamenten. Über dem Bett hing ein riesiges Gemälde – eine nachgemachte Szene, die an eine höfische Jagd erinnerte, komplett mit Hirschen, Reitern und Hunden. Der Esstisch war von Stühlen umgeben, deren Rückenlehnen wie kleine Thronen wirkten. Alles an diesem Ort schrie nach dem Wunsch, etwas Besonderes zu sein – und irgendwie schaffte er es, genau das zu erreichen.

„Ich hatte dieses Appartement schon vor über sechs Monaten gebucht", erwähnte ich schließlich und ließ mich auf einen der Sessel fallen. „Und ehrlich gesagt, hatte ich völlig vergessen, dass es so besonders war."

Antje lächelte, während sie den kleinen Holzpellet-Ofen inspizierte, dessen glatte, moderne Oberfläche in einem seltsamen Kontrast zum Rest der Einrichtung stand – funktional und minimalistisch, fast ein Bruch mit der schlossartigen Ästhetik.

„Anscheinend sollte ich öfter deine Buchungen überprüfen", neckte sie.

Ich lehnte mich zurück, ließ meinen Blick über den Raum schweifen und dachte nach. Dieses 'Schloss für die Nacht' war ein kurioser Zufall auf einer ohnehin ungewöhnlichen Reise. Vielleicht braucht es solche kleinen Fluchten, auch mitten in einem Abenteuer – einfach, um kurz innezuhalten und eine andere Perspektive einzunehmen. Der Gedanke hielt mich kurz fest. Vielleicht, ja vielleicht, sind es gerade solche Orte, die uns daran erinnern, dass Flucht nicht immer mit großen Gesten verbunden sein muss. Manchmal genügt es, in eine neue Rolle zu schlüpfen – sei es die eines Schlossbewohners oder die eines Reisenden, der für eine Nacht einen Hauch von Prunk genießt.

„Draußen wartet das Festival", erinnerte mich Antje, als sie sich auf den Bettrand setzte und ihre Schuhe wechselte. „Aber hier drin… das hat schon was, findest du nicht?"

„Ja, ein bisschen skurril."

„Oder", fügte sie hinzu und stand auf, „ein Moment, um sich daran zu erinnern, dass auch das Absurde seinen Platz hat." Ihr Lächeln war breit, und es war ansteckend. „Komm, bevor wir uns hier zu sehr wie Adlige fühlen. Der Nougat ruft."

Ich lachte, stand auf und folgte ihr aus dem Raum, hinaus in die Nacht, die uns bereits mit ihrem Trubel und dem Versprechen von Süße empfing. Die wahre Magie lag draußen, in der Altstadt.

Kaum traten wir aus dem 'Castle Home' in die Gassen, umwehte uns ein Hauch von gerösteten Nüssen und Zitrone. Es war, als rief die Altstadt selbst nach uns, begleitet vom immer lauter werdenden Summen der Festivalstimmung, das mit jedem Schritt näherkam. Das Licht der Straßenlaternen tauchte die Gassen in einen warmen Schein, und die Stimmen der Menschen vermischten sich mit dem leisen Klirren von Geschirr und dem Lachen, das aus den Fenstern drang. Der Weg führte uns vorbei an alten Backsteinbauten, die in das warme Licht der Straßenlaternen getaucht waren. Es dauerte nicht lange, bis wir die ersten Stände des Torrone-Festivals erreichten.

Die Szenerie war wie ein Märchen: Stände, überladen mit gigantischen Nougatblöcken in allen erdenklichen Varianten, reichten soweit das Auge sehen konnte. Die Luft war erfüllt von dem Duft gerösteter Nüsse, frischer Schokolade und Zitrone. Es war eine Symphonie der Sinne, ein Kaleidoskop aus Farben und Düften, das einen fast schwindelig machte.

„Sieh dir das an", sagte Antje und deutete auf einen besonders großen Block Torrone, der so riesig war, dass man ihn kaum mit einer Hand hätte anheben können. „Das könnte eine Familie für einen Monat ernähren."

Ich lachte, während ich die Schilder las: Tiramisu, Pistazie, Crema Catalana und eine besonders auffällige Sorte mit dem

Namen 'Girellone – Pan di Spagna & Crema Chantilly'. Mein Blick blieb an dem Schild hängen: 'Il pane di Spagna'.

„Das Brot Spaniens?", sinnierte ich, während ein leises Schmunzeln über mein Gesicht huschte. „So habe ich Torrone noch nie gesehen."

Antje schnappte sich ein Stück Pistazien-Nougat, noch bevor ich mich dem Stand richtig nähern konnte.

„Das ist besser als Pizza!", nuschelte sie, ihre Worte etwas undeutlich durch den vollen Mund.

Ich konnte nicht anders, als zu lachen.

„Pizza? Na, da will ich mal sehen, was es kann."

Sie grinste und hielt mir ein weiteres Stück entgegen: „Probiere und widersprich mir."

Der Nougat war zart und cremig, mit einem Hauch von Honig und gerösteten Pistazien, die auf der Zunge schmolzen. Es war, als hätte man ein Stück Italien auf der Zunge.

Die Atmosphäre des Festivals war ansteckend. Überall drängten sich Menschen – Einheimische und Touristen gleichermaßen – um die Stände, tauschten Anekdoten aus oder ließen sich von den Verkäufern die besten Sorten empfehlen. Die Stimmung war ausgelassen und herzlich, und es fühlte sich an, als würde die ganze Stadt dieses Fest feiern.

Wir schlenderten weiter, vorbei an Ständen, die nicht nur Torrone, sondern auch andere Süßigkeiten und handgemachte Köstlichkeiten anboten. Ein Verkäufer, der eine Schürze trug, auf der „Cremona ama il Torrone" - Cremona liebt sein Toronne - stand, hielt uns an und bot uns mit einem breiten Lächeln ein Stück Schokoladen-Nougat an.

„Please taste it?", fragte er in gebrochenem Englisch, aber sein Lächeln sagte, dass er genau wusste, dass wir mehr wollen würden.

„Wie kann man da widerstehen?“, fragte ich Antje, während ich das Nougat nahm und in den Mund schob. Der Geschmack war intensiv, ein perfektes Gleichgewicht aus Süße und der leichten Bitterkeit dunkler Schokolade. Es war, als hätte man einen kleinen Moment der puren Glückseligkeit in einem Bissen eingefangen – zart, süß und voller Aromen, die auf der Zunge tanzten.

Während wir uns durch die verschiedenen Sorten probierten, entschieden wir uns, für unsere Tochter sowie Oma und Opa jeweils ein Stück mit unterschiedlichem Geschmack mitzunehmen. Pistazie für die Tochter, Schokolade für die Großeltern und eine Tiramisu-Variante, die uns beide besonders begeistert hatte. Es fühlte sich fast so an, als würden wir ein Stück dieses besonderen Abends mit nach Hause nehmen – ein süßer Gruß aus Cremona.

Nach einiger Zeit erreichten wir den Platz vor dem Dom von Cremona. Er ragte majestätisch in den Himmel, seine Fassade war von kunstvollen Details geprägt, die im Scheinwerferlicht leuchteten. Der Platz war belebt, doch trotz der Menschenmenge lag eine eigenartige Ruhe in der Luft – vielleicht war es die Ehrfurcht vor diesem historischen Ort, vielleicht aber auch die Wärme des Moments.

Antje zog mich plötzlich zu einem weiteren Stand, an dem eine besondere Sorte mit kleinen Goldstückchen dekoriert war.

„Das hier sieht aus wie etwas, das wir probieren müssen“, sagte sie und zeigte auf die goldenen Akzente. Ich konnte nicht anders, als zu lachen.

„Wenn das mal nicht die goldene Krönung des Abends ist.“

Die Nacht schien wie im Flug zu vergehen. Die Stadt hatte uns mit offenen Armen empfangen, und während wir zurück zu unserer Unterkunft schlenderten, einen Beutel voller Süßigkeiten in der Hand, konnte ich nicht anders, als an die kleinen Momente des Tages zu denken: die Begegnung mit den Damen auf dem

Weg, das Lachen über unser Schloss für eine Nacht, und die Süße, die dieser Abend mit sich brachte. Es war, als hätte Cremona uns mit einer leisen, süßen Melodie verabschiedet – und ich wusste, dass wir diesen Abend lange in Erinnerung behalten würden.

Doch während wir die Treppen zu unserem 'Castle Home' hinaufstiegen, schlich sich eine leise Wehmut ein. Noch eine Etappe – 35 Kilometer bis Piacenza. Eine kurze Strecke im Vergleich zu den bisherigen, und doch fühlte sich dieser Abschnitt bedeutsam an, als läge dort etwas, das mehr war als nur eine Pause.

Das Ende der Reise rückte unaufhaltsam näher, wie ein Schatten, der am Horizont auftaucht und nicht mehr verschwindet. Aber war es wirklich nur die Nähe des Abschieds, die dieses Gefühl in mir auslöste? Oder verbarg sich in Piacenza tatsächlich eine Überraschung, etwas, das ich nicht benennen konnte, aber bald entdecken würde?

Was würde bleiben, wenn wir zurückkehrten? Diese Frage schwebte unausgesprochen in meinen Gedanken, während ich mir vorstellte, was uns morgen auf den sanften Hügeln der Emilia-Romagna oder in den Straßen Piacenzas erwarten könnte. Denn eines hatte diese Reise bereits gezeigt: Das Ende war nie wirklich das Ende – es war immer der Anfang von etwas Neuem.

IM BANN DES MOMENTES

Der Morgen begann wieder grau und kalt, wie ein Novembergruß, der nichts von Wärme und Freundlichkeit wissen wollte. Draußen hatte sich der Nebel wie eine schwere, unnachgiebige Decke über die Landschaft gelegt. Die Welt jenseits von zwanzig Metern verschwand im dichten Weiß, und die Aussicht, diese kleine Blase der Gemütlichkeit zu verlassen, ließ mich innerlich seufzen. Zwei Grad Celsius zeigte das Thermometer – eine Erinnerung daran, dass der Winter sich jeden Morgen ein Stück mehr vorschob. Es war genau das Wetter, das uns seit Tagen begrüßte: eine monotone Wiederholung aus Kälte und Dunst, die mir inzwischen nicht nur auf die Knochen, sondern auch auf die Nerven ging. Die Vorhersage versprach Sonne für den Mittag.

Drinnen, im warmen Inneren des 'Castle Houses', fühlte es sich an, als gäbe es keinen besseren Ort auf der Welt. Der kleine Pelletofen neben unserem Tisch arbeitete unermüdlich und strahlte eine Wärme aus, die fast trügerisch war.

Es war, als wollte er uns flüstern: „Bleibt doch einfach hier."

Das leise Knistern der Pellets, die wir vorhin noch nachgelegt hatten, vermischte sich mit dem Duft von Kaffee und der letzten Wärme meiner Tasse, die ich immer wieder in den Händen drehte, als könnte ich die Behaglichkeit für später konservieren.

Antje hatte neben der Küchenzeile bereits angefangen, die letzten Sachen zusammenzupacken, während unsere Fahrräder direkt daneben lehnten – stumm, schwer beladen, und irgendwie genauso unmotiviert wie ich selbst.

„Wir sollten uns langsam fertig machen", sagte sie, ohne mich direkt anzusehen. Ihr Ton war ruhig, aber es schwang dieses unnachgiebige 'Es wird Zeit mit', dass ich so gut kannte. Sie hatte recht. Dennoch blieb ich noch einen Moment sitzen, um mich innerlich auf den unvermeidlichen Moment vorzubereiten. Die Kälte draußen war nicht unser Freund, und wir beide wussten, dass der Start in den Tag alles andere als ein Vergnügen werden würde.

Meine Erkältung, die ich seit Ravenna mit mir herumschleppte, war zwar endlich auf dem Rückzug, aber ihre Überbleibsel machten mir das Leben immer noch schwer. Der Husten war verschwunden, und meine Nase fühlte sich nicht mehr wie eine fest verschlossene Tupperdose an. Doch meine Nebenhöhlen? Die waren ein anderes Kapitel. Der kalte Fahrtwind der letzten Tage hatte ihnen den Rest gegeben, und sie fühlten sich an wie ein verstopftes Abflussrohr, bei dem man mit jeder Maßnahme die Dinge nur noch schlimmer machte. Und dann war da noch dieser nagende Gedanke an den Rückflug: Mit dichten Nebenhöhlen im Flugzeug zu sitzen, war keine Aussicht, die mir Behagen verschaffte. Der Gedanke, keinen Druckausgleich hinzubekommen und meinen Kopf als eine Art menschlichen Schnellkochtopf zu erleben, war absurd – aber nicht weniger beunruhigend. Es war eine dieser Situationen, in denen ich fast über mich selbst lachen musste, weil die Alternative war, sich in Panik hineinzusteigern.

„Besser, du wirst schnell wieder gesund", meinte Antje trocken, als sie den letzten Schluck Kaffee nahm. „Sonst bist du im Flieger das unfreiwillige Unterhaltungsprogramm für die ganze Kabine."

„Na, dann schaff ich es wenigstens noch in die Annalen des Luftverkehrs", murmelte ich und schluckte dabei das letzte

Ibuprofen aus der Packung, die ich seit Ravenna wie bunte Smarties konsumiert hatte – allerdings ohne den Spaßfaktor. Die Vorstellung, die kleinen Tabletten gegen Schokogeschmack einzutauschen, brachte ein müdes Grinsen auf mein Gesicht, aber Antje schüttelte nur den Kopf.

Der Pelletofen knisterte leise weiter, als wir uns daran machten, alles für den Aufbruch vorzubereiten. Ich räumte die letzten Krümel von der Küchenzeile, packte die Taschen und zog die Schichten meiner Kleidung an wie eine Rüstung. Eine Jacke, die Handschuhe, die Mütze. Jeder Griff ein weiterer Schritt weg von der behaglichen Wärme, die wir hinter uns lassen mussten. Antje war schneller fertig, wie immer, und stand bereits mit den Fahrradtaschen an der Tür. Als ich schließlich alles angezogen und verstaut hatte, warf ich einen letzten Blick auf den Pelletofen, der mich fast höhnisch zu beobachten schien.

„Bereit?“, fragte sie und öffnete die Tür, bevor ich antworten konnte. Die kalte Luft draußen wartete nur darauf, uns mit ihrem eisigen Griff zu empfangen. Mein Atem verwandelte sich in kleine, sichtbare Wolken, als wir hinaustraten. Und mit jedem Schritt spürte ich, wie die Kälte sich ihren Weg bahnte – nicht nur durch die Kleidung, sondern auch durch die mentale Barriere, die ich mir mühsam aufgebaut hatte. Es war Zeit zu fahren, ob ich wollte oder nicht.

Der Nebel begann langsam nachzugeben, und ein fahles Licht kroch über die Landschaft – ein Licht, das nicht nur die Szenerie enthüllte, sondern auch die bevorstehende Herausforderung. Die Wärme, auf die ich gehofft hatte, blieb aus.

Stattdessen wurde die Luft mit jedem Kilometer dichter und elektrischer, als würde sie uns warnen: „Hier endet der gemütliche Teil.“

Die Geräusche des Verkehrs, die anfangs nur ein dumpfes Murmeln in der Ferne gewesen waren, wurden plötzlich zu einem Crescendo, das mit jeder Pedalumdrehung lauter wurde. Es fühlte sich an, als würde die Straße uns direkt ins Chaos hineinziehen.

Antje warf mir einen kurzen Blick zu, ihre Augen halb von der Kapuze verdeckt.

„Wird es besser oder schlimmer?“, fragte sie, als könnte ich die Antwort irgendwo in der Ferne lesen.

„Das kommt darauf an“, sagte ich, während ich den Lenker etwas fester griff. „Ob man gerne auf einem Highway Rad fährt.“

Die Stille des Nebels wich schlagartig einem ohrenbetäubenden Lärm. Plötzlich öffnete sich die Straße vor uns wie eine Arena, in der LKWs und Autos ihren eigenen gnadenlosen Wettkampf austrugen. Die EV5 begrüßte uns mit einem Crescendo aus Hupen, Motorengeheul und dem bedrückenden Gefühl, am falschen Ort zu sein. Die breite Straße vor uns schien mehr einer Rennstrecke als einem Radweg zu ähneln, und die chaotischen Spurwechsel der Fahrzeuge erinnerten eher an ein unkontrolliertes Flipperspiel als an geregelten Verkehr.

Antje warf mir einen panischen Blick zu, ihre Augen weit vor Schock und Anspannung.

„Bist du sicher, dass das hier der richtige Weg ist?“, brüllte sie gegen das Chaos.

Ich kämpfte, um die Kontrolle über mein Rad zu behalten, während ein vorbeirasender LKW mir fast die Luft aus den Lungen drückte.

„Das ist der Weg!“, schrie ich zurück, meine Stimme schrill vor der Anstrengung, gehört zu werden. „Unser Navi sagt „Ja!““

Sie warf mir einen ungläubigen Blick zu, bevor sie sich wieder nach vorne wandte.

„Das ist keine Route – das ist ein Überlebenstraining!“

Ihre Worte schnitten durch den Lärm wie ein Messer, und ich konnte ihr nur stumm zustimmen, während mein Puls raste.

„Leider doch!“, schrie ich zurück. Der kalte Schauer, der mir über den Rücken lief, hatte nichts mit der Temperatur zu tun.

Die Räder rollten weiter, und plötzlich schien der Seitenstreifen zu schmal, die Autos zu nah und die Lastwagen unaufhaltsam. Ich fühlte mich wie ein Eindringling in einer Welt, die uns keine Daseinsberechtigung einräumen wollte. Der Luftzug eines vorbeirauschenden LKWs erfasste mich so stark, dass ich das Gleichgewicht beinahe verlor. Meine Hände klammerten sich so fest um den Lenker, dass meine Knöchel weiß hervortraten.

„Das kann doch nicht wahr sein!“, zeterte Antje, als ein weiteres Fahrzeug uns hupend überholte, so dicht, dass ich den Abdruck der Radkappen fast zählen konnte.

„Alles gut!“, rief ich zurück, obwohl nichts gut war.

Mein Blick wanderte hektisch zwischen der Straße vor mir, den sich nähernden Fahrzeugen und dem Seitenstreifen, der immer schmaler wurde. Die Gedanken in meinem Kopf überschlugen sich: Nicht stürzen. Nicht wackeln. Nur weiterfahren.

„Bist du noch dran?“, schrie ich nach hinten, meine Stimme scharf und angespannt, ohne den Mut, mich umzudrehen. Ich traute meinen wackeligen Reifen in diesem Chaos nicht. Die Antwort kam nicht in Worten, sondern in Form eines kurzen, energischen Klingelns – genug, um mir zu signalisieren, dass sie noch da war. Worte wären ohnehin überflüssig gewesen, hier zählten nur Bewegungen und der Fokus darauf, den nächsten Meter heil zu überstehen.

Der Höhepunkt kam, als sich die Straße in einen mehrspurigen Kreisverkehr öffnete. Es war, als würde die Straße selbst uns auffordern, uns zu beweisen. Autos und LKWs kreuzten sich in einem chaotischen Ballett aus hupenden und drängelnden Fahrern, und wir waren mittendrin – wie zwei Flipperkugeln, die zwischen den Bumpern hin und her geschossen wurden.

„Rechts! Rechts!“, schrie Antje, ihre Stimme schnitt durch den ohrenbetäubenden Verkehrslärm. Ich zwang meine Hände fester um den Lenker, während ich versuchte, mich auf den schmalen Seitenstreifen zu retten, ohne dabei in das Chaos um uns herum zu geraten.

Ich konnte nicht darüber nachdenken, wie lange das noch dauern würde – der Fokus lag nur auf dem nächsten Meter, dem nächsten Fahrzeug, das uns zu nah kam. Sie war nun vor mir, eine Silhouette inmitten des Getümmels, die unermüdlich ihren Weg suchte. Mein Herz schlug schneller als meine Pedale, und jeder Atemzug fühlte sich schwer an, als würde ich den Stress mit der kalten Luft direkt in die Lunge ziehen.

Meter für Meter wich das tosende Chaos einer sanften Stille. Die Schnellstraße wurde zur schmalen Altstadtstraße, und der Lärm legte sich wie ein aufziehender Frieden. Die Veränderung war zunächst kaum wahrnehmbar, aber mit jedem Atemzug fühlte ich, wie sich die Anspannung in meinen Schultern langsam löste. Die ersten Zeichen der Innenstadt traten hervor – kleinere Autos, engere Gassen, weniger Hupen. Es war, als ob jemand den Lautstärkeregler des Chaos heruntergedreht hätte und die Stadt uns langsam in eine ruhigere Welt einlud.

„Wir sind fast da“, sagte ich, mehr zu mir selbst als zu ihr, meine Stimme immer noch rau von der Anspannung. Sie nickte knapp, ohne sich umzudrehen, und ich konnte sehen, wie sie ihren Lenker mit weniger Verkrampfung hielt.

Je näher wir dem Zentrum kamen, desto mehr wich das bedrückende Dröhnen einem sanften Säuseln der Stadt. Das Kopfsteinpflaster unter unseren Reifen knirschte leise, und die ersten Schilder für die Altstadt tauchten auf. Die kühle Luft fühlte sich plötzlich nicht mehr so feindselig an, und die schmalen Straßen begannen uns wie schützende Mauern zu umarmen. Der Verkehr löste sich langsam auf, und die Bewegung der Autos schien fast gemächlich, fast menschlich.

Erst jetzt fiel mir die Statue im Kreisverkehr auf – ein Wolf, unter dem sich zwei menschliche Figuren befanden. Es war ein merkwürdiges Bild, das meine Aufmerksamkeit für einen Moment fesselte. Der Anblick fühlte sich seltsam an – irgendwie wichtig, aber gleichzeitig rätselhaft. Ich schob mein Rad vorsichtig an den Straßenrand und winkte Antje, damit sie anhielt.

„Pause?", fragte sie, ihre Stirn glänzte vor Schweiß. Auch ihr war die plötzliche Wärme aufgefallen. „Ich dachte, wir sind fast da."

„Mir ist heiß", entgegnete ich, zog mir die Handschuhe aus und öffnete den Reißverschluss meiner Jacke. „Außerdem… schau dir das mal an", fügte ich hinzu und deutete auf die Statue. „Hast du irgendeine Ahnung, was das darstellen soll?"

Sie schüttelte den Kopf.

„Keine Ahnung. Aber ich bin froh, kurz anzuhalten. Es ist warm geworden."

Sie zog ihre Jacke aus und begann, ebenfalls Schichten abzulegen. Die Sonne hatte inzwischen ganze Arbeit geleistet, und das Thermo-T-Shirt, das mich am Morgen vor der Kälte geschützt hatte, fühlte sich mittlerweile wie ein unnötiger durchnässter Wärmespeicher an. Mit einem erleichterten Seufzen zog ich es aus und verstaute es in einer Fahrradtasche, während Antje es mir gleichtat.

Ich nutzte den Moment, um mein Handy aus der Tasche zu ziehen. Die Neugier ließ mich nicht los.

„Ich will wissen, was es mit dieser Statue auf sich hat", murmelte ich und begann, nach Informationen im Netz zu suchen. Ein paar Sekunden später hatte ich die Antwort.

„Das ist die kapitolinische Wölfin", erklärte ich, während ich weiterlas. „Romulus und Remus – die beiden Menschen darunter – sind die Gründer von Rom, nach der Legende. Sie wurden als Kinder ausgesetzt, und eine Wölfin hat sie gefunden und gesäugt. Das ist ein Symbol für 'Ursprung und Schutz'."

Antje warf mir einen Blick zu, ihr Kopf leicht geneigt, mit diesem Ausdruck, der irgendwo zwischen skeptischer Neugier und leisem Amüsement lag.

„Interessant. Aber passt das nicht eher nach Rom? Warum hier in Piacenza?"

Ich scrollte weiter.

„Anscheinend wurde die Statue von Rom als Geschenk an Piacenza übergeben, um die Verbundenheit zwischen den Städten zu symbolisieren. Irgendwie poetisch, oder?"

„Wenn du das sagst", meinte sie und verzog die Lippen zu einem kleinen Lächeln. „Aber ehrlich gesagt finde ich es eher bizarr. Menschen an den Zitzen einer Wölfin – na ja."

Ich musste lachen.

„Okay, ja, das Bild ist ein bisschen schräg. Aber die Idee dahinter – Schutz, Überleben, Ursprung – passt doch irgendwie zu dem, was wir heute erlebt haben, oder?"

Sie zuckte leicht mit den Schultern und betrachtete die Statue nachdenklich.

„Vielleicht steckt da wirklich mehr dahinter, aber ich habe ehrlich gesagt keine Ahnung."

Ich ließ meinen Blick noch einmal auf der Statue ruhen. Der Wolf strahlte Stärke aus, während die Figuren darunter Schutz suchten – eine Erinnerung daran, wie oft wir in den letzten Tagen auf uns selbst gestellt waren, uns durch Kälte, Nebel und Verkehr gekämpft hatten. Vielleicht war es diese Symbolik, die mich berührte: ein stiller Hinweis, dass im Chaos auch Schutz und Zusammenhalt möglich sind. Vielleicht war es der Moment der Ruhe nach all dem Chaos auf der Straße. Wahrscheinlich war es jedoch nur die Sonne, die endlich über uns stand und die Stadt in ein anderes Licht tauchte.

„Na gut", sagte ich schließlich, während ich die letzten Dinge an meinem Rad zurechtrückte. „Pause vorbei. Lass uns weiter zur Altstadt – ich denke, die hat jetzt auch ein paar Überraschungen für uns."

Die Einfahrt in den Stadtkern war wie das Lösen eines Knotens, der sich in den letzten Kilometern immer enger zugezogen hatte. Der Lärm des Verkehrs, das Dröhnen der Motoren und das unaufhörliche Hupen verblassten gänzlich, während die Straßen enger wurden und die Gebäude sich näher zusammenrückten. Der Kreisverkehr mit der kapitolinischen Wölfin lag nun hinter uns, und mit ihm der Stress der Schnellstraße, der sich noch immer, wie eine zaghafte Erinnerung in meinen Schultern hielt. Die Geräusche wurden gedämpfter, und das rhythmische Klacken unserer Reifen auf dem Kopfsteinpflaster übernahm die Kulisse. Die Fassaden der Gebäude waren in warmes Ocker und Ziegelrot getüncht, die Sonne hatte den Nebel endgültig vertrieben, und das goldene Licht ließ die Altstadt in einer freundlichen Wärme erstrahlen. Es war ein Gefühl des Ankommens – ein Moment, in dem die Stadt uns mit offenen Armen empfing.

„Ich könnte mich daran gewöhnen", sagte Antje, während sie ein Stück vor mir fuhr. Ihre Stimme klang gelassener als zuvor, und auch ihre Haltung verriet, dass die Anspannung langsam von ihr abfiel.

„Definitiv!“, antwortete ich, zur selben Zeit die Details der Gebäude um uns herum wahrnehmend. Balkone mit kunstvollen Gitterverzierungen, kleine Läden mit offenen Türen, deren Waren die Gehwege säumten, und Menschen, die in gemächlichem Tempo durch die Straßen schlenderten – alles schien uns in eine andere Zeit zu versetzen.

Dann öffnete sich vor uns die Piazza dei Cavalli, und wir hielten beide abrupt an. Die Weite des Platzes nahm uns für einen Moment den Atem. Zwei monumentale Reiterstatuen dominierten die Szene und schienen in ihrer Detailgenauigkeit und Größe fast lebendig zu sein.

„Die Piazza dei Cavalli,“ sagte ich, während ich mein Rad abstellte und nähertrat. Die beiden Reiter – kraftvoll und autoritär – saßen auf ihren Pferden, als würden sie die Stadt immer noch regieren.

„Ranuccio und Alessandro Farnese“, erklärte ich, während mein Blick die Gesichter der Männer suchte. „Vater und Sohn. Beide waren Mitglieder der Farnese-Familie, die Piacenza einst regierte. Allerdings – sie haben ihren Einfluss sehr unterschiedlich genutzt.“

Antje trat neben mich, ihre Augen fixierten die Gesichter der Reiterstatuen. Nach einer kurzen Stille zeigte sie mit einem leichten Kopfnicken auf die linke Statue.

„Siehst du das? Das Gesicht des Vaters… Ranuccio, oder?“ Sie wartete, bis ich nickte, bevor sie weitersprach. „Das wirkt viel zugänglicher. Fast so, als hätte der Bildhauer ihn als eine Art gütigen Patriarchen darstellen wollen. Im Gegensatz dazu…“ Ihr Blick wanderte zu der Statue des Sohnes, Alessandro. „…er sieht… ich weiß nicht, hinterlistig aus. Unangenehm. Diese Züge – die Lippen, die Augen – es hat etwas Berechnendes.“

Ich sah genauer hin und musste ihr zustimmen. Ranuccios Gesicht hatte eine klare, fast einladende Strenge, die Autorität ausstrahlte, ohne bedrohlich zu wirken. Alessandro hingegen schien mit zusammengekniffenen Lippen und einem starren Blick dargestellt zu sein, der in seiner Kälte fast abweisend wirkte. Es war, als hätte der Bildhauer absichtlich die Unterschiede zwischen den beiden betont – nicht nur in ihrer Kleidung und Haltung, sondern auch in ihren Gesichtern.

„Interessante Beobachtung", stellte ich fest, während ich meine Arme verschränkte und die Statuen eingehender betrachtete. „Offenbar war es Absicht. Ein subtiler Kommentar des Künstlers zur Persönlichkeit der beiden. Ranuccio, der Vater – ein Mann der klaren Macht und Autorität. Alessandro, der Sohn – ein Spieler hinter den Kulissen, der mehr von Manipulation und Intrigen lebte."

Antje runzelte die Stirn.

„Und trotzdem stehen sie hier nebeneinander, als wären sie gleichbedeutend. Das ist... ironisch, oder?"

„Ja, das ist es. Doch womöglich war genau das die Absicht. Zwei Denkmäler, die zeigen, wie unterschiedlich Menschen mit Macht umgehen können – und wie sie dennoch untrennbar miteinander verbunden sind."

Ich zog mein Handy hervor, um mehr zu erfahren. Während ich nach Informationen suchte, sprach ich weiter.

„Ranuccio Farnese, der Vater, war ein mächtiger Staatsmann, der Piacenza zu einem wichtigen politischen Zentrum gemacht hat. Er war bekannt für seine Autorität und seinen strategischen Umgang mit Macht. Streng, aber respektiert – sowohl beim Adel als auch beim Volk."

Antje beobachtete die Gesichter der Reiterstatuen erneut, bevor sie ihre Jacke auszog.

„Und der Sohn? Alessandro?“, fragte sie mit einem skeptischen Unterton, während sie sich in die Sonne drehte.

„Ganz anders“, fuhr ich fort, mein Blick noch immer auf dem Handy. „Alessandro war... nun ja, nicht gerade ein Vorbild für verantwortungsvolle Herrschaft. Er versuchte, andere Adelsfamilien auszuspielen und sich selbst zu bereichern. Statt Piacenza zu stärken, machte er sich durch seine repressive Politik und Ungerechtigkeit beim Volk unbeliebt. Es heißt, er sei berüchtigt gewesen für seine Willkür.“

Sie nickte nachdenklich und richtete ihren Blick auf die Statue des Sohnes.

„Kein Wunder, dass er so unbeliebt war. Dieses Gesicht... da ist nichts Vertrauenerweckendes dran. Eher so, als würde er dir jederzeit in den Rücken fallen.“ Sie deutete auf die Statue des Vaters. „Ranuccio dagegen... da ist etwas Offenes, Klarheit vielleicht. Es passt zu dem, was du gesagt hast.“

Ich ließ meinen Blick zwischen den beiden Statuen hin- und herspringen.

„Dieser Platz erzählt mehr als nur von Macht und Kontrolle. Er zeigt, wie unterschiedlich sie genutzt werden kann – um aufzubauen oder um zu zerstören. Vielleicht erinnert er daran, dass Macht immer unterschiedlich genutzt werden kann – zum Aufbau oder zum eigenen Vorteil. Vater und Sohn, zwei Seiten derselben Medaille.“

Antje verzog die Lippen zu einem nachdenklichen Lächeln.

„Und welche Seite hat wohl am Ende gewonnen?“

Ich zuckte mit den Schultern.

„Das kommt darauf an, was man als Gewinn sieht. Macht an sich ist kein Selbstzweck. Sie bringt immer Verantwortung mit sich – ob man will oder nicht.“

Sie nickte langsam und verschränkte die Arme, während sie die beiden Reiter weiterhin betrachtete. „Aber woher kommt Macht eigentlich? Wird sie einem verliehen? Oder nimmt man sie sich einfach?"

Ich dachte kurz nach, bevor ich antwortete.

„Ich glaube, das kommt darauf an, welche Art von Macht du meinst. Klar, du kannst Macht durch physische Gewalt erzwingen – aber das hält nicht lange. Wahre Macht, die wirklich Bestand hat, wird dir verliehen. Von Menschen, die dir vertrauen, oder von einer Gemeinschaft, die glaubt, dass du sie vertreten kannst. Wenn dieser Respekt fehlt, dann hast du vielleicht die Kontrolle, aber keine echte Macht."

Sie runzelte die Stirn und zeigte auf die Statue von Alessandro.

„Das würde erklären, warum er so wenig beliebt war. Kontrolle, ja. Aber Respekt? Wahrscheinlich nicht."

„Genau!", sagte ich. „Und Respekt kannst du nicht erzwingen. Jeder Mensch hat immer noch die Freiheit, innerlich „Nein" zu sagen. Selbst wenn du jemanden körperlich unterdrückst, bleibt ihm diese geistige Freiheit. Und das ist etwas, das sich niemand brechen lassen kann – zumindest nicht endgültig."

Antje ließ ihre Hand sinken und sah mich an.

„Heißt das, Macht ist am Ende nur ein Spiegel dessen, wie andere dich sehen?"

„In gewisser Weise schon. Und deshalb hat sich die Art, wie Macht ausgeübt wird, so verändert. Früher war es rohe Gewalt – heute geht es darum, Menschen so zu beeinflussen, dass sie glauben, es selbst zu wollen. Man gibt ihnen das Gefühl, dass sie aus freiem Willen handeln, während du eigentlich die Fäden ziehst."

Sie zog die Augenbrauen hoch.

„Das klingt ja fast wie Manipulation."

Ich lachte.

„Ist es ja auch. Aber eine sehr subtile Form. Manche nennen es 'Softpower' – den Einfluss durch Überzeugung und Inszenierung, anstatt mit Gewalt oder Zwang zu arbeiten. Und wenn du es richtig machst, sieht das Volk dich nicht als Tyrannen, sondern als Heilsbringer."

Antje grinste schief.

„Ein bisschen so, wie in einer gut funktionierenden Beziehung?"

„Wie meinst du das?", fragte ich und lehnte mich neugierig auf mein Fahrrad.

„Na ja", sagte sie und verzog die Lippen zu einem schelmischen Lächeln. „Wenn der Mann genau das tut, was die Frau will – und dabei glaubt, es wäre seine eigene Idee gewesen."

Ich prustete los und schüttelte den Kopf.

„Okay, ich sehe den Punkt. Vielleicht sind gute Beziehungen und erfolgreiche Herrschaft gar nicht so verschieden. Aber das heißt wohl auch, dass ich aufpassen muss, was du mir vorschlägst."

Sie lachte.

„Keine Sorge. Solange du glaubst, dass alle Entscheidungen von dir kommen, ist doch alles in Ordnung, oder?"

Wir fanden ein kleines Café am Rand der Piazza, ein Ort, der mehr nach italienischem Klischee aussah, als ich es für möglich gehalten hätte. Kleine runde Tische mit filigranen Eisenstühlen standen auf dem Kopfsteinpflaster, dekoriert mit winzigen, fast schon obligatorischen Blumenvasen. Der Duft von frisch gemahlenem Kaffee vermischte sich mit der warmen Herbstsonne, die durch die Markisen drang.

Sie ließ sich mit einem Seufzen auf einen der Stühle fallen und streckte die Beine aus.

„Das hier“, sagte sie und deutete mit einer ausladenden Geste auf den Platz, „ist der Ausgleich für den Wahnsinn da draußen. Ich wünschte, wir hätten die Reiter als Geleitschutz gehabt.“

Ich lachte, obwohl mein Rücken schmerzte und ich den Schweiß noch unter der Jacke spürte.

„Das wäre was gewesen: Farnese-Ritter gegen italienischen LKW-Verkehr. Ich bin mir sicher, die hätten uns auch nicht geholfen. Wahrscheinlich hätten sie sich über unsere Fahrräder lustig gemacht.“

„Möglicherweise“, stimmte Antje zu, „aber immerhin hätten wir gute Gesellschaft gehabt.“

Der Kellner, ein älterer Herr mit grauem Haar und einem charmanten Lächeln, erschien an unserem Tisch, bevor wir etwas bestellen konnten. „Buongiorno! Cappuccino? Espresso? Something sweet?“

Antje hob die Augenbrauen. „Something sweet? What would you recommend?

Er legte den Kopf leicht schief, als würde er überlegen, ob diese Frage wirklich ernst gemeint war.

„Ah, Signora, you're in Piacenza! You must try our cioccolata calda—thick, creamy, and a dream with whipped cream.“

Ich sah Antje an.

„Das klingt, als wäre es mehr Dessert als Getränk.“

„Perfect“, sagte sie entschieden. „Two of those, please. And two cappuccinos. We've earned it.“

Der Kellner lachte, notierte sich die Bestellung und verschwand. Ich lehnte mich zurück, ließ meinen Blick über den Platz schweifen und fühlte, wie die Anspannung langsam von mir abfiel. Die Geräusche der Piazza – das Murmeln der Gespräche, das sanfte Klirren von Porzellan – wirkten wie ein Gegengewicht zu dem Chaos, das wir hinter uns gelassen hatten.

„Es ist schon verrückt", begann Antje, die jetzt wieder deutlich entspannter aussah. „Vor einer Stunde dachte ich, ich würde vom Verkehr verschluckt werden, und jetzt sitze ich hier und frage mich, warum wir nicht schon früher nach Piacenza gekommen sind."

Ich nickte.

„Das ist das Schöne an solchen Reisen. Chaos, Erschöpfung, dann plötzlich ein Moment wie dieser. Es ist, als würde die Stadt uns sagen: „Alles gut. Ihr seid angekommen.""

Antje grinste.

„Vielleicht war das der Plan der Wölfin. Sie bringt die Menschen durch den Wahnsinn, damit sie den Frieden danach umso mehr schätzen."

„Jetzt überinterpretierst du die Römer," sagte ich, „aber ich mag den Gedanken."

Der Kellner stellte unsere Getränke auf den Tisch, und die heiße Köstlichkeit wirkte wie pure, geschmolzene Schokolade in einer Tasse. Gekrönt von einer fluffigen Sahnehaube, fragte ich mich, ob es ein Getränk oder ein kleines Kunstwerk war.

Antje nahm einen Löffel und probierte. Ihre Augen weiteten sich.

„Oh. Mein. Gott. Das ist pure Magie!"

Ich lachte, griff nach meiner eigenen Tasse und ließ den Löffel in die dicke Schokolade eintauchen. Der Geschmack war intensiv, süß, und die Wärme breitete sich sofort in meinem ganzen Körper aus. Es war tatsächlich magisch – oder zumindest sehr nahe dran.

Wir tranken schweigend, beobachteten das Leben um uns herum und ließen die Stadt auf uns wirken. Die Menschen, die über den Platz schlenderten, wirkten entspannt, fast wie Schauspieler in einem italienischen Film, in dem die Sonne immer scheint und die Zeit keine Rolle spielt. Der Moment war so perfekt, dass er fast zu lange hätte dauern können, doch schließlich sprach Antje und holte uns zurück in die Realität.

„Und was jetzt?", fragte sie, nachdem sie den letzten Löffel ihrer Schokolade genossen hatte. Ihre Stimme hatte diesen neugierigen, fast spielerischen Unterton, der immer dann aufkam, wenn sie bereit war, das nächste Abenteuer anzugehen. „Wollen wir noch etwas erkunden? Oder einfach schauen, wohin uns die Stadt führt?"

Ich ließ meinen Blick noch einmal über die Piazza schweifen, die sich langsam in das goldene Licht der Nachmittagssonne hüllte.

„Ich würde sagen, wir machen beides."

Sie lächelte zustimmend und stellte ihre leere Tasse ab. „Aber nur, wenn wir auf dem Rückweg noch einen Espresso holen. Ich glaube, ich könnte hier ewig sitzen."

Mit einem Schmunzeln schoben wir unsere Stühle zurück, nahmen die Räder und begaben uns wieder auf die Straßen. Nachdem wir die Farnese-Reiter hinter uns gelassen hatten, führte uns Piacenza tiefer in sein Herz. Das Klacken unserer Fahrradreifen auf dem Kopfsteinpflaster wurde zu einer sanften Melodie, die sich mit dem Flüstern der Altstadt vermischte. Die hohen Mauern der Häuser schienen die Geräusche des modernen Lebens hinter uns auszublenden, und jede Kurve, jede enge Gasse wirkte wie eine Einladung, noch tiefer in die Geheimnisse dieser Stadt einzutauchen. Es war, als hätte die Stadt die Hektik des Vormittags gegen die Gelassenheit des Nachmittags eingetauscht, und wir folgten diesem Rhythmus, bereit, uns von ihm tragen zu lassen.

Die Häuser entlang der Straße trugen die Farben eines warmen Herbsttages: Ocker, Terrakotta und das verblichene Rot von Backsteinmauern. Verwitterte Fensterläden, die aussahen, als hätten sie unzählige Geschichten über die Jahrzehnte gesammelt, lehnten schief in ihren Angeln, während Blumenkästen mit vertrockneten Geranien wie letzte Sommererinnerungen an den Fassaden hingen. Die Sonne, die den Nebel endgültig verdrängt hatte, ließ die Stadt in einem goldenen Licht leuchten – ein Kontrast zur rauen Kälte des Morgens.

Antje, die ein Stück neben mir schob, hielt plötzlich an.

„Halt mal", sagte sie und hob ihre Nase in die Luft wie ein Spürhund. „Das da vorne riecht... unglaublich."

Ich brauchte einen Moment, um den Duft zu identifizieren: warmes Brot, Rosmarin und eine leichte, süße Note, die an Gebäck erinnerte.

„Das ist ein Zaubertrick", murmelte ich, „die ziehen uns einfach durch die Nase in ihren Laden."

Aber ich war nicht abgeneigt.

Wir standen vor einer kleinen Bäckerei, deren Eingang von einer schlichten Holztür mit Glasscheibe markiert wurde. Der Schriftzug darüber war verblasst, aber die dahinterliegende Wärme war fast spürbar. Antje stieß die Tür auf, und der Duft wurde noch intensiver. Es fühlte sich an, als wären wir in eine andere Welt getreten.

Hinter der Theke stand eine ältere Dame mit schneeweißem Haar, das unter einem fein gebundenen Kopftuch hervorlugte. Ihre Bewegungen waren ruhig, und ihr Lächeln strahlte dieselbe Wärme aus wie der Ofen hinter ihr.

„Buongiorno!", rief sie, bevor wir auch nur ein Wort sagen konnten. Sie griff hinter sich, schnitt ein Stück Focaccia ab und hielt es uns entgegen. „Con rosmarino, appena sfornato! Here, have a taste!"

Antje nahm das Stück, biss hinein, und ihre Augen weiteten sich sofort.

„Oh mein Gott“, flüsterte sie, als hätte sie gerade etwas Heiliges entdeckt. „Das ist… unglaublich. Nimm auch was.“

Sie reichte mir das Stück, und sobald ich hineinbiss, wusste ich, was sie meinte. Der Teig war weich und doch knusprig, der Rosmarin so frisch, dass ich ihn fast sehen konnte, und die leichte Salznote rundete alles ab. Es war schlicht perfekt.

„Davon nehmen wir etwas mit“, entschied Antje, während sie ihr Portemonnaie aus der Tasche zog. Die Dame nickte zufrieden und begann, unsere Bestellung zusammenzustellen. Antje fügte noch ein paar Mandelkekse hinzu, die in einer gläsernen Schale auf der Theke lagen, und zeigte schließlich auf etwas, das wie ein Croissant aussah, aber leicht grün schimmerte.

„What is this?“, fragte sie neugierig.

„Ah!“, sagte die Dame stolz. „Cornetto alla crema di pistacchio. Very popular!“

„Ich glaube, ich liebe diese Stadt“, sagte Antje und bestellte zwei davon.

Draußen, zurück in der Sonne, bis sie direkt in das Cornetto. Ihre Reaktion war fast ehrfürchtig.

„Das ist wie Urlaub in einem einzigen Bissen“, sagte sie mit vollem Mund. „Du musst das probieren!“

Sie hielt mir das Zweite hin, und ich konnte ihr kaum widersprechen. Die Creme war süß, nussig und perfekt ausbalanciert – ein Genuss, der uns beide für einen Moment sprachlos machte.

Während wir noch den letzten Geschmack der Pistaziencreme auf der Zunge spürten, schoben wir unsere Räder langsam weiter. Die Straße vor uns öffnete sich in eine enge Gasse, gesäumt von Gebäuden, die von der Zeit berührt, aber nicht überwältigt waren.

Je weiter wir in die Altstadt eintauchten, desto spürbarer wurde die stille Gelassenheit um uns herum. Die lebhaften Geräusche der Piazza verblassten langsam, und stattdessen übernahm eine angenehme Ruhe die Szene, durchbrochen nur von vereinzelten Stimmen oder dem leisen Rascheln der Blätter in den engen Gassen. Ein gelegentliches Fahrradklingeln, leises Lachen hinter halb geöffneten Fensterläden oder das Gemurmel zweier alter Männer auf einer Bank fügten sich in das Klangbild der Stadt ein, ohne es zu stören.

„Es ist so ruhig", sagte Antje leise, fast ehrfürchtig, als wolle sie die Atmosphäre nicht durch unnötige Worte zerbrechen.

Ich nickte, ließ den Blick über die schmalen Gassen schweifen und spürte, wie die Hektik des Tages von mir abfiel. Es war, als hätte Piacenza einen eigenen Rhythmus, dem man sich unweigerlich anpasste, sobald man sich darauf einließ.

„Es ist diese Art von Ruhe, die nicht nach Aufmerksamkeit schreit," antwortete ich. „Sie ist einfach da und lässt dich durchatmen."

Sie lächelte und sah mich kurz an, bevor sie wieder nach vorne blickte.

„Ich glaube, ich könnte mich daran gewöhnen."

Ich nickte.

„Das ist das Besondere hier. Piacenza muss nicht beeindrucken. Es zeigt dir einfach, was es hat, und das reicht vollkommen."

An einer Ecke entdeckten wir die Kirche San Sisto, eine Schönheit, die sich beinahe zu verstecken schien, als wolle sie sich nur denjenigen offenbaren, die aufmerksam genug waren, sie zu bemerken. Zwei majestätische Zypressen flankierten den Eingang, und die schweren Türen standen einladend offen. Ein leiser Hauch von Orgelmusik wehte uns entgegen, wie eine Einladung, die man unmöglich ablehnen konnte.

Ich hielt an und warf Antje einen entschuldigenden Blick zu.

„Warte hier kurz, ja? Ich will nur einen schnellen Blick hineinwerfen."

Sie nickte, lehnte ihr Fahrrad an die Mauer und ließ den Blick über die Fassade der Kirche gleiten.

„Mach ruhig, ich bleibe bei den Rädern. Aber beeil dich – ich bin neugierig, was du da drin findest."

Ich schob mein Rad an die Seite, sicherte es und trat vorsichtig durch die offenen Türen. Sofort umfing mich eine kühle, schwere Stille, die sich wie eine Decke über mich legte. Der Raum war erfüllt von einer fast greifbaren Zeitlosigkeit. Die dunklen Holzbänke waren glatt und abgenutzt, poliert von zahllosen Händen und Knien, die im Gebet verweilt hatten. An den Wänden zogen verblasste Fresken meine Aufmerksamkeit auf sich, Szenen, deren Details verschwommen, aber dennoch lebendig wirkten.

Mein Blick wanderte weiter nach vorne, wo ein schlichtes Kreuz über dem Altar hing. Es wurde von einem sanften Licht umrahmt, das durch die schmalen, hohen Fenster fiel und die gesamte Kulisse in eine fast heilige Aura tauchte. Das leise Spiel der Orgelmusik, das irgendwo aus den Tiefen der Kirche erklang, ließ den Raum noch lebendiger wirken. Es war ein Moment, der mich völlig in seinen Bann zog – als hätte die Zeit für einen Augenblick den Atem angehalten.

Ich setzte mich leise in eine der hinteren Reihen, nur für einen kurzen Moment, um die Atmosphäre in mich aufzunehmen. Kein Plan, keine Eile – nur das Hier und Jetzt. Die Kühle des Raumes schien meine Gedanken zu klären, und ich konnte mir ein leises Staunen nicht verkneifen.

Nach ein paar Minuten stand ich langsam auf und verließ die Kirche, bemüht, die Stille nicht zu stören. Draußen fand ich Antje, die entspannt neben unseren Rädern lehnte und mich neugierig ansah.

„Und? Wie war's?", fragte sie.

Ich lächelte und atmete tief durch.

„Es ist wunderschön da drin. Die Fresken, die Atmosphäre... es fühlt sich an, als würde die Zeit dort drin einfach stehen bleiben."

Antje nickte, ihre Neugier schien durch mein Schwärmen geweckt.

„Klingt beeindruckend. Ich wette, wir könnten den ganzen Tag hier in der Altstadt verbringen, ohne alles zu entdecken."

„Ganz bestimmt", bejahte ich, während ich mein Rad löste. „Aber jetzt lass uns weiter. Piacenza hat sicher noch mehr Überraschungen für uns."

Gemeinsam schoben wir unsere Räder weiter durch die Straßen, die uns tiefer in den Kern der Altstadt führten. Die Geräusche der Piazza lagen hinter uns, und vor uns erstreckte sich ein neues Mosaik aus verwinkelten Gassen, warmen Fassaden und kleinen Überraschungen an jeder Ecke.

Eine ältere Frau mit silbrigem Haar und einem freundlichen Lächeln stand hinter einem Stand voller bunter Tücher. Als sie uns entdeckte, musterte sie uns mit einem neugierigen Blick und rief in einer Mischung aus Italienisch und gebrochenem Englisch:

„Ah, ciclisti! Passaggio, sì? You… pass by?"

Antje, die mittlerweile eine fast beneidenswerte Routine in ihrem Italienisch entwickelt hatte, lächelte zurück.

„Sì, una bici tour", antwortete sie, bevor sie mit einem Augenzwinkern zu mir hinübersah. „Eine Fahrradtour."

Die Frau nickte begeistert, ließ ihren Blick über unsere staubigen, vom Tag gezeichneten Gesichter gleiten, und fügte schmunzelnd hinzu: „Ah, si vede! You… tired, eh? But strong!"

„Grazie!"

Antje lachte und schob sich eine Strähne aus dem Gesicht.

Die Händlerin griff nach einem Tuch, das an die geschwungenen Linien des Po erinnerte, und hielt es Antje mit einer einladenden Geste hin.

„Guarda! Look! Very bello! Handmade, artista da Piacenza! Good quality!“

Sie ließ die Farben im Licht schimmern, und Antje nahm es vorsichtig entgegen, ihre Finger glitten prüfend über den weichen Stoff.

„Oh, das ist wirklich schön“, sagte Antje, halb zu mir, halb zur Händlerin. Dann hob sie den Kopf, entschlossen wie immer: „I take it.“

Ich runzelte die Stirn.

„Sicher? Du weißt, dass wir schon eine Sammlung an Erinnerungen mit uns rumschleppen, oder?“

Sie ignorierte mich souverän, während sie ihr Portemonnaie hervorholte.

„Für den nächsten kalten Morgen – und für heute. Basta.“

Die Händlerin lächelte triumphierend und reichte ihr das sorgfältig gefaltete Tuch.

„Molto bene! Good choice, signora. Perfetto per… per… cold morning. E anche… for beautiful lady!“

Sie zwinkerte.

Antje lachte.

„Grazie! And for very patient man“, fügte sie mit einem Grinsen hinzu und deutete auf mich.

Ich schüttelte schmunzelnd den Kopf und meinte trocken: „Na großartig, ich bin hier nur der Packesel und bekomme nicht mal einen Rabatt.“

Die Frau lachte und fügte mit einem Augenzwinkern hinzu: „Buona fortuna! Good luck for the… your bici journey!“

Wir verabschiedeten uns herzlich, und während wir weiterrollten, konnte ich nicht widerstehen: „Du merkst schon, dass wir bald auch noch einen Anhänger brauchen, oder? Für all deine 'Erinnerungen'.“

Antje sah mich grinsend an und hielt das Tuch triumphierend hoch.

„Ach, sei doch froh. Irgendwann wirst du in diesem Tuch eingewickelt und wirst mich bitten, es dir als Erinnerung an Piacenza zu reichen."

„Na klar", murmelte ich, schob mein Rad weiter und warf Antje einen belustigten Blick zu, während wir beide lachten. Es war einer dieser Momente, die so unscheinbar wirkten und sich doch tief in die Erinnerung gruben – als hätten wir in dieser kurzen Begegnung nicht nur ein Tuch, sondern auch ein Stück Piacenza mitgenommen.

Unser Weg führte uns durch die sanft schmaler werdenden Straßen, vorbei an warm getönten Fassaden und kleinen Balkonen, von denen vereinzelt Blumen herabhingen. Die Stadt begann sich zu senken, als wolle sie mit uns gemeinsam zur Ruhe kommen. Und so landeten wir schließlich wieder dort, wo unser Tag in der Altstadt begonnen hatte – auf der Piazza dei Cavalli.

Wir setzten uns auf eine der eisernen Bänke am Rand der Piazza, direkt gegenüber den Farnese-Reitern. Die tief stehende Sonne umhüllte den Platz in goldenem Licht, und die Reiterstatuen schienen fast lebendig zu werden, während ihre langen Schatten über das Kopfsteinpflaster tanzten. Das leise Murmeln der Menschen, die über den Platz schlenderten, vermischte sich mit dem sanften Hauch des Abendwinds und ließ den Platz in einer friedlichen Harmonie erscheinen.

„Es fühlt sich an wie ein anderer Ort als heute Morgen", sagte Antje leise, während sie die Sonnenstrahlen auf ihrem Gesicht spürte. „Als hätte die Piazza jetzt beschlossen, einfach nur zuzuhören."

Ich nickte, während ich den Blick schweifen ließ. „Vielleicht ist das der Zauber von Piacenza. Keine überladene Inszenierung, kein aufdringliches Spektakel. Nur ein Ort, der dir genau das gibt, was du gerade brauchst."

Wir saßen eine Weile dort, schweigend, aber in einem Einvernehmen, das keine Worte brauchte. Die letzten warmen Sonnenstrahlen kitzelten unsere Gesichter, während wir die Eindrücke des Tages nachklingen ließen. Die Brise war mild, fast zärtlich. Es war, als würde die Stadt selbst uns umarmen, ihre Geschichten zwischen den alten Mauern flüstern und uns sagen: „Bleibt noch ein bisschen. Hier seid ihr genau richtig.

Wir wählten wieder einen Tisch im Café, diesmal in der vorderen Reihe mit direktem Blick auf die Reiterstatuen. Antje setzte sich mit einem zufriedenen Seufzen und lehnte sich zurück, während ich unsere Fahrräder gegen die schmiedeeisernen Gitter der Piazza schob. Der Kellner erkannte uns vom Vormittag und begrüßte uns mit einem freundlichen Lächeln, als wir zwei Espresso bestellten.

„Es fühlt sich an, als hätte dieser Platz seinen eigenen Rhythmus", sagte Antje, während sie ihren Espresso umrührte. Der kleine Löffel klirrte leise gegen die Tasse, und ich beobachtete, wie sie den Blick schweifen ließ – über die Statuen, die Menschen, die flanierten, und die Kinder, die unbeschwert über das Kopfsteinpflaster liefen.

„Piacenza hat etwas Besonderes", fügte sie hinzu. „Es ist nicht spektakulär im klassischen Sinne, keine große Show wie Rom oder Florenz. Aber genau das macht es so charmant. Es fühlt sich... echt an."

Ich nickte, nahm einen Schluck von meinem Espresso und ließ die Wärme des bitteren Getränks durch meinen Körper fließen.

„Sie ist wie ein guter Freund", sagte ich schließlich. „Kein großes Drama, keine übertriebene Geste – einfach ein Ort, an dem man sich wohlfühlt. Ein Ort, der nichts vorgibt, sondern genau das ist, was er sein will."

Antje lächelte und drehte ihre Tasse in den Händen.

„Vielleicht ist das der Zauber solcher Orte. Sie fordern nichts von dir. Du kannst einfach da sein, wie du bist."

Die Nachmittagssonne neigte sich langsam dem Horizont entgegen, und die langen Schatten der Reiterstatuen zogen sich über die Piazza wie stumme Wächter. Das sanfte Zwielicht legte sich über das Panorama, und die Stimmen der Menschen um uns herum wurden gedämpfter, bis sie nur noch wie ein leises Summen klangen. Ein milder Windzug ließ uns kurz innehalten – eine kleine Erinnerung daran, dass der Tag sich dem Ende zuneigte.

Als wir schließlich unsere Unterkunft betraten, umgab uns augenblicklich eine wohltuende Stille. Der Raum, in den wir traten, wirkte schlicht und einladend zugleich. Die weiß getünchten Wände schimmerten sanft im Licht der Abendsonne, das durch die großen Fenster fiel. Einfache Bilderrahmen mit Schwarz-Weiß-Fotografien von Piacenza schmückten die Wände, und der Holzboden unter unseren Füßen knarrte leise bei jedem Schritt. Es war kein Ort voller Prunk, aber einer, der sich wie ein sicherer Hafen anfühlte – ruhig, zurückhaltend, perfekt für eine Pause nach einem Tag voller Eindrücke.

Antje stellte ihre Taschen ab und ließ sich auf das Bett fallen, die Arme hinter dem Kopf verschränkt.

„Das hier fühlt sich gut an", sagte sie, während sie die Augen schloss. „Ich könnte morgen glatt ausschlafen und einfach mal alles auf mich zukommen lassen."

Ich lächelte, während ich ans Fenster trat und den Blick nach draußen schweifen ließ. Die Dächer der Altstadt waren in ein tiefes Gold getaucht, die Konturen verschwammen sanft im letzten Licht des Tages.

„Klingt nach einem Plan“, sagte ich. „Ein Tag zum Durchatmen, Piacenza auskosten und…“ – ich hielt inne, als ich meine kratzende Stimme spürte – „…für meine Genesung sorgen.“

„Damit wir Mailand mit voller Energie angehen können“, ergänzte sie, ohne die Augen zu öffnen, aber mit einem zufriedenen Lächeln.

Ich nickte, auch wenn sie es nicht sehen konnte, und lehnte mich an den Fenstersims. Die Ruhe des Zimmers und die leise, ferne Geräuschkulisse der Stadt vermischten sich zu einer Melodie, die uns in einen Moment der völligen Entspannung hüllte. Der Tag war vorbei, aber er hatte uns nicht erschöpft zurückgelassen – nur erfüllt.

Antje stellte ihr Gepäck in die Ecke und zog die Vorhänge beiseite, um die Aussicht zu genießen.

„Das hier wird morgen unser Zuhause sein“, sagte sie leise, während sie die Fenster öffnete und die kühle Abendluft hereinließ. Von hier aus konnte man die Dächer der Altstadt sehen, die in das warme Licht der Straßenlaternen getaucht waren.

Ich ließ mich mit einem erleichterten Seufzen auf einen der schlichten Holzstühle am kleinen Esstisch fallen und spürte, wie die Müdigkeit des Tages langsam von mir Besitz ergriff.

„Ich könnte mich daran gewöhnen“, sagte ich schließlich, während ich meine Schuhe auszog und sie achtlos zur Seite stellte. Der Gedanke, morgen nicht direkt weiterfahren zu müssen, war fast schon luxuriös.

„Ein Tag Pause“, fügte Antje hinzu, als sie sich auf das Bett setzte und sich streckte. „Kein Zeitdruck, keine Schnellstraße, keine hupenden LKWs. Nur wir und Piacenza.“

„Und die Sonne“, ergänzte ich mit einem müden Lächeln. „Laut Vorhersage wird morgen ein sonniger, milder Tag, um mich ein bisschen zu erholen und die Stadt nochmal zu genießen. Wir könnten es wirklich entspannt angehen lassen, vielleicht irgendwo frühstücken, ein bisschen flanieren. Ich werde den Sonnenschein ausnutzen und meinem Körper etwas Gutes tun.“

Antje nickte zustimmend.

„Und ich will noch einmal über den Markt schlendern. Wer weiß, was wir gestern übersehen haben. Und vielleicht gibt es da noch mehr von dieser Focaccia – oder diesen Mandelkuchen, den die Frau am Stand erwähnt hat.“

Ich lehnte mich zurück, ließ meinen Blick durch den Raum schweifen und genoss für einen Moment die Ruhe. Die schlichte, aber gemütliche Einrichtung der Unterkunft passte perfekt zur Stadt– nichts Übertriebenes, nichts Künstliches, sondern ein Ort, der einfach war und genau deshalb überzeugte. Ich spürte, wie sich meine Schultern entspannten, und zum ersten Mal seit Tagen hatte ich das Gefühl, dass ich endlich zur Ruhe kommen konnte.

„Ich denke“, sagte ich schließlich, während ich mich erhob, um meine Tasche auszupacken, „dass dieser Zwischenstopp in Piacenza genau das ist, was wir gebraucht haben. Ein kleiner Moment der Ruhe, bevor wir uns wieder in den Trubel stürzen.“

Sie lächelte und legte sich auf das Bett, während ich die kleinen Schränke inspizierte.

„Ich wette, morgen wird es genauso entspannt, wie wir es uns wünschen. Womöglich werden wir Piacenza noch mehr vermissen, wenn wir weiterfahren.“

„Vielleicht“, stimmte ich zu, zog mein Tagebuch aus der Tasche und setzte mich wieder an den Tisch, um die Ereignisse des Tages festzuhalten. Die Farnese-Reiter, die Bäckerei, die Kirche San Sisto, der Markt und schließlich die Piazza – alles floss in kurzen

Notizen auf die Seite. Antje blätterte derweil auf ihrem Handy durch ein paar Bilder, die sie am Nachmittag gemacht hatte, und zeigte mir hin und wieder eins mit einem zufriedenen Grinsen.

Als die Dunkelheit endgültig hereingebrochen war, zog ich die Vorhänge zu, und wir ließen uns auf das Bett fallen. Die Geräusche der Stadt drangen nur noch gedämpft zu uns herein, und die Gedanken an den kommenden Tag erfüllten uns mit einer angenehmen Vorfreude.

„Morgen", murmelte ich, halb in den Schlaf versunken, „wird ein guter Tag."

Antje brummte zustimmend, und mit diesem Gefühl der Ruhe und des Ankommens schlossen wir die Augen und ließen uns in den Schlaf wiegen.

Der Tag zog in Gedanken an mir vorbei: der kalte Nebel am Morgen, das tosende Chaos der Straße, die Wärme der Altstadt, der Duft von Rosmarin und das Lachen der Händlerin. Es waren nicht die großen Ereignisse, die zählten, sondern die kleinen, stillen Momente, die sich tief ins Gedächtnis gruben.

Man hatte uns nicht mit Spektakel empfangen, sondern mit seiner schlichten, fast beiläufigen Schönheit. Ein Ort, der uns zeigte, dass Ankommen manchmal wichtiger ist als das Weiterziehen. Während die Stadt draußen in Ruhe verharrte, ließ ich mich von diesem Gefühl tragen, sicher, dass der morgige Tag noch einmal neue Geschichten bereithalten würde.

Mit diesem Gedanken fiel ich in den Schlaf, während die Stadt draußen still wachte.

EIN TAG VOLLER KONTRASTE

Die letzten zwei Tage in Piacenza fühlten sich an wie ein tiefes Durchatmen nach einer langen Anstrengung – oder wie ein verlängertes Wochenende auf der Couch, nur mit besserem Essen und deutlich mehr Flair. Die Wärme der Altstadt, die unaufdringliche Freundlichkeit der Menschen und die goldene Herbstsonne, die unsere Streifzüge begleitete, hatten uns eine dringend benötigte Pause gegönnt. Ich hatte mich treiben lassen, hausgemachte Pasta probiert, und dabei ein Gefühl genossen, das man am besten als 'dolce far niente' beschreibt: die süße Kunst, einfach nur zu sein. Piacenza hatte uns nicht überfordert, sondern uns mit offenen Armen aufgenommen. Doch wie das mit solchen Oasen ist – sie machen einem klar, dass die nächste Herausforderung unweigerlich kommt. Unser nächstes Ziel? Mailand. Eine Stadt, die mir bereits beim Gedanken daran ein mulmiges Gefühl im Magen verursachte.

Am Morgen unseres Aufbruchs war von Entspannung keine Spur. Ich konnte mir die Nervosität nicht verkneifen.

„Wie fährt man in eine Millionenstadt ein, ohne sich dabei wie ein Eindringling zu fühlen?“, fragte ich mich. Oder noch treffender: „Wie überlebt man, ohne dass ein hupender LKW einen als Dellen in seinen Kühlergrill verewigt?“

Es gab nur zwei Möglichkeiten: Schnellstraßen mit Adrenalin-Kick und dem Risiko, wie ein Speedbump zu enden, oder den hoffnungsvollen Glauben, dass Mailand, als moderne Metropole, tatsächlich an Radfahrer gedacht hatte.

„Offenbar hat man hier begriffen, dass Radfahrer auch Menschen sind", raunte ich leise, als wir die ersten Schilder für Radwege sahen. Die Straßen blieben ruhig, die Dörfer schienen noch im Halbschlaf, und selbst der Verkehr hielt sich in einem angenehmen Rahmen.

Antje deutete auf ein Schild, das uns auf einen neuen Radweg hinwies: „Wenn das so weitergeht, könnte ich mir fast vorstellen, dass Mailand uns mit offenen Armen empfängt."

Ich zog eine Augenbraue hoch und trat etwas fester in die Pedale.

„Oder sie wollen uns einfach nur schnell wieder loswerden. Mit Radwegen, die uns wie Autobahnausfahrten aus der Stadt führen."

Sie lachte.

„Solange ich nicht wieder die LKW-Auspufftherapie genießen muss, bin ich für alles offen."

Als wir San Donato Milanese erreichten, ragten die Hochhäuser von Mailand am Horizont auf, scharf und kalt wie die Spitzen einer Rüstung.

Es war, als ob die Stadt uns sagen wollte: „Willkommen in der Realität." Ein Teil von mir war beeindruckt, ein anderer wollte am liebsten umdrehen.

„Na, da ist sie ja", sagte ich mehr zu mir selbst.

„Mailand", murmelte Antje. „Sie wirkt, als hätte sie uns etwas zu bieten, findest du nicht? So… selbstbewusst."

Ich nickte.

„Und ein kleines bisschen einschüchternd."

Das wirtschaftliche Zentrum Italiens, Heimat von über 1,3 Millionen Menschen, Modehauptstadt der Welt und ein Magnet für

Künstler, Geschäftsleute und Touristen gleichermaßen – so hatte ich Mailand in Erinnerung. Vor Jahren war ich beruflich hier gewesen, und meine Eindrücke waren geprägt von Glasfassaden, endlosen Verkehrsstaus und einem ständigen Gefühl von Eile. Damals hatte ich die Stadt als einen Ort erlebt, der niemals schläft – und, um ehrlich zu sein, auch keine Zeit für dich hat. Doch diesmal wollte ich Mailand aus einem anderen Blickwinkel entdecken, eine Perspektive, die nicht von Termindruck und Geschäftstreffen verstellt war.

Doch wie jede Metropole, begrüßte uns die Stadt zunächst von ihrer grauen Seite. Sozialbauten reihten sich monoton aneinander, Beton dominierte die Szenerie, und die Straßen wirkten uniform, als hätten sie in einem Architekten-Wettbewerb für Langeweile gewonnen.

Wie oft hatte ich diesen Anblick schon gesehen? Nicht nur hier, sondern in jeder größeren Stadt: Sozialbauten aus den 1970er und 80er-Jahren, die sich trotzig gegen die Zeit stemmten, breite Straßen, die das Leben zwischen den Vierteln ertränkten, und diese alles durchdringende Gleichförmigkeit. Städte, dachte ich, scheinen sich immer mehr aneinander anzupassen, als ob sie alle denselben Stadtplaner beauftragt hätten. Früher, in der Antike oder im Mittelalter, war das anders. Da hatten Städte noch Charakter. Jede Straße, jedes Gebäude erzählte ihre eigene Geschichte. Heute hingegen sehen sie oft aus wie Kapitel aus demselben Handbuch – ein Baukasten der Moderne, der mit jedem neuen Betonklotz ein Stück Seele nimmt.

„Das hier könnte auch Berlin-Marzahn sein", bemerkte Antje trocken.

„Oder ein x-beliebiger Vorort von Paris", fügte ich hinzu. „Haben diese Städte eigentlich alle denselben Stadtplaner engagiert?"

„Vielleicht gibt's da eine Art 'Beton-Abo'", überlegte sie, „das den Kommunen jährlich zugesandt wird. So ein 'Graupack'."

Ich lachte.

„Ja, mit der Standardausstattung: rechteckige Gebäude, minimaler Charme, und hier und da ein Parkplatz. Großartig."

Erst als wir uns der Altstadt näherten, begann sich Mailand zu verändern. Die Straßen wurden enger, die Gebäude erhielten mehr Charakter, und der Beton wich altem Kopfsteinpflaster. Die hohen Mauern der Altbauten schienen die Geräusche des Verkehrs zu tilgen, und die Sonne brach durch die Baumkronen entlang der breiteren Boulevards.

Antje blieb stehen, drehte sich zu mir um und sagte mit leiser Stimme:

„Da ist es. Das 'echte' Mailand."

Trotzdem entschieden wir, dem Domplatz auszuweichen – ein Foto direkt vor dem berühmten Mailänder Dom wäre zwar ein absoluter Traum gewesen, aber die Menschenmassen dort machten diesen Plan schlicht unmöglich. Wir sind keine Hollywoodstars, für die der Platz geräumt wird, nur damit ein perfektes Bild entstehen kann. Der Platz und die umliegenden Sehenswürdigkeiten – die Galleria Vittorio Emanuele II, das Teatro alla Scala und das Castello Sforzesco – standen ohnehin für den nächsten Tag auf der Liste. Ob wir dafür aber wirklich Zeit finden würden, blieb fraglich, denn es gab noch ein anderes wichtiges To-Do: Verpackungsmaterial für unsere Räder organisieren. Ohne Kartons und Luftpolsterfolie würde die Fluggesellschaft unsere Räder wohl kaum mit nach Hamburg nehmen.

Statt uns in den Trubel zu stürzen, radelten wir direkt in Richtung Hauptbahnhof, wo sich unser Hotel befand. Unterwegs kamen wir am Museo Civico di Storia Naturale vorbei, dessen elegante Fassade uns eine großartige Kulisse für unser 'Wir sind am Ziel'-Foto bot.

„Das hier wird unser offizielles Ankunftsfoto“, sagte ich, während ich unser Handy auf dem Stativ ausrichtete.

Antje grinste, setzte ihre Sonnenbrille ab und warf mir einen gespielten Glamour-Blick zu.

„Na, dann los. Die Welt wartet auf uns.“

„Ich glaube, ich nenne das Bild: 'Zwei Helden erobern Mailand', erwiderte ich und drückte auf und starte den Selbstauslöser.

„Oder eher: 'Zwei überlebende Radfahrer vor einer Stadt, die sie ignoriert hat'“, konterte sie.

Nach ein paar weiteren Fotos machten wir uns auf den Weg zum Hotel. Die Straßen wurden voller, die Geräusche lauter, und mit jedem Tritt in die Pedale spürte ich, wie die urbane Anspannung auf uns überging. Doch was mich dort erwartete, war weitaus intensiver als der Straßenverkehr.

Es dämmerte bereits, und Mailand schien in ein weiches, orangefarbenes Licht getaucht. Der Hauptbahnhof, mit seiner beeindruckenden Fassade, kam in Sicht – ein steinerner Koloss, der gleichermaßen historisch und modern wirkte. Die riesige Apfel-Skulptur auf dem Vorplatz schien im Abendlicht fast zu leuchten, und die letzten Sonnenstrahlen fingen sich in den Fenstern der umgebenden Gebäude.

„Da wären wir“, sagte ich und stieg von meinem Rad. Der Wind trug eine leichte Kühle mit sich, die an den nahenden Abend erinnerte. Ich warf einen Blick auf die Hotelfassade, nur wenige Schritte vom Bahnhof entfernt, und atmete tief ein. Es war Zeit, sich dem letzten Kapitel dieser Reise zu stellen.

„Bleib du bei den Rädern“, wandte ich mich an Antje. „Ich muss da mal was klären.“

Sie setzte sich lässig auf eine der niedrigen Mauern am Rand des Platzes und schmunzelte trocken.

„Ich bleibe hier und passe auf die Räder auf", sagte Antje mit einem leicht amüsierten Lächeln, das sie nicht ganz verbergen konnte. „Und bitte – denk daran, dass wir hier noch zwei Nächte bleiben wollen. Versuch, es nicht allzu eskalieren zu lassen, ja?"

Sie kannte mich zu gut. Meine Schimpftiraden der letzten Tage hatten ihr wohl einen recht deutlichen Vorgeschmack darauf gegeben, was passieren könnte, wenn man mich reizte. Vor allem, wenn ich das Gefühl hatte, dass man mich für dumm verkaufen wollte. Es gab kaum etwas, das mich schneller auf die Palme brachte, als diese Mischung aus Arroganz und schlampiger Unehrlichkeit – und wenn ich das dann auch noch bemerkte, war jede Zurückhaltung dahin.

„Keine Sorge", erwiderte ich. „Ich werde freundlich sein. Oder zumindest so freundlich, wie die Situation es zulässt."

Mit meinem Fahrradhelm unter dem Arm und dem Portemonnaie in der Hand trat ich durch die gläserne Drehtür, die lautlos mich passieren ließ. Die modern gestaltete Lobby – polierte Böden, dezente Beleuchtung, ein Ambiente, das förmlich „stilvoll" schrie – drang kaum in mein Bewusstsein. Mein Fokus lag einzig auf dem bevorstehenden Gespräch, und ich spürte, wie sich die Wut in mir wie ein Sturm zusammenbraute.

Hinter der Rezeption stand ein Mann mittleren Alters, makellos gekleidet in einen grauen Anzug, sein Bart so akkurat gestutzt, dass man meinen könnte, er hätte morgens mit dem Geodreieck im Badezimmer gestanden.

Sein Lächeln war höflich, professionell und gerade so unverbindlich, dass ich innerlich dachte: „Ah, ein Meister der neutralen Freundlichkeit."

Er verabschiedete gerade einen anderen Gast mit einer Handbewegung, die zwischen höflicher Geste und minimalistischer Choreografie lag, bevor sich unsere Blicke trafen. Und da war es: das Gesicht, das ich in meinen Gedanken während des E-Mail-Kriegs mit dem Hotel bereits mehrfach visualisiert hatte. Mein Puls beschleunigte sich, und ich konnte nicht verhindern, dass sich mein Blick verhärtete, als ich nähertrat.

Dann fiel mein Blick auf das Namensschild auf seiner Brust. 'Matteo' stand dort, daneben drei Flaggen: Italien, Großbritannien und Deutschland. Es war, als hätte jemand das letzte Puzzlestück meines Ärgers direkt vor meine Nase gehalten. 'Matteo' – der Name, der unter all den E-Mails prangte, die mich in den letzten Tagen an den Rand des Wahnsinns gebracht hatten. Ein kurzer Moment der Genugtuung durchfuhr mich. Ja, auch ich habe meine Schwächen, und ja, ich neige dazu, mich in solchen Momenten von meinen Vorurteilen leiten zu lassen. Asche auf mein Haupt. Aber hier, dachte ich, war mein Instinkt mal wieder goldrichtig gewesen. Sein Auftreten, sein Blick, die akkurate Glätte – es passte einfach zu seinen Nachrichten, und in diesem Moment fühlte ich mich so bestätigt, dass ich fast lachen musste.

Ich trat an den Tresen, hielt den Fahrradhelm in einer Hand und das Portemonnaie in der anderen, und begann mit ruhiger, aber schneidender Stimme: „Buonasera. Ich bin Francisco Prieto Montesdeoca. Ich denke, wir haben ein paar Dinge zu besprechen."

Sein professionelles Lächeln zuckte für einen Moment, bevor er seine Fassade wieder aufsetzte.

„Signor Prieto, willkommen. Ich hoffe, Ihre Anreise war angenehm?"

Ich ignorierte die Floskel.

„Die Anreise? Kein Problem. Ihre E-Mails hingegen…" Ich ließ die Worte absichtlich in der Luft hängen, bevor ich weitersprach. „Die waren alles andere als angenehm."

Er räusperte sich und warf einen nervösen Blick auf die anderen Gäste, die in der Lobby standen.

„Es tut mir leid, wenn es zu Missverständnissen gekommen ist. Leider hatten wir technische Probleme im System…"

„Technische Probleme?" Meine Stimme wurde schärfer, und ich trat einen Schritt näher an den Tresen. „Lassen Sie mich das zusammenfassen: Meine Kreditkarte war sechs Monate lang 'in Ordnung'. Sechs Monate! Und dann, fünf Tage vor meiner Ankunft, schreiben Sie mir plötzlich, sie sei 'nicht mehr gut'? Das klingt doch wie ein schlechter Scherz."

Er hob die Hände, als wollte er mich beruhigen.

„Signor, bitte verstehen Sie, ich persönlich bin nicht für diese Entscheidungen verantwortlich. Das wird alles von der Buchhaltung geregelt."

„Matteo – natürlich. Ich hätte es mir denken können. Sie haben mir zwei Stunden lang E-Mails geschickt, als würden Sie ein Preisausschreiben im Verärgern Ihrer Gäste gewinnen wollen."

„Signor, das war wirklich ein Missverständnis..."

„Ein Missverständnis?" Ich hob die Augenbrauen und lehnte mich ein Stück weiter über den Tresen. „Also war es ein Missverständnis, dass Sie auf keine meiner Anfragen nach einer alternativen Zahlungsoption geantwortet haben? Und jetzt stehen wir hier und reden über 'technische Probleme'? Ihre Missverständnisse müssen magisch sein, Matteo."

Ich lachte kalt.

„Die Buchhaltung? Interessant, denn ich habe mit Ihnen persönlich geschrieben! Es war Ihre E-Mail-Adresse, die mir mitteilte, ich hätte 24 Stunden Zeit, eine neue Kreditkarte zu hinterlegen, sonst würde meine Buchung storniert. Und als ich mehrfach um eine alternative Zahlungsmethode gebeten habe, haben Sie sich taub gestellt."

Sein Gesicht wurde zunehmend nervöser, und ich bemerkte, wie einige Gäste in der Lobby zu uns herüberschauten. Er senkte die Stimme, als ob er die Aufmerksamkeit von uns ablenken wollte.

„Signor, ich versichere Ihnen, das war nicht meine Absicht. Es war ein Missverständnis."

„Ein Missverständnis?" Meine Stimme war jetzt laut genug, dass die Gäste in der Nähe ihre Gespräche unterbrachen. „Ein Missverständnis, das mich 186 Euro zusätzlich gekostet hat! 401 Euro für zwei Nächte, Frühstück inklusive – das war der ursprüngliche Deal. Und jetzt? Jetzt zahle ich 587 Euro ohne Frühstück. Und warum? Weil Sie dachten, Sie könnten mich abzocken!"

Sein Gesicht lief rot an.

„Bitte, Signor, beruhigen Sie sich. Lassen Sie uns das klären."

„Klären?" Ich verschränkte die Arme und sah ihm direkt in die Augen. „Glauben Sie, ich hätte noch einmal bei Ihnen gebucht, wenn Sie nicht der einzige Anbieter mit einem Flughafenshuttle für zwei Personen, Gepäck und zwei riesige Radkartons so kurzfristig gewesen wären? Glauben Sie, ich hätte mir das angetan, wenn ich eine andere Wahl so kurzfristig gehabt hätte? Und jetzt tun Sie so, als ob Sie der Held sind, weil Sie mir eine neue Zahlungsoption anboten – aber natürlich erst, nachdem ich die erste Buchung storniert hatte." Ich machte eine kurze Pause, ließ den Satz wirken, und fuhr dann mit einem bissigen Unterton fort: „Wenigstens habe ich diesmal über Booking.com gebucht. Immerhin geht von der zusätzlichen Summe ein Teil an den Anbieter und nicht komplett in Ihre Taschen. Das gönne ich Ihnen nicht."

Er warf hektische Blicke zu den Gästen, die uns neugierig musterten. Schließlich presste er mit einem gequälten Lächeln heraus: „Wie wäre es, wenn wir Ihnen als Entschuldigung das Frühstück für eine Nächte kostenfrei anbiete?"

Ich lachte laut auf, ein scharfes, sarkastisches Lachen, das den Raum durchbrach. „Frühstück? Das sind 186 Euro extra für zwei Nächte, und Ihre Lösung ist ein paar Brötchen und Kaffee? Fantastico, Matteo! Wirklich großartig."

Sein Lächeln wurde angestrengt.

„Signor, ich versichere Ihnen, das Frühstück ist…"

„Ist das Beste der Welt", ich weiß.

Ich schnappte mir den Schlüssel, schüttelte den Kopf und murmelte, mehr zu mir selbst als zu ihm: „Danke für nichts."

Als ich nach draußen trat, stand Antje noch immer entspannt bei den Rädern. Sie sah mich erwartungsvoll an, ein leichtes Grinsen auf den Lippen.

„Und? Hast du den Drachen besiegt?", fragte sie mit gespielter Dramatik.

Ich seufzte.

„Der Drache bietet uns jetzt einmal Frühstück an. Gratis. Wie großzügig."

„Frühstück?", sie schüttelte den Kopf und lachte. „Mach dir nichts draus. Wir haben immerhin einen Helden in der Familie – den 'Frühstücksverhandler'."

Ich schnaubte und stöhnte, während ich den Helm auf den Lenker hängte: „Ja, ja, das war wohl meine beste Verhandlungsrunde seit Jahren – ich sollte über eine Karriere als Frühstücksdiplomat nachdenken."

Doch selbst ein Gratis-Frühstück konnte die Tatsache nicht verschleiern, dass unser Reisebudget ordentlich in Mitleidenschaft gezogen worden war. Nachdem wir die Räder verstaut und unser

Gepäck auf das Zimmer gebracht hatten, blieb uns nur eins: durchatmen und das Beste aus dem Abend machen.

„Was meinst du?", fragte Antje, als sie aus dem Fenster auf die beleuchteten Straßen hinabsah. „Rausgehen und die Stadt erkunden? Oder lieber etwas Einfaches finden, ich habe Hunger?"

„Etwas Einfaches", antwortete ich, ohne zu zögern. „Ich glaube, für große Abenteuer fehlt mir gerade die Energie – und ehrlich gesagt auch das Geld."

Wir waren uns schnell einig, dass die Lösung irgendwo zwischen 'günstig' und 'nah dran' liegen musste, also machte ich mich auf die Suche. Google spuckte eine Empfehlung nach der anderen aus, aber die meisten waren entweder zu weit weg oder schlicht zu teuer. Schließlich stieß ich auf einen kleinen pakistanischen Imbiss, der nur ein paar Minuten entfernt lag und erstaunlich gute Bewertungen hatte.

„Pakistanisch?" Antje schaute mich neugierig an. „Das klingt… interessant."

„Interessant ist genau das, was ich jetzt brauche", sagte ich und hielt ihr das Handy hin, auf dem die Karte mit dem eingezeichneten Weg zu sehen war. „8 Minuten. Klein, günstig, und gut bewertet."

„Perfekt", meinte sie, schnappte sich ihre Jacke, und wir machten uns auf den Weg.

Das Abendlicht war inzwischen der Dunkelheit gewichen standen.

Von außen wirkte der Ort so unauffällig, dass wir ihn fast übersehen hätten. 'Klein-Kaschmir', wie ich ihn insgeheim getauft hatte, war genau das: klein, schlicht und geradezu bescheiden. Die Fensterfront war mit Bildern von Gerichten beklebt, die vermutlich seit Jahren nicht aktualisiert worden waren. Aber der Duft, der aus der leicht angelehnten Tür entwich, war eine andere Welt.

Eine verlockende Mischung aus Kreuzkümmel, Kardamom und einer rauchigen Note, die in der kühlen Luft wie eine Einladung wirkte.

„Das riecht, als könnte es gut werden", sagte Antje leise und blickte skeptisch auf die Bilder der Speisekarte, die eher nach einer Fast-Food-Kette als nach einem kulinarischen Erlebnis aussahen.

„Na dann, auf ins Abenteuer", murmelte ich, doch bevor ich die Tür selbst öffnen konnte, riss sie jemand von innen schwungvoll auf. Ein stämmiger Mann mit grauem Bart und strahlendem Lächeln stand plötzlich vor uns und breitete die Arme aus, als wollte er die ganze Welt willkommen heißen.

„Benvenuti, benvenuti!", rief er in akzentreichem Italienisch, das mit so viel Energie vorgetragen wurde, dass man sofort wusste, dieser Mann meinte es ernst. Bevor wir reagieren konnten, wechselte er ins Englische. „Come in, my friends! Today is good day – very good day – for eating here, yes!"

Ehe wir uns versahen, hatten wir bereits die Schwelle überschritten, und er dirigierte uns mit einer Mischung aus Herzlichkeit und Autorität zu einem der drei eng stehenden Tische in der kleinen, aber gemütlichen Stube. Die Wände waren geschmückt mit bunten Bildern von pakistanischen Landschaften: üppig grüne Täler, verschneite Berggipfel, und eine Moschee mit türkisfarbenen Kuppeln. Im Hintergrund lief leise Musik, eine Art Mischung aus traditionellen Klängen und modernem Bollywood.

„For you, my friend", sagte er zu mir und zeigte auf die Speisekarte, „lamb! Because you are man." Dann wandte er sich an Antje und fügte hinzu: „And for lady – chicken. Because… you are woman."

Ich war kurz sprachlos und fragte halb belustigt, halb irritiert: „And why exactly is that?"

Er grinste breit, winkte mit den Armen, spannte seinen Rücken durch und gab ein lautes „Määähhh!“ von sich, dass den Raum für einen Moment erfüllte. Dann lachte er herzlich.

„See? Lamb is strong! And chicken… chicken is soft. It is nature, my friend.“

Antje kicherte, und ich konnte nicht anders, als mit einzustimmen.

„Alright“, sagte ich schließlich, „you convinced me. I take lamb. But if I am not stronger after, I come back.“

„And I take chicken“, fügte Antje hinzu und grinste. „Let's see if I get softer.“

Das Essen kam schneller, als ich erwartet hatte, und die Gerichte sahen – ich musste es zugeben – fantastisch aus. Mein Rogan Josh, ein Klassiker aus Kaschmir, kam in einer tiefroten, samtigen Soße daher, die förmlich nach warmen Gewürzen schrie. Ein Hauch von Zimt kitzelte meine Nase, gefolgt von dem kräftigen, erdigen Duft von Kreuzkümmel. Der Anblick der perfekt geschmorten Lammstücke, die in der Sauce fast zu versinken schienen, ließ mir bereits das Wasser im Mund zusammenlaufen. Ich hob vorsichtig einen Löffel an, und schon beim ersten Bissen explodierten die Aromen förmlich auf meiner Zunge: die leichte Schärfe des Paprikas, der süße Hauch von Zimt und die zartmürbe Konsistenz des Lamms – ein Geschmack, der mich für einen Moment die Welt um mich herum vergessen ließ.

Antjes Hähnchencurry stand dem in nichts nach. Die goldgelbe Soße glänzte unter dem Licht der kleinen Deckenlampe, und von ihr stieg ein warmer, milder Duft auf, der an frisch gemahlene Kurkuma und cremige Kokosmilch erinnerte. Zwischen den zarten Hähnchenstücken lagen geröstete Cashewnüsse, die durch ihre knackige Textur einen herrlichen Kontrast boten. Eine feine Note von Fenchel und Kardamom schwang mit, und als Antje schließlich ihren ersten Bissen nahm, konnte ich an ihrem zufriedenen Lächeln sehen, dass dieses Gericht seine Mission erfüllt hatte.

„Das ist wie ein warmes Zuhause in einer Schale“, sagte sie leise, während sie einen weiteren Löffel nahm.

Zwischendurch kam der Pakistaner immer wieder an unseren Tisch, jedes Mal mit einem strahlenden Lächeln und einer neuen Überraschung in der Hand.

„You must try this!“, sagte er, als er einen dampfenden Korb mit Naanbrot auf den Tisch stellte, der nach frischem Knoblauch und geschmolzener Butter duftete. Der Teig war außen knusprig und innen weich wie eine Wolke, und als ich ein Stück in die Soße meines Rogan Josh tunkte, schloss ich kurz die Augen. Es war, als würde ich eine kleine Reise in die Täler Kaschmirs unternehmen – eine Reise, die mich genau hierhin geführt hatte, an diesen kleinen Tisch in einem unscheinbaren Restaurant in Mailand.

Als wir am Ende bezahlen wollten, zückte er seinen Block, rechnete kurz nach und nannte uns einen Preis, der mindestens ein Drittel unter dem lag, was wir erwartet hatten.

„Are you sure?“ fragte ich, baff.

„Yes, yes! You are my friends!“, sagte er mit einem breiten Lächeln und klopfte mir auf die Schulter. „Friends do not pay full price. Never!“

Wir verabschiedeten uns dankend, und als wir in die kühle Nacht hinaustraten, spürte ich eine unerwartete Versöhnung mit dem Tag. Der würzige Geschmack des Lamms, die wohlige Wärme des Currys und die Herzlichkeit des Mannes – all das schien den Tag harmonisch abzurunden.

„Weißt du“, meinte Antje, während wir langsam in Richtung Hotel schlenderten, „das war einer dieser Abende, die man so schnell nicht vergisst. Unerwartet und einfach besonders.“

Ich nickte, ein zufriedenes Lächeln auf den Lippen.

„Manchmal braucht es nur den richtigen Ort zur richtigen Zeit, und alles fügt sich."

Die frische Nachtluft begleitete uns auf dem Weg zurück ins Hotel, und obwohl die Straßen um den Hauptbahnhof noch immer belebt waren, schien die Stadt in ein ruhigeres Tempo zu fallen. Der würzige Nachgeschmack des Lamms und die sanfte Wärme des Currys hallten noch nach, während wir in unser Zimmer zurückkehrten. Müde, aber glücklich, ließen wir uns auf die Betten fallen.

„Das war eine gelungene Rettung", murmelte Antje, während sie ihre Schuhe von den Füßen streifte. „So ein Abendessen hätte ich hier nicht erwartet."

Ich grinste, zog die Decke bis zur Brust und antwortete: „Und es zeigt mal wieder, dass gerade die kleinen Überraschungen den Tag retten können."

Während ich im Bett lag, hallten die Eindrücke des Tages noch nach, doch mit jedem Atemzug schob sich der Gedanke an morgen weiter in den Vordergrund. 'Gratis-Frühstück', S-Bahn, Baumarkt, Fahrradkartons – eine To-do-Liste, die nach Improvisation und Chaos roch. Und obwohl die Müdigkeit schwer auf mir lastete, wusste ich: Irgendwie würde alles funktionieren. Irgendwie musste es klappen.

„Wecker stellen nicht vergessen", erinnerte mich Antje, während sie das Licht ausknipste. „6:30 Uhr. Wenn wir das Frühstück nicht ausreizen, wäre das eine Schande."

Ich nickte in die Dunkelheit und säuselte: „Morgen fängt der Kampf gegen die Zeit an. Aber jetzt – schlafen."

Der nächste Morgen kam schneller, als ich erwartet hatte. Der Wecker riss uns aus einem tiefen Schlaf, und während die ersten

Sonnenstrahlen zaghaft durch den Vorhang drangen, kämpfte ich mich aus dem Bett. Es war noch früh, und der Gedanke an das Frühstück, das ich dem Hotel förmlich abgerungen hatte, trieb mich aus den Federn. Kaffee, Croissants und ein paar überladen belegte Brötchen landeten auf unseren Tellern, während wir den Tag planten.

„Glaubst du, die Kartons sind wirklich so groß, wie sie behauptet haben?“, fragte Antje skeptisch, während sie ihren Kaffee umrührte.

„Ich hoffe es. Sonst improvisieren wir“, antwortete ich trocken. „Mit genug Klebeband kann man die Titanic reparieren. Oder eben ein Fahrrad für den Flug vorbereiten.“

Sie schmunzelte, doch ihre Augen verrieten, dass sie genauso gespannt war wie ich. Die Planung des Tages fühlte sich an wie ein kompliziertes Schachspiel, bei dem jeder Zug gut überlegt sein musste. Nach dem Frühstück schnürten wir unsere Schuhe, schnappten uns unsere Sachen und machten uns auf den Weg zur S-Bahn.

Da wir bereits vor der Reise mehrere Fahrradläden kontaktiert hatten, um einen zu finden, der uns vor Ort mit Kartons unterstützen konnte, hatten wir nun genug Zeit, vor dem Besuch unseres ausgewählten Ladens – der erst um 10 Uhr öffnete – noch einen Zwischenstopp im Baumarkt einzulegen.

Vier Haltestellen später standen wir vor dem Heimwerker-Paradies, das sich träge, wie eine Festung öffnete. Die Angestellten wirkten, als hätten sie gerade erst den ersten Kaffee des Tages intus, und ich fühlte mich wie ein Schatzsucher – oder ein Möchtegern-MacGyver – auf der Suche nach der perfekten Verpackung für zwei viel zu große Fahrräder. Luftpolsterfolie, Klebeband, und – weil ich mich nicht erneut auf den Weg machen wollte – lieber alles in doppelter Menge. Sicher war sicher.

„Was glaubst du, wie viel Verpackungsmaterial zu viel ist?", fragte Antje.

„Ungefähr so viel, dass wir später darüber lachen können, wenn wir im Flugzeug sitzen und uns fragen, warum wir unsere Räder komplett mumifiziert haben."

Mit den Tüten voller Baumarkt-Schätze kehrten wir ins Hotel zurück, wo sie kurz in einer Ecke des Zimmers abgestellt wurden – zu mehr reichte die Zeit nicht. Die nächste Mission wartete bereits: Fahrradkartons. Mit der S-Bahn und einem zweieinhalb Kilometer langen Fußmarsch im Gepäck führte uns der Weg durch Mailand, dessen lebendige Straßen und warme Herbstsonne für einen Moment die Sorgen des Tages übertünchten.

Als wir schließlich ankamen, standen wir in einem Hinterhof vor einem Garagentor, das langsam hochgezogen wurde. Dahinter türmten sich Kartons verschiedener Größen, leere und volle. Der Werkstattleiter, ein freundlich wirkender Mann mittleren Alters mit ölverschmierten Händen, kam auf uns zu und begrüßte uns herzlich.

„Ciao, amici! What can I help you? You need bike boxes, yes? Big ones, right?"

Ich nickte, und Antje und ich folgten ihm in die Werkstatt. Als er schließlich die 'großen' Kartons zeigte, blieb mir fast die Luft weg – vor Enttäuschung, nicht vor Begeisterung. Die 'Großen' reichten mir gerade mal bis zur Hüfte. Sie wirkten, als wären sie perfekt für Gravel-Bikes – diese schlanken, trendigen Rennräder ohne jeden Schnickschnack. Aber für unsere Räder mit Gepäckträgern, Schutzblechen und allem Drum und Dran? Undenkbar.

„These are perfect", verkündete er stolz und klopfte auf die Kartons, als hätte er gerade das Rad neu erfunden.

„Really?“, fragte ich, bemüht, meine Fassung zu bewahren. „We have touring bikes. Big bikes. Lots of luggage. You know, panniers, racks, big frames.“

Er runzelte die Stirn, als hätte ich ihn in einer Fremdsprache angesprochen.

„Ah, sì, sì. Is no problem! You remove wheels, handlebars, racks… it fits! Trust me!“

Ich atmete tief durch, um nicht laut loszulachen – oder zu schreien. Antje schob sich ein Stück näher an mich heran und flüsterte:

„Ich glaube, das wird nichts.“

„Doch“, sagte ich zu ihr. „Es muss.“

Während der Mann mit übertriebenem Enthusiasmus die Vorzüge seiner Kartons pries, wurde mir einmal mehr klar: Die Welt interessiert sich herzlich wenig für deine Wünsche. Sie nickt höflich, sagt „jaja“ und überlässt dir den Rest. Vielleicht sollte ich lernen, damit besser umzugehen – aber ganz ehrlich? Heute war nicht der Tag für philosophische Einsichten. Heute war ein Tag für Folie, Pappe und Panzertape.

Mit den Boxen in der Hand und einer Mischung aus Resignation und Galgenhumor machten wir uns auf den Rückweg. Der 2,5 Kilometer lange Fußmarsch fühlte sich an wie eine stille Reflexion über die Absurditäten dieses Tages – und eine unfreiwillige Lektion in Geduld.

Zurück im Hotel erwartete uns dann die ultimative Herausforderung: unser improvisiertes Tetris-Spiel der Fahrradverpackung. Ein Drama in drei Akten, mit Styrodur, Klebeband und einer Prise Verzweiflung.

Unser Zimmer verwandelte sich im Handumdrehen in eine hektische Werkstatt. Doch bevor ich überhaupt loslegen konnte, hieß es für mich erneut: zurück in die S-Bahn und ab zum

Baumarkt. Eine Platte Styrodur musste her, denn ohne passende Transportsicherungen für die Vorderradgabeln würden diese vermutlich den Flug nicht unbeschadet überstehen. Natürlich hatte ich nicht damit gerechnet, so etwas noch basteln zu müssen – ein weiteres Beispiel dafür, dass Planung und Realität oft unterschiedliche Sprachen sprechen.

Zurück begann die eigentliche Arbeit. Fahrradteile, Werkzeuge und Verpackungsfetzen lagen bald überall im Zimmer verstreut. Jede Gabel bekam ihre individuelle Sicherung, jede lose Schraube wurde sorgsam verstaut, und Klebeband wurde großzügig und beinahe künstlerisch eingesetzt. Der Nachmittag entwickelte sich zu einer unerwarteten Mischung aus Tüftelei, Improvisation und leichter Resignation.

„Wie war das nochmal? Schrauben wir jetzt das Vorderrad oder erst den Lenker ab?“, fragte Antje, während sie über ein halbdemontiertes Fahrrad gebeugt war.

„Erst den Lenker“, antwortete ich, die Karton-Größe im Kopf. „Aber vergiss nicht, die Schrauben ordentlich zu verpacken. Wenn die weg sind, fahren wir gar nicht mehr.“

Die Stunden verflogen in einem Klebeband-Wirbel, und draußen senkte sich langsam die Dämmerung über Mailand. Während wir die letzten Streifen um die Kartons wickelten, wurde mir klar, wie sehr dieser Tag sich von dem unterschied, was wir uns erhofft hatten. Statt Aperitivo auf dem Domplatz gab es Panzertape im Hotelzimmer.

Antje ließ sich erschöpft aufs Bett fallen, während ich mit klebrigen Händen und schmerzendem Rücken auf die verpackten Räder starrte. Es war alles andere als glamourös – aber es war geschafft.

„Weißt du was", sagte sie nachdenklich, während ihr Blick auf den Kartons ruhte, „ich hatte mir unseren letzten Tag in Mailand anders vorgestellt."

„Ich auch. Aber hey, immerhin haben wir jetzt eine neue Fähigkeit: Fahrradverpackung für Fortgeschrittene."

„Das stimmt", sagte sie mit einem müden Lächeln. „Vielleicht sollten wir darüber nachdenken, einen YouTube-Kanal zu starten."

Als ich auf die Uhr schaute, war es kurz nach 18 Uhr. Der Tag war dahin, das Mittagessen hatten wir verpasst, und die Stadt hatte uns längst überholt. Aber während ich auf die verpackten Räder blickte, die ordentlich im Zimmer standen, spürte ich eine seltsame Art von Zufriedenheit.

„Das ist doch wieder typisch für uns", begann sie leise, während ihr Blick auf den sauber verpackten Rädern verweilte. „Chaos, Improvisation – und am Ende läuft es trotzdem."

Sie streckte sich und sammelte dabei die letzten Styrodur-Reste vom Boden auf.

„Ich weiß", antwortete ich, während ich mir die Hände vom Kleber des Panzertapes befreite. „Aber hätte ich das gewusst, ich hätte gleich ein Werkzeugkasten-Abo abgeschlossen."

Ich ließ mich auf das Bett fallen, die Erschöpfung sickerte wie ein bleierner Mantel durch meinen Körper.

Antje lachte müde.

„Ich hätte mir lieber den Domplatz angeschaut oder ein bisschen durch die Gassen der Stadt geschlendert. Aber gut, wir sind eben nicht die typischen Touristen."

Ich nickte, schaute auf die ordentlich verpackten Kartons und seufzte. „Weißt du, es ist wie eine Lektion vom Leben: Manchmal kriegst du nicht, was du willst, aber was du brauchst – ein bisschen Kreativität und Geduld."

Antje schüttelte den Kopf, ein schwaches Lächeln auf den Lippen.

„Kreativität ja, Geduld – naja." Dann stand sie auf und ging zum Fenster, das den Blick auf die beleuchteten Straßen Mailands freigab. „Es ist schade, dass wir die Stadt heute so gar nicht erleben konnten."

„Das stimmt", sagte ich, während ich mich langsam vom Bett erhob und zu ihr trat. „Aber morgen gibt's noch eine Chance. Vielleicht ist das unser Moment, wo die Stadt uns doch noch verzaubert."

„Mal sehen", antwortete sie, „aber jetzt brauche ich erst mal eins: Schlaf."

Ich nickte, stellte den Wecker für den nächsten Morgen und schaltete das Licht aus. Während ich im Bett lag, gingen die Ereignisse des Tages noch einmal durch meinen Kopf.

Am Ende war es nicht das perfekte Mailand-Erlebnis, das den Tag rettete, sondern die kleinen Siege: die Kartons, die irgendwie passten, die improvisierten Transportsicherungen und das leise Gefühl, trotz allem etwas geschafft zu haben. Vielleicht ist es genau das, was das Chaos so oft ausmacht: die verborgenen Momente, die uns zeigen, dass manchmal gar nicht Perfektion zählt – sondern nur, dass es irgendwie klappt. Morgen würde ein neuer Tag warten – mit seinen ganz eigenen Herausforderungen und vielleicht sogar einem weiteren kleinen Wunder.

Mit diesem Gedanken schloss ich die Augen. Morgen würde der letzte Abschnitt unserer Reise beginnen – hoffentlich ohne weitere Komplikationen, dafür aber mit einem Gefühl von Vollendung.

Der Morgen begann still, fast träge, als ob selbst Mailand uns nach den Strapazen des Vortags einen sanften Start in den Tag gönnen wollte. Wir hatten die Nacht in einem tiefen, beinahe komatösen Schlaf verbracht, den nur das gelegentliche Klappern eines Aufzugs auf dem Flur unterbrach. Nach dem Frühstück – einem dieser Hotelfrühstücke, die gleichzeitig alles und nichts sind – schnappten wir unsere Taschen, verabschiedeten uns von dem Zimmer, das uns für eine kurze Zeit ein Zuhause gewesen war, und deponierten unser Gepäck im Lagerraum des Hotels.

„Und jetzt?", fragte Antje und sah mich fragend an, während sie ihre Sonnenbrille aufsetzte. „Zurück ins Bett oder doch noch ein letzter Versuch, Mailand zu würdigen?"

„Also wenn du mich fragst", begann ich und überlegte kurz, „ein paar letzte Stunden in der Stadt klingen besser als weiter im Hotelzimmer rumzulümmeln. Wir könnten zum Domplatz fahren. Schließlich waren wir die letzten Tage nicht wirklich... naja, 'dankbare Gäste' für Mailand."

Sie grinste.

„Also gut. Aber keine übertriebenen Abenteuer – nur schauen, staunen und rechtzeitig zurück sein. Ok?"

„Ok."

Wir schnappten uns unsere Jacken und stiegen in die M3, die uns direkt zur Haltestelle 'Duomo' bringen würde. Als wir die U-Bahn verließen und die Treppen hinaufstiegen, erblickten wir zum ersten Mal die imposante Fassade des Doms, die in der Herbstsonne beinahe surreal wirkte. Die filigranen Spitzen ragten in den stahlblauen Himmel, während unzählige Statuen, Verzierungen und groteske Wasserspeier die Fassade wie ein Buch voller Geschichten erscheinen ließen. Es war unmöglich, alles auf einmal zu erfassen – jeder Winkel, jede Figur schien eine eigene Geschichte erzählen zu wollen.

„Es ist, als ob jemand versucht hat, die gesamte Bibel in Stein zu meißeln", stellte ich fest, während ich meinen Blick über die Fassade wandern ließ.

„Es ist überwältigend. Und irgendwie… viel mehr, als ich erwartet hatte. Ich dachte, ich hätte schon alle großen Kathedralen gesehen, aber das hier…"

Sie verstummte, als ein Sonnenstrahl die Fassade erhellte und die filigranen Details in ein weiches Gold tauchte.

Wir entschieden uns, auf das Besteigen des Doms zu verzichten – weniger wegen der Zeit als wegen des Andrangs. Stattdessen schlenderten wir um den Platz, beobachteten die unaufhörlichen Touristenströme, die Tauben und einen Straßenkünstler, der scheinbar mühelos eine Statue nachahmte. Der Domplatz hatte diese besondere Mischung aus Geschäftigkeit und Erhabenheit, die nur wenige Orte besitzen.

„Wollen wir in die Galerie?", fragte sie, und bevor ich antworten konnte, zog sie mich schon in Richtung des Eingangs der Galleria Vittorio Emanuele II. Die gläserne Kuppel, die sich weit über uns spannte, wirkte wie ein himmlischer Baldachin. Sie schimmerte in der Mittagssonne, während die prächtigen Wandmalereien an den oberen Ecken eine vergangene Welt von Eleganz und Prunk heraufbeschworen. Die Läden unterhalb waren ein Kontrast – moderne Boutiquen mit Preisschildern, die eher an einen Wirtschaftsbericht als an Kleidung erinnerten.

„Glaubst du, die Verkäufer hier sprechen überhaupt mit dir, wenn du nur gucken willst?", fragte ich grinsend.

Sie schüttelte lachend den Kopf.

„Wahrscheinlich nicht. Aber die Architektur allein ist schon jeden Blick wert."

Wir gingen weiter durch die Galerie, hinaus zur Via Dante, einer der vielen Einkaufsstraßen, die von kleinen Cafés gesäumt war. Die Straßencafés waren gut gefüllt, und das Klappern von Besteck mischte sich mit dem Murmeln von Gesprächen. Ein Kellner balancierte geschickt ein Tablett mit vier Espressotassen, während er sich durch die Menschen schlängelte. Antje zog mich plötzlich am Arm.

„Schau mal, da vorne – das Castello Sforzesco!"

Die Festung, die sich vor uns auftat, war ein weiterer Beweis für die vielen Gesichter Mailands. Die massiven Mauern wirkten wie ein Relikt aus einer anderen Zeit – eine Erinnerung daran, dass diese Stadt nicht immer die schillernde Metropole gewesen war, die sie heute ist. Wir gingen über den Platz vor dem Schloss, wo ein Springbrunnen in der Mitte die Sonnenstrahlen einfing und kleine Regenbögen warf.

„Weißt du", sagte ich, als wir uns eine Weile einfach treiben ließen, „es ist eigentlich ziemlich beeindruckend, wie sehr diese Stadt Gegensätze vereint. Hier der Dom, dort die Festung, und irgendwo dazwischen all die modernen Gebäude."

Sie nickte, doch ihr Blick schweifte ab zu einem Militärposten am Rande des Platzes. Zwei Soldaten in beigen Uniformen standen reglos neben ihrem Fahrzeug, auf dem in großen weißen Buchstaben 'Operazione Strade Sicure '– Operation Sichere Straßen prangte. Im Hintergrund patrouillierten Polizisten in Gruppen, als würden sie Teil des alltäglichen Stadtbildes sein. Es war nicht das erste Mal, dass uns diese Präsenz auffiel – schon am Hauptbahnhof hatte sich ein ähnliches Bild geboten. Überall Uniformen, überall Menschen, die, so schien es, für Sicherheit sorgten.

„Es ist schon… auffällig", begann ich nach einer Weile. „So viele Sicherheitskräfte. Am Hauptbahnhof mindestens zehn Polizisten, hier Militär, und sogar die Bahn-Wachen laufen bewaffnet herum und sind mindestens stets zu fünft. Bei uns zu Hause würde das eher die Frage aufwerfen: „Was ist hier los?" Aber hier scheint es niemanden zu stören."

Antje drehte sich zu mir, ein nachdenklicher Ausdruck auf ihrem Gesicht.

„Ich muss sagen, ich fühle mich dadurch sicherer. Es ist beruhigend zu wissen, dass im Notfall jemand da wäre, der eingreift."

„Das stimmt", gab ich zu. „Erinnerst du dich an den Streit am Bahnhof, den die Polizisten aufgelöst haben? Keine Eskalation, keine Show – einfach effizient. Aber gleichzeitig frage ich mich... Wo ist die Grenze zwischen Sicherheit und Kontrolle? Zwischen Schutz und Macht?"

Sie überlegte einen Moment, bevor sie antwortete.

„Ich denke, es kommt darauf an, wie man es empfindet. Hier habe ich nicht das Gefühl, beobachtet oder kontrolliert zu werden. Es wirkt... wie ein Teil des Alltags. Ganz normal."

„Das ist interessant", sagte ich und blieb kurz stehen, um ein weiteres Foto der Festung zu machen. „Vielleicht liegt es daran, dass wir in Deutschland eine andere Wahrnehmung von Macht haben. Dort ist ein Polizeiaufgebot oft ein Zeichen dafür, dass etwas nicht stimmt. Hier dagegen... fügt es sich ins Bild ein."

„Ja, das stimmt", erwiderte sie. „Aber könnte das nicht auch daran liegen, dass die Leute hier vielleicht einfach an diese Präsenz gewöhnt sind? Oder dass sie ihr mehr vertrauen?"

„Das könnte sein", sagte ich nachdenklich. „Oder eventuell liegt es an der Balance. Zu viele Sicherheitskräfte könnten ein Gefühl von Überwachung erzeugen, aber zu wenige lassen Unsicherheit aufkommen. Der schmale Grat dazwischen ist schwer zu finden."

Antje lachte leise.

„Du wirst jetzt nicht philosophisch, oder?"

„Vielleicht ein bisschen", gab ich schmunzelnd zu. „Aber überleg mal: Was gibt uns wirklich das Gefühl von Sicherheit? Ist es die Präsenz von Uniformen? Oder die Hoffnung, dass die Gesellschaft insgesamt stabil ist?"

„Wahrscheinlich beides“, antwortete sie nachdenklich. „Hier wirkt es auf mich so, als hätten die Leute einfach akzeptiert, dass die Polizei präsent ist. Es gibt weniger Misstrauen. Und das allein kann ein Gefühl von Sicherheit schaffen.“

Ich nickte, ließ ihren Gedanken auf mich wirken und fügte hinzu: „Es bleibt ein schmaler Grat. Sicherheitskräfte können Schutz bieten, aber sie können auch einschüchtern. Es kommt darauf an, wie sie wahrgenommen werden – und wie viel Macht sie tatsächlich haben.“

„Und wie viel Macht wir ihnen geben“, ergänzte Antje lachend.

Wir schwiegen einen Moment, während wir weiter über den Platz schlenderten. Die Szenerie um uns herum – das altehrwürdige Schloss, die fröhlichen Touristen, die wachsamen Sicherheitskräfte – war ein Spiegel dieser Ambivalenz. Sicherheit und Freiheit, Kontrolle und Vertrauen – alles schien hier irgendwie miteinander zu verschmelzen.

„Am Ende“, sagte ich schließlich, „ist es wohl eine Frage des Gleichgewichts. Zu viel Sicherheit kann beängstigend wirken, zu wenig macht uns verwundbar. Die Wahrheit liegt wohl irgendwo in der Mitte.“

Antje lächelte.

„Vielleicht sollten wir einfach froh sein, dass wir uns hier sicher fühlen – egal, warum.“

Ich schmunzelte und nickte.

Mit diesem Gedanken setzten wir unseren Weg fort, vorbei an weiteren Sicherheitskräften, die sich fast unauffällig in das geschäftige Bild der Stadt einfügten. Die Sonne stand tief über der Stadt, als wir zum Shuttle gingen. Mailand verabschiedete sich von uns mit einem goldenen Schimmer, der die Kuppeln und Mauern in ein weiches Licht tauchte. Es war ein Moment, der kurz die Hektik der Reise verdrängte – bis der Flughafen uns wieder in die Realität zog.

Der Shuttle brachte uns schneller als erwartet nach Malpensa, vorbei an Vororten, die wie Schatten vergangener Tage an uns vorüberzogen. Die moderne Infrastruktur des Flughafens erschien wie ein Kontrast zur historischen Kulisse Mailands, und doch wirkte sie vertraut – ein Ort, an dem jeder Reisende die gleiche Mischung aus Aufbruchsstimmung und leiser Anspannung in sich trug. Unser Fahrer, ein wortkarger Mann in den Fünfzigern, verabschiedete uns mit einem höflichen Händedruck, bevor er unser Gepäck absetzte und davonfuhr.

„Zwei Stunden und fünfzehn Minuten bis zum Abflug", bemerkte Antje, während sie auf die Uhr sah. „Sollte reichen, oder?"

„In der Theorie schon", antwortete ich. „Aber wir wissen beide, dass Theorien selten mit der Realität übereinstimmen."

Bereits in der Eingangshalle spürten wir den Puls des Flughafens: Menschen, die eilig durch die Gänge strömten, Lautsprecherdurchsagen, die in drei Sprachen gleichzeitig um Aufmerksamkeit buhlten, und das rhythmische Rattern der Rollkoffer, das fast wie eine Hintergrundmusik wirkte. Die erste Herausforderung ließ nicht lange auf sich warten: Der Check-in-Schalter, vor dem sich eine Warteschlange gebildet hatte, die sich scheinbar ins Unendliche zog.

„Wir hätten doch eine halbe Stunde früher kommen sollen", murmelte sie, während wir uns hinten anstellten.

„Oder wir hätten einfach Fahrradkartons mit weniger Drama gebraucht", fügte ich trocken hinzu und schob die beiden sperrigen Boxen, die inzwischen mehr Klebeband als Pappe enthielten, ein Stück weiter nach vorn.

Endlich an der Reihe, präsentierten wir unsere Reisepässe und die Tickets. Die Dame hinter dem Schalter, freundlich, aber sichtlich gestresst, musterte die Kartons mit einem professionellen Lächeln.

„Oh, bicycles?“, fragte sie mit einem Hauch von Bedauern in ihrer Stimme. „Let me check the weight.“

Wir hievten die Räder auf das Förderband, wo die Mitarbeiterin routiniert die regulären Gepäck-Labels mit den Barcodes draufklebte.

„Everything looks good“, sagte sie mit einem Lächeln. „Just take these to the oversized baggage desk. It's at the far end of the terminal.“

Ein tiefer Seufzer entwich mir.

„Natürlich. Warum auch einfach, wenn's auch kompliziert geht?“ murmelte ich, während ich Antje einen Karton zuschob.

Sie zuckte mit den Schultern und grinste schief.

„Willkommen am Flughafen.“

Die Kartons waren schwer und unhandlich, und das Gewicht lastete nicht nur auf den Armen, sondern auf der Stimmung. Der Schweiß sammelte sich in meinem Nacken, während ich den Rollwagen durch die unübersichtlichen Menschenmengen schob. Jeder kleine Stoß gegen eine Ecke oder einen ahnungslosen Passagier ließ meinen Puls steigen, und mit jeder Minute, die verstrich, wuchs der Druck.

„Wenn wir den Flieger verpassen…“, dachte ich immer wieder, während die Uhr erbarmungslos tickte. Der Wagen ächzte unter dem Gewicht, und jedes kleine Hindernis – ob ein unachtsamer Passagier oder ein ruckeliger Bodenbelag – ließ uns abrupt stoppen. „Wie ein Hindernisparcours“, säuselte ich frustriert, während ich ihn mit aller Kraft weiterstieß.

Antje ging voraus, hielt die Menschenmassen im Auge und rief mir ab und zu zu: „Links, jetzt rechts!“

„Das könnte man auch mal bei Olympia einführen", schnaufte ich, während wir uns mühsam quer durch das Terminal in Richtung Sperrgepäckannahme kämpften.

Am Sperrgepäckschalter angekommen, nahm der dortige Mitarbeiter die Kartons zunächst entgegen, nur um sie nach einem prüfenden Blick auf die Labels prompt wieder abzulehnen.

„No Heavy Duty stickers", erklärte er mit einem Tonfall, der jede Diskussion im Keim erstickte. „We cannot accept these without the stickers."

„Das kann doch nicht wahr sein", knurrte ich, während ich einen der Kartons wieder an mich zog. „Wir kommen gerade vom Check-in. Die haben uns extra hierhergeschickt!"

„Sorry, but rules are rules", sagte er gleichgültig, ohne auch nur eine Spur von Mitgefühl zu zeigen. „You'll need to go back and get the stickers."

Ich spürte, wie sich die Hitze des Ärgers in mir sammelte. Es war, als würde ich gegen eine unsichtbare Wand rennen, gegen eine Bürokratie, die darauf programmiert war, jeden Funken Effizienz im Keim zu ersticken.

„Das ist doch lächerlich!", rief ich, während ich den Karton hochhob. Antje legte mir eine Hand auf den Arm.

„Komm", sagte sie ruhig, aber bestimmt. „Lass uns das einfach schnell erledigen. Wir haben keine Zeit, uns aufzuregen."

Keine Zeit. Das war das Stichwort, das meine Frustration nur noch weiter anheizte. Ich schaute auf die Uhr. Boarding begann in weniger als einer Stunde, und jetzt mussten wir diese schweren Kartons quer durch den Flughafen zurückschleppen – und das alles wegen eines winzigen Aufklebers, den irgendjemand vergessen hatte.

Zurück am Check-in-Schalter sah uns die Dame mit hochgezogenen Augenbrauen entgegen.

„Oh, back already?", fragte sie, bevor ich überhaupt den Mund aufmachen konnte. Als wir das Problem erklärten, schnaubte sie laut und schüttelte den Kopf. „Those guys at oversized baggage," murmelte sie verärgert. „Always so picky. It's just 2.7 kilograms over the limit! They're being ridiculous."

„Ridiculous?", wiederholte ich mit scharfem Ton.

„They're sending us all around the airport and back just because a sticker is missing? You know, our boarding starts soon!"

Sie verdrehte die Augen, zog schließlich die 'Heavy Duty-Sticker' hervor und begann, sie auf die Kartons zu kleben.

„This is ridiculous", murmelte sie mehr zu sich selbst, während sie hektisch arbeitete. „It's always the same with them. They could have just processed it without all this drama."

Ich konnte mir ein bitteres Lächeln nicht verkneifen.

„Drama scheint hier Programm zu sein", sagte ich laut zu Antje, während die Dame weiterarbeitete. „Das erinnert mich an den Werkstattleiter im Fahrradladen. Alle wissen es besser, aber niemand macht's richtig."

Die Dame schob uns die Kartons wieder zu.

„I'm really sorry for the inconvenience", sagte sie schließlich mit einem schiefen Lächeln. „You should be fine now."

„Fine?", fragte ich sarkastisch, während ich mir die Kartons schnappte.

Die Hetzerei begann von Neuem. Quer durch das Terminal, zurück zur Sperrgepäckannahme, während die Uhr gnadenlos tickte. Mein Herz raste, die Hände schmerzten von der Anstrengung, und die Kartons fühlten sich mit jedem Schritt schwerer an.

Antje rief mir zu: „Beeil dich, wir haben noch weniger als 45 Minuten!"

Am Sperrgepäckschalter angekommen, nahm der Mitarbeiter die Kartons diesmal ohne Beanstandung an, als ob die Sticker plötzlich alle Probleme gelöst hätten. Ich wollte etwas sagen, vielleicht eine sarkastische Bemerkung, aber die Zeit saß uns im Nacken. Stattdessen drehte ich mich wortlos um und lief mit Antje Richtung Sicherheitskontrolle. Die Schlange dort war endlos. Menschenmassen drängten sich dicht an dicht, und jeder Schritt fühlte sich wie eine Ewigkeit an.

„Das wird knapp", flüsterte Antje nervös, während sie auf die Uhr starrte.

Ich nickte und biss die Zähne zusammen.

„Wenn wir den verpassen, nur wegen eines dämlichen Aufklebers…"

Ich brach den Satz ab und schüttelte den Kopf. Es gab nichts mehr zu sagen. In diesem Moment war es alles, was wir tun konnten: weitergehen, einen Fuß vor den anderen setzen und hoffen, dass wir es rechtzeitig schafften.

„Wenn das mal nicht die unnötigste Stunde meines Lebens war", sagte ich, als wir schließlich in Richtung des Körperscanners gingen.

Antje schüttelte den Kopf und lachte leise.

„Ach komm, es hätte schlimmer kommen können. Immerhin hat niemand vorgeschlagen, die Kartons in Einzelteilen zu wiegen."

Die Sicherheitskontrolle verlief – erstaunlicherweise – ohne weitere Zwischenfälle, und wir erreichten das Gate gerade rechtzeitig, um noch einen Moment durchzuatmen. Der Bildschirm zeigte 'Group 1 boarding', und ich reihte mich in die Schlange ein.

„Geschafft!", stöhnte ich und lehnte den Kopf zurück.

„Geschafft?" Antje sah mich skeptisch an. „Erst, wenn wir in Hamburg sind und die Räder wieder zusammengebaut haben."

Ich grinste.

„Details, Details."

Als wir schließlich in den Flieger stiegen, fühlte ich eine Mischung aus Erschöpfung und Zufriedenheit. Trotz aller Hindernisse hatten wir es geschafft, und in ein paar Stunden würden wir wieder zuhause sein. Antje sah aus dem Fenster, während die Stadt unter uns kleiner wurde, und murmelte: ‚Weißt du, Mailand war vielleicht nicht perfekt, aber irgendwie doch genau richtig.'

Ich nickte und ließ die Gedanken der letzten Wochen Revue passieren. Vielleicht war es das, was eine Reise wirklich ausmachte – nicht die perfekt geplanten Momente, sondern die unerwarteten, chaotischen Augenblicke, die uns herausforderten. Am Ende zählte nicht nur, wohin wir gereist waren, sondern auch, wie wir dort angekommen sind. Und wahrscheinlich, dachte ich, ist das Leben genauso – kein Ziel, sondern eine Aneinanderreihung von Umwegen, die uns die besten Geschichten erzählen.

SPUREN, DIE BLEIBEN

Am Ende einer Reise ist der Moment des Ankommens nie so klar umrissen wie der des Aufbruchs. Es gibt keine jubelnde Menge, keine wehenden Fahnen – nur das leise Klicken, wenn das Hinterrad zum Stillstand kommt, und die Stille, die nach Wochen des Windes, der Gespräche und der unermüdlichen Bewegung fast überwältigend wirkt. Und doch spüre ich: Etwas hat sich verändert.

Die Spuren, die wir auf den Straßen hinterlassen haben, sind längst verblasst – der Abdruck eines Reifens, das Geräusch eines schnaufenden Atemzugs in der Luft, der Moment, in dem wir innehielten, um die Welt für einen Augenblick aufzusaugen. Aber die Spuren in uns? Die sind geblieben. Sie ziehen sich wie feine Fäden durch unser Inneres, verweben Erlebnisse, Erkenntnisse und Begegnungen zu einem Gewebe, das uns verändert zurücklässt.

Ich denke an die Menschen, die uns auf unserem Weg begegnet sind. Den mürrischen Hotelangestellten in Mailand, der uns mit seinen Regeln zur Weißglut brachte – und an den fröhlichen Besitzer des kleinen pakistanischen Restaurants, der uns mit seinem Lächeln und seinem Essen das Gefühl gab, angekommen zu sein. Zwei Gesichter einer Reise, zwei Seiten einer Medaille. Beide bleiben in meiner Erinnerung, beide haben uns etwas über die Welt – und über uns selbst – gelehrt.

Reisen ist nie nur Bewegung durch Raum, sondern immer auch Bewegung durch uns selbst. Jeder Kilometer hat etwas von uns gefordert, sei es Geduld, Kraft oder die Bereitschaft, loszulassen. Ich habe gelernt, dass es nicht die geplanten Momente sind, die zählen – sondern die ungeplanten, die chaotischen, die uns herausfordern und uns dazu zwingen, neu über uns und die Welt nachzudenken.

Und Antje? Ihr Lächeln am Ende einer Etappe hat mich jedes Mal daran erinnert, dass wir auf dieser Reise nicht nur die Welt, sondern auch uns selbst besser kennengelernt haben. Sie ist der unsichtbare Faden, der das Abenteuer zusammenhält, der stille Beweis, dass es weniger darauf ankommt, wo wir sind, sondern mit wem. Ohne sie wäre diese Reise nur eine Strecke gewesen – mit ihr wurde sie ein Erlebnis.

Ich erinnere mich an die ersten Tage, die unsicher waren, voller Zweifel und Fragen. Wird das Knie durchhalten? Sind wir den Herausforderungen gewachsen? Und jetzt, am Ende, stelle ich fest, dass die Antworten nicht wirklich zählen. Was zählt, ist die Gewissheit, dass wir durchgehalten haben – und dass uns genau das verändert hat.

Die Fahrräder stehen wieder in der Garage, noch mit den Spuren von Staub, Regen und den letzten Tropfen Panzertape, das uns den letzten Tag gerettet hat. Die Koffer sind ausgepackt, die Erinnerungen noch frisch. Doch schon jetzt weiß ich: Die wirklichen Veränderungen werden sich erst zeigen, wenn die Zeit vergangen ist, wenn die Spuren der Reise in unser Leben einsickern wie Regen in ausgedörrte Erde.

Heimat, so habe ich gelernt, ist kein Ort, sondern ein Gefühl. Es ist der Moment, wenn man erkennt, dass man in sich selbst zu Hause ist – egal, wo man sich gerade befindet. Es sind die Momente, in denen man innehält und merkt, dass die Welt uns genauso formt, wie wir sie mit unseren Spuren formen. Und dass jede Reise, egal wie holprig oder perfekt, genau das ist, was sie sein sollte: ein Teil von uns.

Während ich dies schreibe, schiebt sich ein Sonnenstrahl durch das Fenster, und der Wind draußen erinnert mich an die Tage, an denen er uns vorwärtstrieb oder uns mit seiner Härte herausforderte. Reisen, denke ich, ist wie dieser Wind: Manchmal stürmisch, manchmal sanft, aber immer in Bewegung. Und auch wir bleiben in Bewegung, tragen die Spuren weiter, die uns diese Reise hinterlassen hat.

Vielleicht wird eines Tages ein anderer Reisender auf einer einsamen Straße eine unscheinbare Spur finden – einen Abdruck, der längst vergessen schien. Und vielleicht wird diese Spur ihn dazu inspirieren, seine eigene Reise zu beginnen. Denn am Ende ist das alles, was bleibt: die Spuren, die wir hinterlassen – in der Welt und in den Herzen der Menschen, die uns begegnen. Und genau das macht die Reise zu dem, was sie ist: unvergesslich.

ÜBER DEN AUTOR

Francisco Prieto Montesdeoca, 1979 in Gütersloh als Sohn spanischer Einwanderer geboren, studierte Betriebswirtschaft an der Westfälischen-Universität in Münster. Seine Karriere führte ihn von der Luftfahrtindustrie in Schwaben zur Medizin- und Sicherheitstechnik in Lübeck. Francisco, aufgewachsen in einem arbeitsamen Elternhaus, entdeckte seine Leidenschaft für das Heimwerken. 2007 baute er ein Eigenheim, das er 2018 verkaufte, um sich in ein neues Projekt zu stürzen, das jedoch von Betrug und finanziellen Schwierigkeiten geprägt war und ihn, sowie seine Familie fast in den Ruin trieb.

In Lübeck traf er Antje, mit der er 2010 eine Tochter bekam. Obwohl er familiäres Glück genoss, spürte Francisco eine innere Leere. Nachdem er die Bauprojekt-Krise und seinen persönlichen Zusammenbruch überwunden hatte, startete er in einer Mid-Life-Krise das Projekt 'Scheibenelefant'. Dieses Projekt war sein Weg, seine Abenteuerlust und seine Liebe zum Geschichtenerzählen mit seinen familiären und beruflichen Verpflichtungen in Einklang zu bringen. Dieses Projekt wurde zu einer Herausforderung für beide, spiegelt aber auch Franciscos Mut wider, die Herausforderungen des Lebens anzunehmen und nach persönlichem Wachstum und Erfüllung zu streben.